普通高等教育“十三五”规划教材

教育数学概论

李兴贵　赖虎强　主编

张景中　顾问

童增祥　主审

科学出版社

北　京

内 容 简 介

本书是张景中院士教育数学理论与实践相结合的成果结晶，重点介绍张景中院士“教育数学”的理念、概念、思想方法及实验改革操作路径。本书从教育数学的理论认识、教育数学在中学开展成果转化推广实验的思路和操作、教育数学在实践中的认知三个方面予以介绍，让数学教育工作者从新的视角审视教育数学与数学教育的关系，努力做到让学生学习数学更加容易，让老师教数学更加轻松，从而提升数学教学质量。

本书既可作为中小学数学教师教学参考用书，也可作为数学与应用数学专业、数学课程与教学论专业等大学生教材，还可作为中小学数学教师专业成长的研修读本。

图书在版编目(CIP)数据

教育数学概论/李兴贵，赖虎强主编. —北京：科学出版社，2018.11

（普通高等教育“十三五”规划教材）

ISBN 978-7-03-059476-1

Ⅰ. ①教… Ⅱ. ①李… ②赖… Ⅲ. ①数学课-教学研究-中小学-高等学校-教材 Ⅳ. ①G633.602

中国版本图书馆 CIP 数据核字（2018）第 255434 号

责任编辑：宋 芳 袁星星 / 责任校对：王万红

责任印制：吕春珉 / 封面设计：东方人华平面设计部

科学出版社 出版

北京东黄城根北街 16 号

邮政编码：100717

http://www.sciencep.com

三河市荣展印务有限公司 印刷

科学出版社发行 各地新华书店经销

*

2018 年 11 月第 一 版 开本：787×1092 1/16

2018 年 11 月第一次印刷 印张：12 1/4

字数：288 000

定价：32.00 元

（如有印装质量问题，我社负责调换〈荣展〉）

销售部电话 010-62136230 编辑部电话 010-62135763-2047

本书编委会

顾　问：张景中

主　审：童增祥

主　编：李兴贵　赖虎强

副主编：吴中林　黄祥勇　幸世强　孙　锋

编　委：（以拼音为序）

艾永俊　陈　英　陈开文　黄　菲　姜向阳
蒋光平　康　洪　孔德宏　赖尚鸿　李　朋
李承鹏　刘　蓉　陆兴华　罗　玉　马文兵
牟天伟　蒲大勇　饶永生　任　炯　任　俊
帅　旭　汤　强　王庆先　王正成　魏　林
文中华　肖宏治　谢　敏　熊莉莉　杨永东
尧　刚　张传军　张永胜　张志青　赵思林
周思波　左　强　左　羽

序　　言

2008～2009年，我的良师益友张肇炽教授告知我张景中院士创造教育数学的概念，倡导教育数学的研究。当时，教育数学这个新词令我心头一震，我当即阅读张景中院士的《从数学教育到教育数学》一书。这本著作，从数学的内部揭示数学的美，充溢着深思、精思和巧思，而且文字简洁、精到、优美，秋水文章不染尘。张院士关于教育数学、数学材料的教学法改造和教育数学内容的再创造的区别的论述，真正是精辟之至，读之如露入心。

数学教育是教育学的一支，教育数学是数学的一支。教育数学又是一门边缘科学，与教育学、心理学有着密切的联系。就内容和功用来看，全部数学可分为三大领域：纯粹数学、应用数学和教育数学。纯粹数学是数学的数学，旨在完善和深化数学内在的逻辑结构，探索和创造更新颖、更普适、更深刻、更重要的定理和结构。应用数学是客观世界的数学，是天地、宇宙、人文、社会的数学，旨在以数学的眼光理解客观世界，以数学的手段改造客观世界，也以客观世界为动力、为养料滋润数学，深化数学。教育数学是人的数学、传承的数学，旨在将数学成果概括、提炼、改造，将最基本、最核心、最重要的数学知识和技巧，以深入浅出、严谨而又生动活泼的形式表达出来，使他人，特别是年轻一代，学之易懂，懂而能用，用而能创新。

我曾在国内与美国有多年的数学教育实践，对中西方数学教育也有一定认识与思考。个人认为，教育数学的理念是中国数学家一个伟大的创造。中国的数学教育界需要教育数学，美国的数学教育界更需要教育数学。基于这样的认识，我近年来在美国宣传与推动教育数学，也在奥特本大学（Otterbein University）成立教育数学硕士专业。在张景中院士的支持下，国际教育数学协会已成立。

教育数学是基于实践，为了实践的一门新学科。教育数学的提出，源于20世纪70年代张景中在新疆中学的数学教学实践。对于初等数学的教学改革，教育数学有明确的两套方案：一是以三共（共高、共边、共角）定理为核心的三共方案；二是以三角形正弦面积公式、正弦定理、余弦定理、正弦和角公式为核心的重建三角方案。基于这两套方案，广州、成都、上海、宁波、贵州等地皆有实践，并取得阶段性实验成果。该书也是建立在实践基础之上的，它对三共方案与重建三角方案有详细的解读。面向一线数学教师、操作性强，是其特色。

在推动教育数学实践中，四川团队提出了两个有创意的设想：一是“速成推广”的设想，其基本主张是“一线串通，教育数学；一次讲座，即可实验；一个定理，瞬间搞定；一招制胜，处处有用；一以贯之，省时高效；道生于一，归一用一”；二是教育数学进师范学院课程体系，让将来走向中小学数学教学的大学生及早学习教育数学。正是基于这两个设想，编者创作了本书。

这是一本非常及时、非常优秀、内容极其丰富的教育数学概述和概论。它写出了张景中院士面积法、三共定理和重建三角等原创性初等数学改革设想，四十余年来，从萌生、孕育、论证到在实践中大展身手，既创造了可读性几何定理机器自动证明的高科技领域中的世界奇迹，又创造了并还在创造着中学数学教育史上重大的变革。这本著作血肉丰满，不是空洞的说理，而是既阐述了教育数学的数学内涵，也展现了许许多多数学教师在实践张景中院士的教育数学中的种种课案、种种范式和种种创造，更用统一考试的统计数据证明了学生们确实学得更快、更容易、更好、更深、更扎实了。

该书既建立在学习张景中院士教育数学的系列著作基础上，也源于实践层面的经验总结与思考，相信会给广大教育数学实践的老师带来很多帮助。

教育数学是为教育而做数学，其价值指向课堂教学实践，让千千万万的学子受益，进而造福人类。愿广大数学老师积极学习教育数学的相关著作及实践方案，并进行大胆实践。

美国奥特本大学教授　童增祥

2017年5月

前　言

“教育数学”的提法，最早出现在 1989 年张景中院士撰写的《从数学教育到教育数学》一书中。教育数学不同于数学教育，教育数学是数学的一个分支，数学教育是教育学的一个分支。关于“教育数学”与“数学教育”的区别，张景中做了一个非常形象的比喻：“把学数学比作吃核桃。核桃仁美味而富有营养，但要砸开才能吃到它……数学教育要研究的，就是如何砸核桃吃核桃。教育数学呢，则要研究改良核桃的品种，让核桃更美味、更有营养、更容易砸开吃净。”

教育数学正发展成为一门全新的学科，它鲜明地提出自己的主张：为了教育，改造数学。教育数学涉及大学与中小学数学课程改革。张景中院士撰写的《直来直去的微积分》是教育数学基于大学微积分改革的探索，《一线串通的初等数学》是教育数学基于初等数学改革的探索。这两本书是《从数学教育到教育数学》一书的拓展与延续。本书主要是对教育数学初等数学改革的两大方案——三共方案与重建三角方案，进行微观层面的教学设计和解读。成都师范学院、贵州师范学院等拟将教育数学概论作为课程引入师范生人才培养方案，进入大学课堂，这是一个创举。

2016 年 8 月，中国高等教育学会教育数学专业委员会在贵阳召开。会议期间，成都师范学院数学学院李兴贵院长向张景中院士提出教育数学纳入师范院校课程体系的设想，得到张景中院士的支持。随后，李兴贵、赖虎强共同商议并确定了本书的结构框架，同时成立编委会，展开编写工作。

本书分为 3 大部分：

（1）教育数学理论概述篇。这一部分结合面积法与几何教学改革，简要论述教育数学的基本要义与主张。

（2）教育数学实验方案篇。这一部分主要是对张景中院士提出的初等数学改革的两大方案——三共方案与重建三角方案进行详细的教学设计。

（3）教育数学实践活动篇。这一部分主要介绍教育数学的实践策略，教育数学的中国元素，以及部分地区学校的实践成果。

本书具有以下特色：

（1）案例性，为教学实践者提供具体的实践方案。国内外对初等数学教育改革的书籍，大都偏重教育理念与教育主张的论述，而很少提出具体的改革主张与案例。本书从多个侧面解读三共方案与重建三角方案。透过这两个具体的方案，也可以启迪广大中小学、大学数学教师，有针对性地对自己所教数学内容进行结构性改革。教育数学是一个开放的领地，数学教师都可以在“一线串通”“数学化”“再创造”方面做出自己的贡献。

（2）前沿性，为师范生和一线教师带来鲜活的“中国元素”与基础教育国际前沿成果。教育数学处处充满辩证法，强调三个原则：起点要低，观点要高；方法既要简便，又要一般；推理既要直观，又要严谨。教育数学主张“一线串通”，与当代西方数学教育界大力倡导的“数学内容教学知识（MPCK）”和“数学教学知识（MKT）”的研究非常接近。

（3）实践性，在暂不调整课本结构的前提下，只需增加少量新知学习时间，即能启动新实验，是本书“速成”推广的主张。

本书的撰写，基于对广州、成都、上海、贵州等地进行教育数学实践取得阶段性成果的提炼与思考，也基于为重建三角实践的学校校本课程提供学习资料。

本书可作为师范院校数学选学教材，以及教育数学实践学校和数学老师的参考书。

本书由李兴贵、赖虎强主笔，各编委参与了部分章节的撰写工作。全书由赖虎强负责统稿。编者在编写本书的过程中得到行业专家、资深专业教师的指导，也参考了一些相关教材和书籍，在此谨向有关人员致谢！

由于编者水平有限，书中难免存在疏漏和不足之处，敬请广大读者批评指正。

编　者

2017 年 5 月

目　　录

下篇　教育数学实践活动

上篇
教育数学理论概述

第1章 教育数学概述

张景中院士是中国著名的数学家，其研究范围不局限于数学的“高、精、尖”领域，还关注高等数学、中小学数学的教育改革。他创造性地提出“教育数学”这一理念，并撰写大量相关文章与著作进行宣传，他的研究成果受到了数学教育界广泛的关注与实践。

张景中院士认为，教育数学的要义是“为了教育，改造数学”。教育数学首先是数学的一个分支，既古老，又崭新。说其古老，是因为教育数学的实践活动自古就有；说其崭新，是因为教育数学有其明确的主张及其实践方案，也正发展为一门全新的学科。美国奥特本大学童增祥教授认为：“就内容和功用来看，全部数学可分为三大领域：纯粹数学、应用数学和教育数学。”童增祥教授认为，教育数学的理念是中国数学家一个伟大的创造。

第1节 从数学教育到教育数学

2012年12月12日，《中国青年报》以“数学猛于虎”为题（图1-1）描述了这样的社会现象：对很多国人来讲，数学带来的阴影并没有因为离开学校而消失。数学是一门令不少人望而生畏的学科，而张景中院士则有这样的雄心与壮志——“我想把数学变容易”（图1-2）。教育数学一词及其主张，最早源于他撰写的《从数学教育到教育数学》一书。书中指出：

> 数学教育要靠数学科学提供材料。对材料进行数学法的加工使之形成教材，是数学教育的任务。但是，数学教育不承担数学上的创造工作。为了教育的需要，对数学研究成果进行再创造式的整理，提供适于数学法加工的材料，往往需要数学上的创新。这属于教育数学的任务。

图 1-1

这位热衷科普创作的科学家、追求“无痛数学”的数学家，毕生理想是“深浅交融”

院士张景中：我想把数学变容易

名人会

儿时读科普书是兴趣
而今写科普书是责任

好看科普书真不易写

图 1-2

在“走进教育数学”丛书总序中，张景中院士这样形象解读“教育数学”：

> 改造数学使之更适宜于教学和学习，是教育数学为自己提出的任务。把学数学比作吃核桃。核桃仁美味而富有营养，但要砸开才能吃到它。有些核桃，外壳与核桃仁紧密相依，成都人形象地叫它们“夹米子核桃”，如若砸不得法，砸开了还很难吃到。数学教育要研究的，就是如何砸核桃吃核桃。教育数学呢，则要研究改良核桃的品种，让核桃更美味、更营养、更容易砸开吃净。

教育数学，不是简单地将数学教育中的“数学”与“教育”两个词汇颠倒过来，而在于旗帜鲜明地揭示：数学教育是教育学的一支，而教育数学是数学的一支。要讲清什么是教育数学，还得从我们熟知的学科教育谈起。

学科教育面临的两大问题无非是：

（1）教什么，即教学内容；

（2）怎么教，即教学方法。

显然，内容决定方法，方法也反作用于内容。虽然两者既对立又统一，但在具体研究学科教学时，要优先研究教学内容，再研究教学方法。对此，张奠宙教授曾撰文指出：“教什么永远比怎么教更重要。比如吃饭，吃什么永远比怎么吃更重要。果腹、营养、味道是饮食的核心。至于用筷子还是用刀叉，并非哪个先进，哪个落后，并不那么要紧。可是，有些事情硬是颠倒了。”

数学教育通常认为：把数学家的研究成果作为基本素材——数学教材，经过教学法的加工，便可以形成教材。所谓教学法加工，只是剪裁、整理，不包括数学上的创造，即

数学家创造 → 数学成果 —教学法加工→ 数学教材

而教育数学认为：从数学家的研究成果出发，仅仅进行不包含数学上的创造的“教

学法加工”，是难以形成好教材的。从数学家的研究成果到课堂上使用的教材，常常经过两种性质的加工。首先是进行数学上的再创造，形成符合教育基本规律的经典教程，这部分工作是数学的任务。具体来说，这是教育数学的任务。其次，在经典教程的基础上进行一次或多次的教学法加工，使之适合当地的学生、教师及社会条件，成为实际应用的教材，这部分工作是教育学的任务。具体来说，是数学教育的任务。也就是说，应当是这样的过程：

数学成果 —数学的再创造（教育数学）→ 经典教程 —教学法加工（数学教育）→ 数学教材

教育数学着眼于两点：难点和新观点。

数学教育中，有些传统公认的难点，如几何解题、极限概念等，对于这些教学难点，传统的策略是采用分散难点、推迟难点、反复强化、适当回避等手段。而从教育数学的观点来看，难点的产生很可能是由于现有的数学知识对某些客观规律反映得不够好，不适用于教育。哪里难，就在哪里开刀，改造它，进行再创造。优化数学概念的表述方式，找寻更有力、更好学的方法，从根本上化解难点。教育数学为自己提出三个目标：逻辑结构尽可能简单；概念的引入要平易直观；要建立有力而通用的解题工具。其实，这也是数学教育中追求的目标。教育数学提出的新观点不过是通过数学上的再创造来达到这些目标。

教育数学不是停留在一般的观点和泛泛的讨论上，它是实实在在的数学工作。特别在数学的大后方，面对千锤百炼的数学材料与名师巨匠留下的数学遗产，教育数学也能做出相当有意义的工作。在《从数学教育到教育数学》一书（图 1-3）中，针对数学教育中的两个世界性的老大难问题，即平面几何教材改革和微积分入门教学问题，提出了具体的解决方案。在平面几何中引入系统的面积法（三共方案、重建三角方案），在微积分中引入“极限的非 ε 语言”和“连续归纳法”。其中，重建三角方案的整体结构如图 1-4 所示。

图 1-3

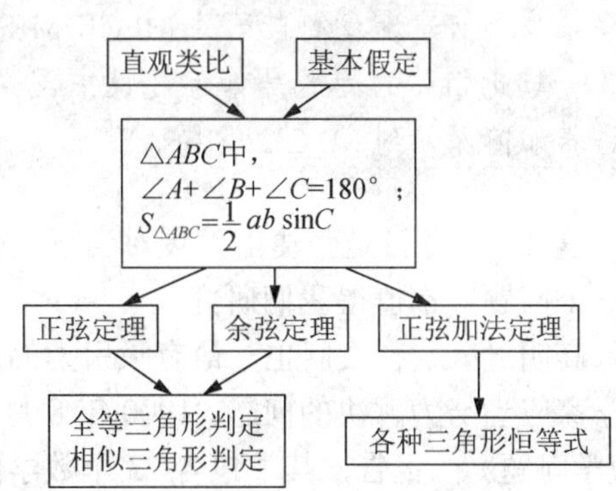

图 1-4

《一线串通的初等数学》是对初等数学改革的较为具体的方案，其主旨是强调“一线串通”，即小学、初中、高中数学一线串通；计算、推理、画图一线串通；几何、代数、三角一线串通。

时至今日，教育数学已经不再是一颗刚刚萌发的种子，而是一门逐渐走向成熟的学科。张景中首创的教育数学的思想和实践，必将对基础教育产生重大的影响，从数学教育到教育数学必将是数学教育史上具有里程碑意义的一次飞跃。

2013 年 6 月，华东师范大学主办了“未来十年中国数学教育展望”学术研讨会。这次研讨会的主题是“未来十年中国数学教育展望”，主要目的是在深刻审视我国数学教育近年来发展变化的基础上，总结经验，发现问题，提出未来十年中国数学教育的发展目标和研究建设。

我国著名的数学家、数学史家和数学教育家张奠宙教授起草了本次研讨会的讨论文件，提出了如何吸取历史经验、如何深化课程改革、如何落实“四基”数学教学、教育数学（MPCK/MKT）研究、克服应试教育的弊端、珍视本土的教学教育创造、补救数学英才教育的缺失、如何应对“去数字化”的浪潮、如何发展数学教育技术、中国数学教育如何进一步和国际融合 10 个讨论题目。其中第四个讨论题目的具体内容如下：

（四）“教育数学”研究

过去的十年课程改革，主要聚焦于教学方法的改革，即以“自主、合作、探究”的教学理念为主轴进行改革实践。至于课程内容的诠释，数学本质的揭示，数学内涵的理解，则缺乏应有的重视。与此同时，西方的数学教育界，正在大力倡导“数学内容教学知识（MPCK）”和“数学教学知识（MKT）”的研究。这是一个鲜明的反差。

中国过去有“数学教材教法”研究的传统，有过很好的研究积累。未来十年，我国是否应该建立起自己的具有教育形态的数学内容体系？张景中院士提倡的“教育数学”口号， 能否移植过来为我们所用？是否可以规划、出版成套的“教育数学手册”？张奠宙教授提出的“数学的教育形态”与“数学教学知识”之间有什么联系？如何建设我们自己的 MPCK/MKT?

与此相关的问题是如何建设中国式的数学教师教育体系？数学教育研究生的培养如何深入到 MPCK 的层面？

这 10 个题目是张奠宙教授对当下教育的深刻思考，对未来数学教育的精心设问。每一个问题，都值得我们研究。

高明之人，善设问也。最有吸引力的题材，莫过于展望数学的未来，列出在新世纪数学家应当努力解决的问题。1900 年 8 月 6 日，数学家希尔伯特向国际数学界提出名为《数学问题》的报告，其中包含 23 个数学问题。希尔伯特这 23 个问题，被誉为 20 世纪数学的“一张航图”，人们无不把攻克“希尔伯特问题”视为至高无上的荣誉。1936～

1974 年，获得国际“菲尔兹奖”的 20 人中，至少有 12 人的工作与“希尔伯特问题”有关。

我们不妨做类似的猜想：作为一线数学教师或教育理论工作者，选择《未来十年中国数学教育展望》十大问题之一进行研究，持之以恒，必有收获。其实，十大问题是有其内在联系的，我们也可以将第四大点——“教育数学（MPCK/MKT）研究”作为研究的主轴，并将其他问题融入其中！

第 2 节　教育数学要义：为了教育，改造数学

教育数学着眼于：为了教育，改造数学。

对于教育数学，著名教育家查有梁教授在为《从〈九章算术〉寻找教学智慧——妙用面积学数学》一书作序时，进行了这样的解读：

> 我对于张景中院士关于数学教育和教育数学的新解释，理解如下：数学研究是属于科学前沿的探索，不断给数学教育和教育数学提供新的内容；数学教育是属于教育过程的探索，主要从数学理论来研究如何有效教学；教育数学是属于数学结构的再探索，主要从数学结构本身进行再研究，以更适合于教学的需要。数学研究的关系句是：研究数学的抽象结构，创新数学的量化模式，以利于在学术前沿发展数学；数学教育的关键句是：研究教学过程，进行教学建模，以利于因材施教，提高数学教育的效率；教育数学的关键句是：研究数学结构，进行数学结构的再创造，以利于深入浅出，提高数学教育的质量。数学研究、数学教育、教育数学，这三个集合是有“交”的，说明三者既有区别，又有联系。

结合张景中院士关于教育数学的论述，教育数学有以下主张。

1. 更换结构，提供“放射型”数学逻辑体系

> 学习一门课程，好比游览一个城市；课程的逻辑体系，就好比城市的交通系统。好的交通系统，应当有“放射型”的交通中心。交通中心应该四通八达，找到它，我们到哪儿都方便。而欧几里得的几何体系呢？它没有一个突出的中心，没有一个能让学生俯瞰全局的制高点。它的逻辑结构是串联式而不是放射型的。《几何原本》的每一节都很重要，任何一部分没学好，往前走的路就断了，这就是串联式的逻辑结构的特征……欧几里得为我们留下一个美丽但相对封闭的花园。它拥有丰富的习题，但并不准备为姐妹课程——代数提供复习、巩固、提高的用武之地。它更没有暗示我们解析几何与高等数学即将出现。这一切确实令人遗憾。
>
> ——《从数学教育到教育数学》，张景中著

在千锤百炼的数学课本面前，教育工作者常常以照本宣科为己任，将教材奉为圭臬，不敢越“雷池”半步。在这样的认知与氛围中，教师的创新空间比较狭小。一题多解与“教学法加工”常常成为创新的基本素材。而这些，只属于数学教育的范畴，而不是教育数学的范畴。

荷兰数学家、数学教育家弗赖登塔尔提出数学教学应再现数学知识的发生过程的观点。他强调学习数学的唯一正确方法是实行“再创造”，并指出：“对学生和数学家应该同样看待，让他们拥有同样的权利，那就是再创造，而不是因袭和仿效。”“通过再创造获得的知识和能力，要比以被动方式获得、理解得更好，也更容易保持。”

传统数学的知识结构常常是线性的，知识点之间呈串联结构。在这样的学习模式下，知识不能“断链”。“一步不通，步步不通”，学生一旦因病、因事缺课，就可能意味后面的学习永远跟不上。

在传统数学教学中，要获得一个核心知识，常常要学习大量预备知识。串联式的逻辑结构，也意味着信息传递大量耗损。例如，串联式的两个定理之间吸收信息的耗损为 90%，五个知识点之间的串联形成的知识链，信息耗损为 90%×90%×90%×90%≈66%（图 1-5）。

源头知识O —耗损 90%→ 推论A —耗损 90%→ 推论B —耗损 90%→ 推论C —耗损 90%→ 新知D

图 1-5

教育数学主张“逻辑结构简单”，包括三个含义：一是推理步骤的总数少；二是推理的路径短；三是推理过程的“宽度”小。推理的宽度是指为了获得一个命题所要涉及的知识面。要实现这三个目标，就要尽量提供“放射型”逻辑结构（图 1-6）。

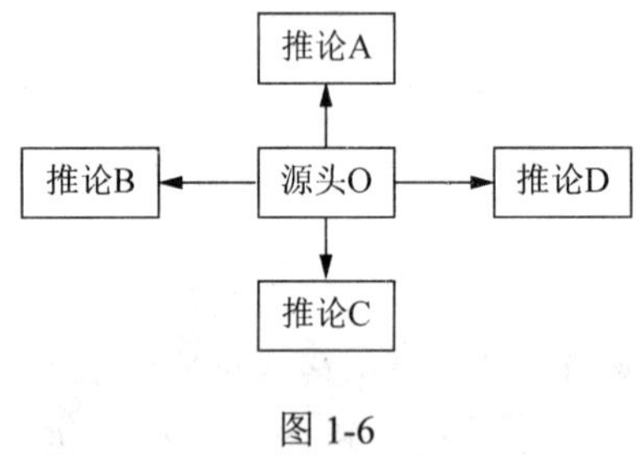

图 1-6

2. 更新工具，提供通用而有力的解题利器

在目前各种通用几何教材中，三角形面积公式：$S_{\triangle ABC}=\frac{1}{2}bc\sin A=\frac{1}{2}ac\sin B=\frac{1}{2}ab\sin C$ 是一个微不足道的小角色。但当我们起用它之后，会发现这个“小角色”是那样重要——它几乎担当起逻辑体系中心的重任。事实表明，平面几何的几乎全

部信息，都浓缩在这个平凡的公式里。

值得注意的是，这个小小的公式不但是平面几何中逻辑推理的基础，同时也是直接参与解题的有力工具。把它与“三角形内角和定理”配合起来，能解决大量的平面几何问题。

——《从数学教育到教育数学》，张景中著

改造数学，首先要考虑改造数学的逻辑结构，其次要考虑提供简洁而有力的解题工具。工具不同，功效不同，繁简不同。荀子云：“假舆马者，非利足也，而致千里；假舟楫者，非能水也，而绝江河。君子生非异也，善假于物也。”到达远方，人们常常要考虑便捷的交通工具，如汽车、轮船、飞机等。而要到达更遥远的星际，就不能再依赖传统的交通工具，而要考虑新的交通工具——宇宙飞船、航天飞机等。

在“重建三角”实验方案中，正弦三角形面积公式有广泛的作用。我们不妨抓住图 1-7 所示的路径“速成”展开。

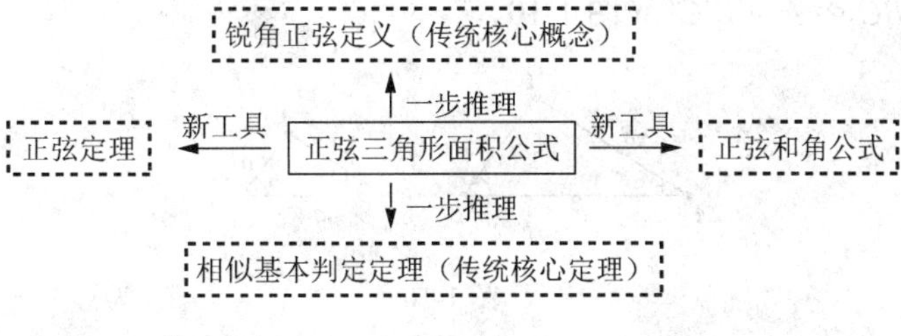

图 1-7

将正弦三角形面积公式作为初等数学的逻辑中心，我们可以“一步推理”获得传统初中数学教材的两个核心知识。

（1）从“一般→特殊”演绎式视角导出锐角的正弦定义。利用直角三角形面积的两种计算方法，建立等量关系。将关系式变形，可得

$$S_{\triangle ABC}=\frac{1}{2}ab=\frac{1}{2}bc\sin A\Rightarrow \sin A=\frac{\frac{1}{2}ab}{\frac{1}{2}bc}=\frac{a}{c}$$

$$S_{\triangle ABC}=\frac{1}{2}ab=\frac{1}{2}ac\sin B\Rightarrow \sin B=\frac{\frac{1}{2}ab}{\frac{1}{2}ac}=\frac{b}{c}$$

在此，大名鼎鼎的“锐角正弦定义”是可以推导的。过去，这一定义“千呼万唤始出来”，而在新体系下，“得来全不费功夫”。

锐角正弦的定义：在直角三角形中，锐角的正弦等于这个角的对边与斜边之比。即 $\sin A=\frac{a}{c}$，$\sin B=\frac{b}{c}$（图 1-8）。

（2）将面积比一比，导出角角相似判定基本定理。制作一个任意三角形硬纸片，我们可以在白纸上画一个一样大的三角形$\triangle ABC$，移动三角形硬纸片，画$\angle AB'C'=\angle B$。于是，我们得到$\triangle A'B'C'$（图 1-9）。

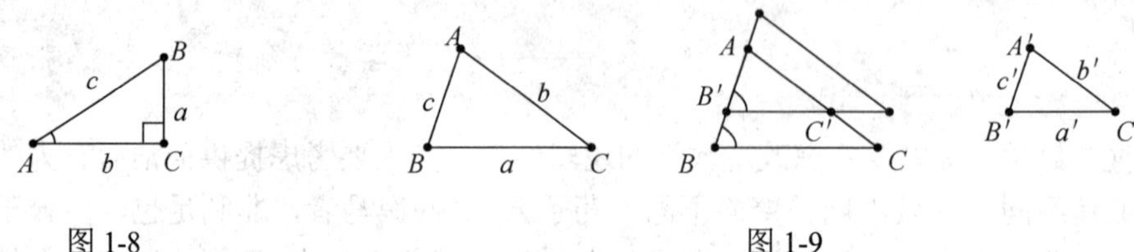

图 1-8　　图 1-9

$\triangle ABC$与$\triangle A'B'C'$有两角对应相等。根据三角形内角和定理，它们的第三个内角也对应相等。这是一种构造三角形相似的简易方法。于是，我们总结出以下核心定理。

相似基本定理：有两角对应相等的两个三角形相似，它们的三边对应成比例。

已知：$\triangle ABC$与$\triangle A'B'C'$中，$\angle A=\angle A'$，$\angle B=\angle B'$。

求证：$\triangle ABC \backsim \triangle A'B'C'$（图 1-10）。

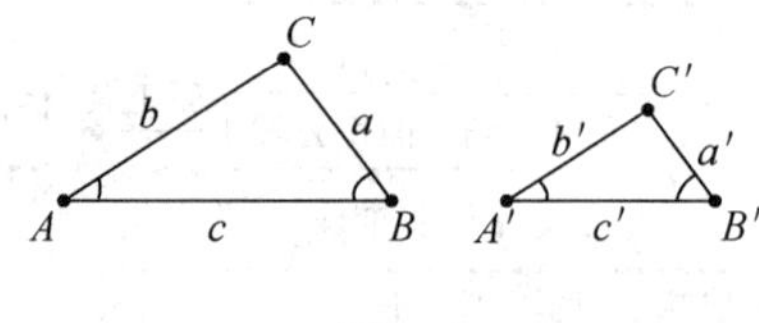

图 1-10

证明：由三角形内角和定理与已知条件，可知$\angle C=\angle C'$。

因为$\angle B=\angle B'$，$\angle C=\angle C'$，$\angle A=\angle A'$。所以$\sin B=\sin B'$，$\sin C=\sin C'$，$\sin A=\sin A'$。

因为$\dfrac{S_{\triangle ABC}}{S_{\triangle A'B'C'}}=\dfrac{\frac{1}{2}ab\sin C}{\frac{1}{2}a'b'\sin C'}=\dfrac{\frac{1}{2}bc\sin A}{\frac{1}{2}b'c'\sin A'}=\dfrac{\frac{1}{2}ac\sin B}{\frac{1}{2}a'c'\sin B'}$，所以$\dfrac{ab}{a'b'}=\dfrac{bc}{b'c'}=\dfrac{ac}{a'c'}$，$\dfrac{a}{a'}\times\dfrac{b}{b'}=\dfrac{b}{b'}\times\dfrac{c}{c'}=\dfrac{a}{a'}\times\dfrac{c}{c'}$，$\dfrac{c'}{c}=\dfrac{a'}{a}=\dfrac{b'}{b}$。

在传统平面几何训练中，“相似过关，一马平川”。三角形相似的核心定理，使用正弦三角形面积公式可以在短时间内掌握。在“重建三角”实验中，正弦三角形面积公式可以导出 20 多个重要定理或公式。以正弦三角形面积公式为“城市中心”，以此导出的 20 多个重要定理与公式为“据点”，就可形成纵横联系的“一环路”“二环路”“三环路”。

到达一个陌生的城市，首先要进入它的城市中心，了解城市交通图。凭借城市中心发达的交通体系，选择我们想到的景点去游玩。数学学习，也是如此，不必在“城市”的外围耗费大量的时间。

进入城市中心，我们可以从东、南、西、北等不同的方位进入，甚至有可能“从天而降”，搭乘直升机直接进入。进入数学的“城市中心”后，不同时间、不同地域、不同文明的人，会有不同的路径认识数学，并形成各自不同的数学逻辑结构与顶层设计。粗略来看，初中数学有三个重要分支，即代数、几何与三角，古希腊数学家以三角形全等、三角形相似的判定定理为主要的解题与认识工具；古代中国数学家则以研究直角三角形为主，以勾股术、开方术为认识工具。而对于斜三角形，则化斜为直。张景中院士另辟蹊径，主张“重建三角”，从正弦门径认识初等数学，并将正弦三角形面积公式作为新法的逻辑中心（图 1-11）。

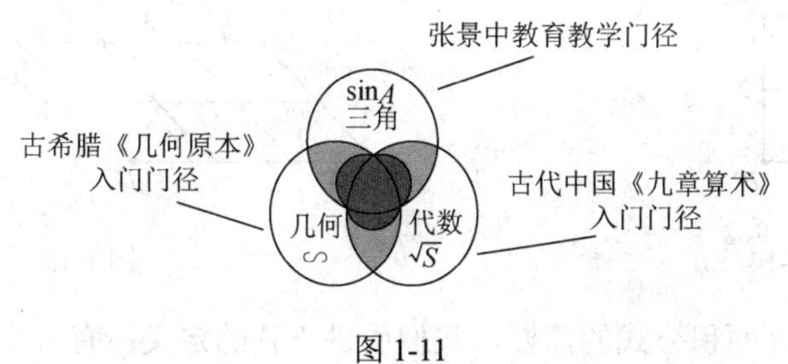

图 1-11

3. 更新平台，改造数学概念

如何让七年级、八年级的学生快速理解正弦三角形面积公式，而提前享受它带来的便利呢？这就需要我们在改造概念上做文章。

将正弦三角形面积公式作为教育数学“重建三角”的逻辑中心，其认知障碍是如何引入小于平角的正弦概念。在初中，只讲锐角的正弦定义，其认识平台是三角形相似。直角、钝角的正弦概念，则要到高中才能学习。其认识平台是直角坐标系，方法是终边定义法：对于平面直角坐标系中，以坐标原点为顶点，x 轴正半轴为一边的任意角α，设角α的终边上任意一点P的坐标是(x,y)，我们规定比值$\frac{y}{r}$叫作α的正弦（图 1-12）。

要改造数学结构，提供强而有力的正弦三角形面积公式这一解题利器，就要在改造概念上做文章。在小学，学生接触过两个知识：一是四边形具有不稳定性；二是单位正方形。从小学生熟知的知识出发，稍加思考变通，由单位菱形面积就能引入正弦(图 1-13)。

$\angle\alpha$正弦的定义：$\sin\alpha=\frac{y}{r}$　　正弦定义：$\sin\alpha=S_{单位菱形ABCD}$

图 1-12　　图 1-13

对于这个问题，张景中院士是在 1974 年于新疆巴音郭楞蒙古自治州 21 团农场子女学校教初中数学时开始探索的。经过 40 多年的思索和实践，为三角函数的定义找到了一种更简单、更便于推理论证的几何模型，并相应地发展出一套适用于初中数学教学的逻辑体系。

设单位正方形的面积为 1，我们可进行矩形面积公式的探索（图 1-14）。

四边形具有不稳定性。若矩形变成平行四边形，单位正方形就成了单位菱形。由此，我们直观得到：平行四边形的面积等于两邻边的乘积，再乘以其中一个单位菱形的面积（图 1-15）。

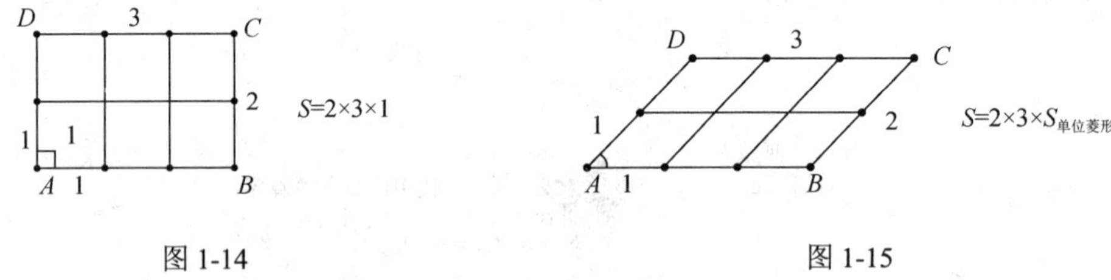

图 1-14　　　　图 1-15

为了进一步研究面积公式的需要，我们引进正弦的定义：有一个内角是 $\angle A$ 的单位菱形面积叫作 $\angle A$ 的正弦，记作 $\sin A$ 。

引入正弦符号，我们归纳出平行四边形面积的新公式：平行四边形的面积等于两邻边的乘积，再乘以夹角的正弦。作平行四边形的一条对角线，我们就得到正弦三角形面积公式。

有了这一定义，抓住单位正方形面积有两种表示方法，我们直接得到：$\sin 90°=1$（图 1-16）。概念的改变，带来了系列的变化。原本高中才学习的这一特殊角正弦值，小学高段或七年级学生都可以掌握。

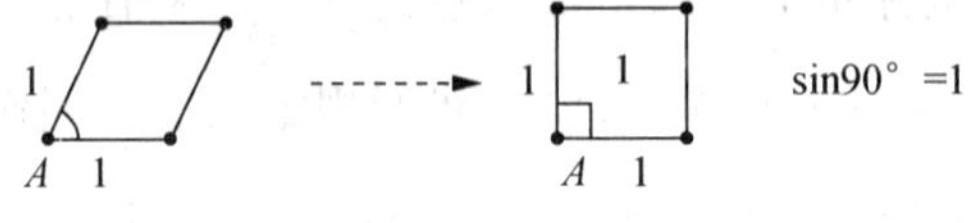

图 1-16

英国著名数学家阿蒂亚说过，“数学的目的就是用简单而基本的词汇去尽可能地多解释世界”。“如果我们积累起来的经验要一代一代传下去，就必须不断努力把它们简化和统一”，“过去曾经使成年人困惑的问题，在以后的年代，连孩子们都容易理解”。

用单位菱形面积定义正弦，创设了用小学生都能懂的学习方式。对此，张奠宙教授形象比喻道：正弦就是单位正方形面积的折扣。

改造数学，不是空洞的倡导，而是实实在在的具体行动。自从《数学通报》2009 年第 8 期上发表李邦河院士的《数的概念的发展》以来，“数学根本上是玩概念的，不是玩技巧，技巧不足道也!”就成为数学教育名言。用单位菱形面积定义正弦，在“玩”概念上提供了一个好的范例。

事实上，概念定义不同，会导致不同的逻辑结构。改造数学，不仅仅要关注数学结构的改造、解题工具的更新，还要关注概念创新。当然，三者之间也相互联系与影响。

参 考 文 献

阿蒂亚，2014．数学的统一性[M]．袁向东，译．大连：大连理工大学出版社．

赖虎强，2014．妙用正弦学数学[M]．成都：四川科学技术出版社．

李尚志，2010．数学的神韵[M]．北京：科学出版社．

李兴贵，蒲大勇，2017．数学教师“教”之“意蕴”[M]．北京：科学出版社．

徐章韬，2013．面向教学的数学知识：基于数学发生发展的视角[M]．北京：科学出版社．

张奠宙，2013．未来十年中国数学教育展望[J]．数学教学，(4)：1-3．

张奠宙，于波，2013．数学教育的“中国道路”[M]．上海：上海教育出版社．

张奠宙，赵小平，2007．教什么永远比怎么教更重要[J]．数学教学，(10)：52．

张景中，2015．一线串通的初等数学[M]．2 版．北京：科学出版社．

张景中，曹培生，2011．从数学教育到教育数学[M]．北京：中国少年儿童出版社．

朱华伟，徐章韬，2015．教育数学：缘起、旨趣、现状和意蕴[J]．数学教育学报，24 (4)：30-32．

朱华伟，徐章韬，2016．教育数学的行动：寻找初中数学课程的焦点[J]．课程·教材·教法，(9)：58-62．

第2章 执简驭繁面积法

从面积视角，提出平面几何或初等数学的具体改革方案，是张景中院士的重要主张与创见。抓住面积，开门见山；抓住面积，从小学到大学的数学内容可以一线串通；抓住面积，结合代数与三角来展开初等几何，就极有希望提供一种比传统几何教材更易学、更生动的几何教材，提供一种足以和欧氏几何体系争夺课堂的几何教材。

在与彭翕成合著的《仁者无敌面积法》一书的序言部分，张景中院士以《情有独钟面积法》为题，简约回顾了面积法对其科研影响的历程：

> 我对面积法，有着很深厚的感情。因为面积法伴随了我 30 多年的科研和科普工作。说是情有独钟，一点都不为过。
>
> 20 世纪 70 年代，我在给中学生讲课的时候，以及后来做竞赛题，发现面积法都非常有用。当时曾寻找过面积法的资料，只有零零散散的一些，系统的论述，没有找到。
>
> 20 世纪 80 年代初，上海教育出版社的同志向我约稿。我就把那几年关于面积法的一些想法，写成一本小册子《面积关系帮你解题》。这本小册子多次印刷，流传甚广。
>
> 1986 年，在著名数学家吴文俊先生的影响下，我开始从事数学机械化领域的研究，我把面积法这一古老的解题方法与当时最前沿的科学研究联系起来，竟然有了意外的收获，创建了可构造等式型几何可读证明自动生成的理论和方法，并在计算机上实现了。对于我来说，实属侥幸；同时，也更坚信面积法的威力。
>
> 近年来对面积法的研究，更着重于“下放三角”，即利用单位菱形面积定义正弦，来展开初等数学体系，有兴趣的读者可以看看我的新书《一线串通的初等数学》。在那里，你会看到面积法已经不仅仅是解题的利器，而且还是建立初等数学体系的中央枢纽。

教育数学主张“一线串通”，这是对中国古代先贤“道生于一”的具体发挥。华罗庚倡导“一条龙”教学法，京派数学名师孙维刚主张多题归一、多解归一，沪派数学名师赵宪初主张“先要举三反一，才能举一反三”。教育数学“一线串通”的主张，有鲜明的系统归一、结构归一、多题归一、多解归一的特征。这与古希腊数学倡导的公理化思想有相通之处，也有不同之处。尽管公理化思想强调执简驭繁，但它是从 23 个原始概念、5 条公设、5 条公理出发进行推演的，这与中国传统文化“归一”“用一”是有区别的。

要理解教育数学的要义，以及“归一”“用一”的精髓，我们有必要从数学史寻找教学智慧。

第 1 节　中国古代数学的逻辑起点——矩形面积公式

《一千零一夜》是一部具有世界影响的阿拉伯民间故事集，书中脍炙人口的故事之一是“神奇的飞毯”。

只要你一坐上“神奇的飞毯”中的那个能飞的阿拉伯飞毯，想到什么地方，这个毯子就像长了翅膀一样升到空中，转眼便把你送到你想去的地方。

在数学学习中，谁不愿意坐上这神奇的“飞毯”周游数学“列国”呢？

矩形面积公式就是小学数学与中国古典数学的“飞毯”，也是初中代数教与学的“飞毯”。在小学，矩形面积公式是我们认识三角形、平行四边形、正方形、梯形、圆面积公式、长方体体积的基础（图 2-1）。

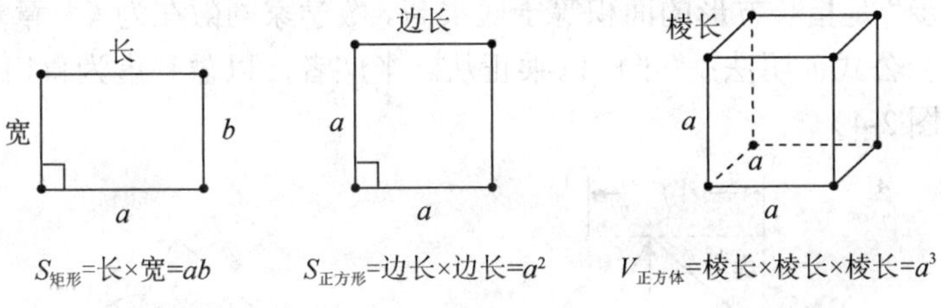

图 2-1

我们理解三角形面积公式、平行四边形面积公式、梯形面积公式、圆面积公式，是以矩形面积公式为基础的。

有了矩形面积公式，我们就能探索以下面积公式之间的关系（图 2-2）。

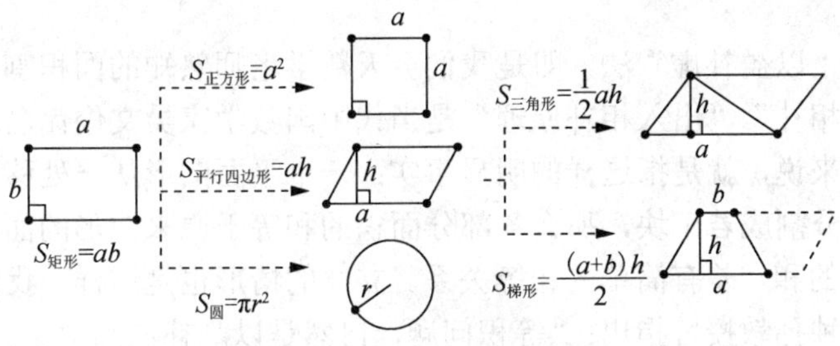

图 2-2

沿矩形对角线分割，我们得到直角三角形面积公式（图 2-3）：直角三角形的面积等于两直角边乘积的一半。

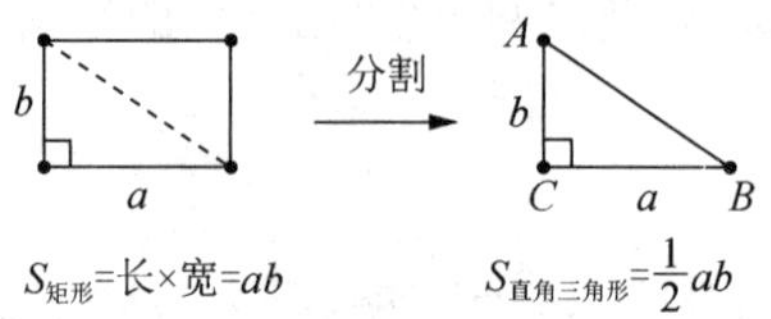

图 2-3

简简单单的矩形面积公式，有非凡的作用。它不仅仅是小学面积公式的基础，也是进一步学习初中数学的基础和理解张景中面积法体系的起点。数学家陈省身指出："数学好玩！"从某种视角，初中代数主要是"玩"矩形（正方形）面积公式。在教育数学"重建三角"的体系中，我们设想从矩形面积公式出发，"顺藤摸瓜"，带出几何、三角知识。

矩形面积公式在中国古典数学中有非凡的意义。作为数学源头之一的名著《九章算术》，第 1 题即是应用矩形面积公式，第 1 术即是"广从步数相乘得积步"。长方形的田，古称"方田"。"广"指长方形的底，"从"指长方形的高，"步"是长度的单位。"广从步数相乘得积步"是指长方形的面积等于底乘高。数学家刘徽在为《九章算术》作注时，提出三角形面积公式证明法："半广以乘正从。半广者，以盈补虚为直田也。亦可半正从以乘广。"（图 2-4）

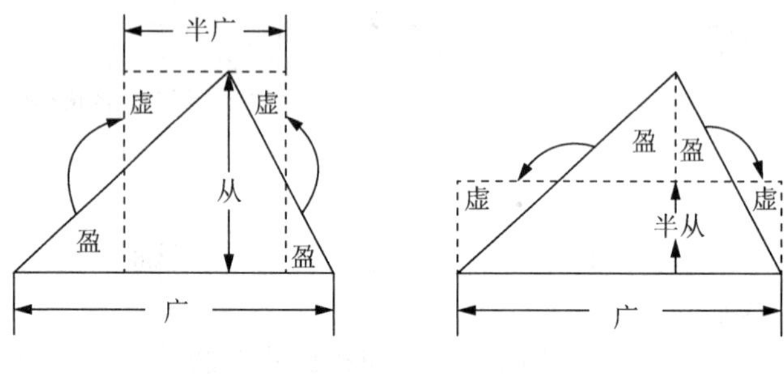

图 2-4

刘徽创设的"以盈补虚"法，即是我们今天数学老师熟知的面积割补法，吴文俊先生称之为"出入相补"。"出入相补原理"是当代中国数学家吴文俊命名的。出入相补原理，用现代语言来说，就是指这样的明显事实：一个平面图形从一处移置他处，面积不变。若又把图形分割成若干块，那么各部分面积的和等于原来图形的面积，因而图形移置前后诸面积间的和、差有简单的相等关系。立体的情形也是这样。我国著名老一辈数学家、教育家傅种孙教授曾指出："等积问题，自然是以割补法为上策。"割补法历史悠久，曾经一再为我国古代数学家所引用，号称我国古代几何理论的一块重要基石。

《九章算术》第一章、第四章、第九章，都与面积紧密相关。《九章算术》第一章"方

田”，主要研究田亩面积计算，包括正方形、矩形、三角形、梯形、圆形、环形、弓形、截球体的表面积计算；第四章“少广”，主要是已知面积、体积，反求其一边长和径长等；第九章“勾股”，利用勾股定理求解，而勾股定理的证明恰与面积相关。故这三章均与面积紧密相关（图 2-5）。

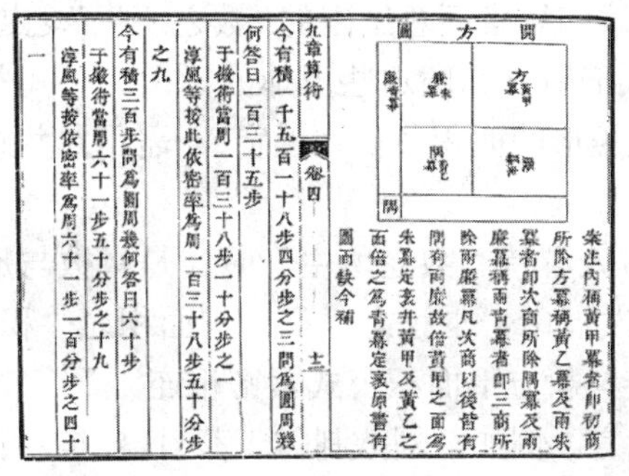

開方圖

案注內稱黃甲冪者即初商所除方冪稱黃乙冪及兩朱冪者即次商所除隅冪及兩廉冪稱兩青冪者即三商所除兩廉冪凡次商以後皆有隅有兩廉故倍黃甲之面爲朱冪定袤幷黃甲及黃乙之面倍之爲青冪定袤原書有圖而缺今補

九章算術　卷四　十二

今有積一千五百一十八步四分步之三問爲圓周幾何答曰一百三十五步

于術當周一百三十八步一十分步之一

淳風等按此依密率爲周一百三十八步五十分步之九

今有積三百步問爲圓周幾何答曰六十步

于術當周六十一步五十分步之十九

淳風等按依密率爲周六十一步一百分步之四十一

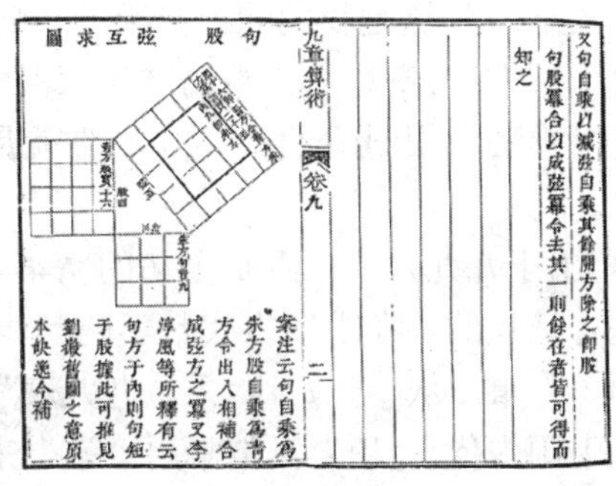

又句自乘以減弦自乘其餘開方除之即股

句股冪合以成弦冪令去其一則餘在者皆可得而知之

九章算術　卷九　二

句股弦互求圖

案注云句自乘爲朱方股自乘爲青方令出入相補合成弦方之冪又李淳風等所釋有云句方于內則句短于股據此可推見劉徽舊圖之意原本缺遂今補

图 2-5

项武义先生在《基础几何学》一书中指出：“‘矩形的面积等于长乘以宽’，这是一个自古以来就被中外古今所熟知和惯用的公式。在中国的古算中，把它当作显然成立的，并用来作为推导其他定理几何公式的起点和基点。”“中国古代几何的独到灼见是善用面积，以矩形面积公式等于长乘以宽为基础，推导直角三角形的面积公式等于底乘高之半。”

著名数学家吴文俊在其主编的《九章算术与刘徽》一书中，以“出入相补原理”一文，详细论述了中国古代面积割补法，并认为：“田亩丈量和天文观测是我国几何学的主要起源，这和外国没有什么不同，二者导出面积问题和勾股测量问题。”

“井田制”是商代和周代的一种土地制度，因将土地划分成“井”字形方块或“田”字形方块而得名。甲骨文“田”字就是一个方块田的象形，方块内的纵横笔画表示田间的阡陌或出埂，它们将人田划分为一个个小田块，整齐如棋盘。

图 2-6 是我国著名学者郭沫若编著《殷契粹编》一书中，“田”字在甲骨文中的不同写法。

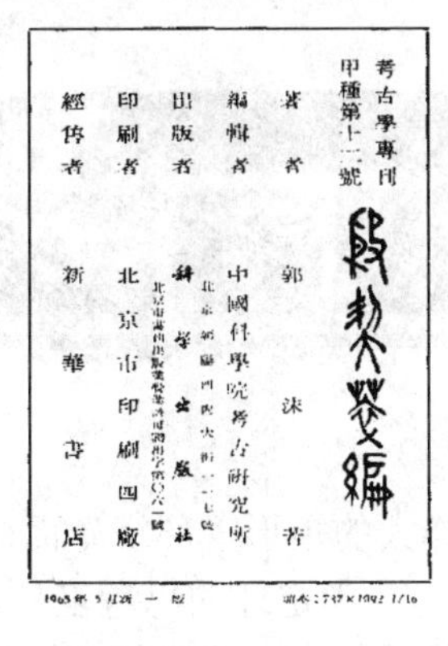

考古學專刊
甲種第十二號

殷契粹編

著者　郭沫若

編輯者　中國科學院考古研究所

出版者　科學出版社

印刷者　北京市印刷四廠

經售者　新華書店

1965年5月第一版　開本：787×1092 1/16

图 2-6

我国著名数学家华罗庚教授说过，“数（shù）起源于数（shǔ），量（liáng）起源于量（liáng）。”从“数数”与面积的视角，从田字的不同写法中，我们容易得到：二二得四，二三得六，二四得八。

中国古代《周髀算经》一书指出：“数之法出于圆方，圆出于方，方出于矩，矩出于九九八十一”。这是我们的祖先经过长期实践和思索而总结出的“数之所生”之道。“数之法出于圆方”，意思是“数的产生来源于人们对方和圆这些形体的认识。”“九九八十一”泛指乘法，“矩出于九九八十一”就是说矩形的面积（长乘以宽），需用九九乘法表来计算。

“矩出于九九八十一”是全句的精华。古人看待“数之所生”时，是将数与形结合起来进行认识的。在中国古代数学的起源和发展中，乘积之“积”与面积之“积”，其实是同一件事。从一开始，“乘法九九表”便与长方形面积公式紧密相连。

在中国古代，“积”又常常用“幂”来代言。例如，刘歆制作王莽量器时，用“幂”表示量器的底面积；《九章算术》刘徽注中以“幂”表示面积。一直到明、清时代，既有称积为幂的，也有称平方或立方为幂的。

可见，不管是“积”或是“幂”，那种数与形结合起来研究数学的思想，在我国古代很早就已萌发并且在后来得到普遍的发展。

直田面积公式是证明中所用的基本公式，起到了公理的作用。数学家杨辉对直田极为重视，他说：“直田能致诸用。”并进一步指出：“诸家算经皆以直田为第一问，亦默会也。”

第 2 节　初中代数教学之秘——赵爽弦图、完全平方图

在中国数学历史的长河中，矩形面积公式也扮演了“源头”知识的角色。在我们身边，无论是中国的大城市，还是乡镇，常常见到以下装饰图案（图 2-7）。

图 2-7

这一图形，叫作“弦图”。这一图形，由四个一样大的矩形“环绕”而成。它不仅仅是美丽的图案，也是中国古代数学家研究数学公式与数学定理的思考工具。

将四个长是 a、宽是 b 的矩形，沿着水平方向或铅垂线方向，环绕放置，就拼接出

一个边长是 $(a+b)$ 大正方形。它的面积是 $(a+b)^2$（图 2-8）。

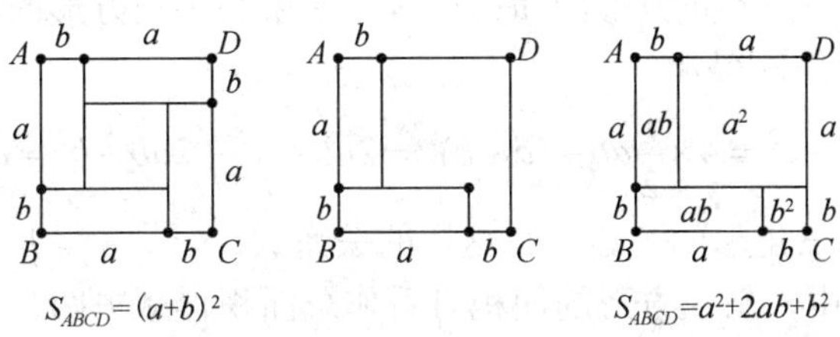

图 2-8

移走右边的两个矩形，大正方形的右侧是一个不规则的“手枪”型图形。对它进行分割，居然分割出两个新正方形。因此，总面积是 $a^2+ab+ab+b^2=a^2+2ab+b^2$。

根据大正方形有两种不同的面积表示，我们得到非常重要的数学公式，即完全平方公式（1）：$(a+b)^2=a^2+2ab+b^2$。

两个数的和的平方，等于这两个数的平方和加上它们积的两倍。

我们将视线集中到最中心的图形，它有什么特点？如何表示它的面积？

最中心的图形，是一个边长为 $(a-b)$ 的小正方形，它的面积自然是 $(a-b)^2$。它的面积也可以看作总面积再减去四个矩形的面积（图 2-9）。

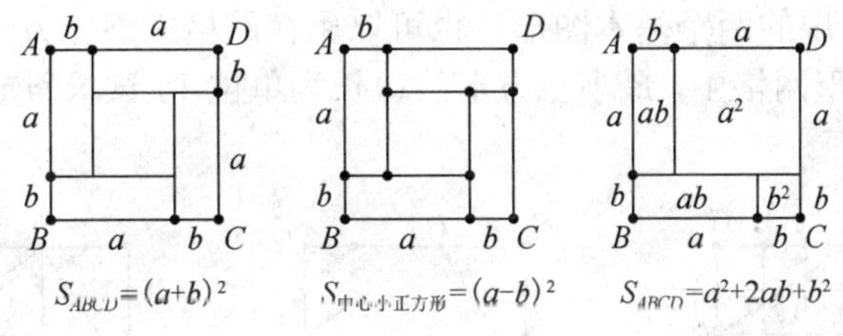

图 2-9

于是，我们得到：$(a-b)^2=(a+b)^2-4ab=a^2+2ab+b^2-4ab=a^2-2ab+b^2$。

完全平方公式（2）：$(a-b)^2=a^2-2ab+b^2$。

两个数的差的平方，等于这两个数的平方和减去它们积的两倍。

我国三国时代的数学家赵爽，将图 2-9 中四个矩形的对角线按图 2-10 所示方式连接起来，得到一个斜正方形。他利用这个图得到了不少数学知识，我们常将此图叫作赵爽弦图。

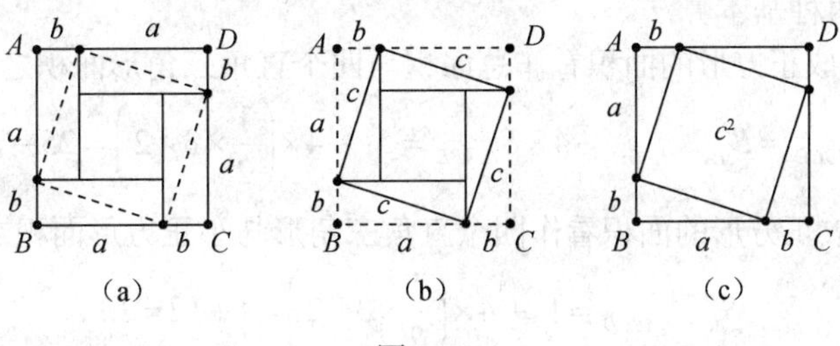

图 2-10

设斜正方形的边长为 c。

在图 2-10（b）中，斜正方形的面积可看作是中心小正方形的面积，再加上四个直角三角形的面积。于是，得

$$S_{斜正方形}=c^2=4\times\frac{1}{2}ab+(a-b)^2=2ab+a^2-2ab+b^2=a^2+b^2$$

所以，图中直角三角形的三边存在这样的关系式：$c^2=a^2+b^2$。

在图 2-10（c）中，斜正方形的面积可看作总面积再减去四个直角三角形的面积。于是，得

$$S_{斜正方形}=c^2=(a+b)^2-4\times\frac{1}{2}ab=a^2+2ab+b^2-2ab=a^2+b^2$$

同样，图中直角三角形的三边存在这样的关系式：$c^2=a^2+b^2$。

勾股定理：$\angle C=90^\circ \Rightarrow a^2+b^2=c^2$。

直角三角形两直角边的平方和，等于斜边的平方（图 2-11）。

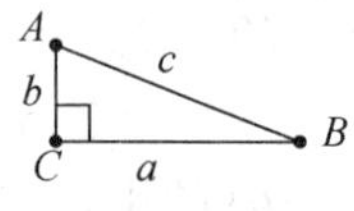

图 2-11

对于图 2-10 出现的两个基本图形，也可以用在网格中斜正方形面积的计算上。设图 2-13 的 5×5 正方形网格中，最小正方形的边长为单位 1。试求斜放正方形 $ABCD$ 的面积［图 2-12（a）］。

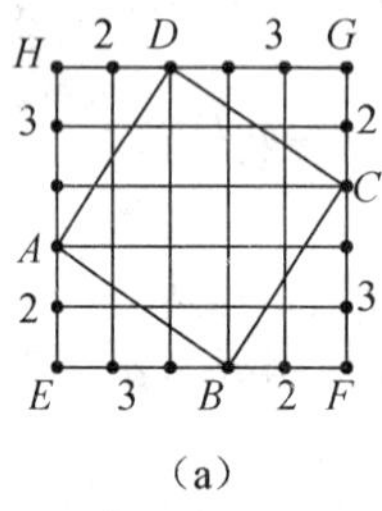

（a）

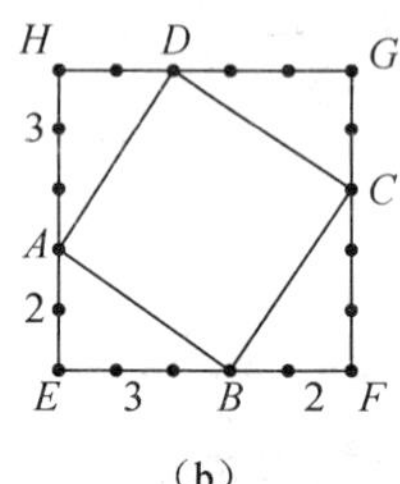

（b）

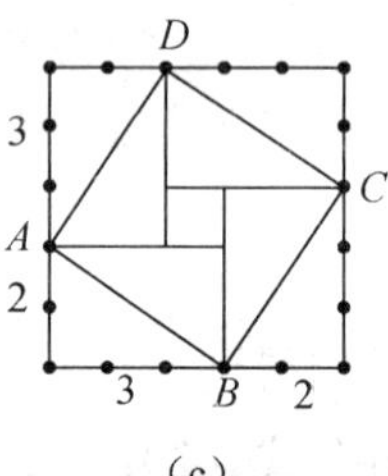

（c）

图 2-12

利用小学知识，要计算正方形网格（设最小正方形的边长为单位 1）中斜放正方形的面积，有以下两种基本算法。

方法 1：把斜放正方形的面积看作总面积与四个直角三角形面积之差［图 2-12（b）］。

$$S_{正方形ABCD}=S_{正方形EFGH}-4\times S_{\triangle ABE}=5^2-4\times\left(\frac{1}{2}\times3\times2\right)=25-12=13$$

方法 2：把斜放正方形的面积看作四个直角三角形与小正方形面积之和［图 2-12（c）］。

$$S_{正方形ABCD}=1^2+4\times\left(\frac{1}{2}\times3\times2\right)=1+12=13$$

方法 3：应用勾股定理。

$$S_{\text{正方形}ABCD}=2^2+3^2=4+9=13$$

已知正方形的面积是 13，它的边长是多少呢？

显然，计算网格中斜正方形的面积时，常常会遇到面积可算，而不知道边长是多少这样的情形。在《九章算术》第四章（少广）中有这样一段话："开方开不尽，以面命之。"翻译成今天的符号语言，即算术平方根的几何意义是，$\sqrt{S}$ 是面积等于 S 的正方形的边长（图 2-13）。

特别地，$\sqrt{0}=0$。

对于算术平方根，今天的课本是这样定义的：一般地，若一个正数 x 的平方等于 a，即 $x^2=a$，则 x 叫作 a 的算术平方根。

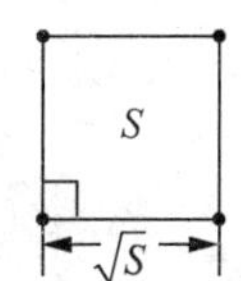

图 2-13

一张图胜过千言万语。抽象的数学符号 $\sqrt{S}$ 可直观理解为面积是 S 的正方形的边长。一经这样的形象理解，立马就可以将抽象的符号具体化为图形。

$$\sqrt{9}=3\text{；}\quad\sqrt{\frac{4}{25}}=\frac{2}{5}\text{；}\quad(\sqrt{S})^2=S$$

显然，古法定义有其优越性。

抓住面积，就可以"顺藤摸瓜"，直观理解抽象的代数"算术平方根"符号、三角正弦符号（图 2-14）。

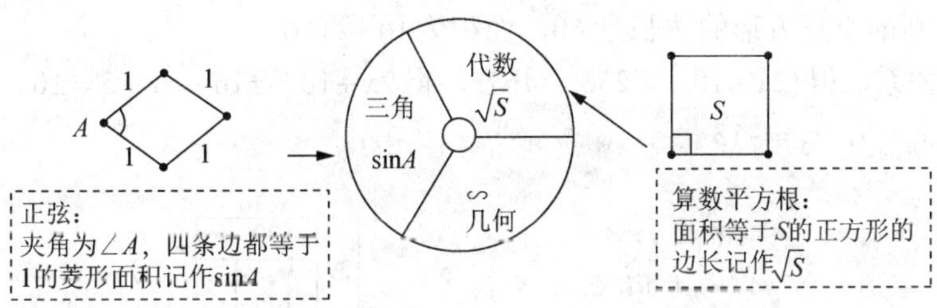

图 2-14

在初中代数领域，多项式乘法法则、完全平方公式、平方差公式、配方法等，常常以面积公式为平台，进行直观理解。

在数学史上，二次方程的求解是一个历史悠久的问题，早在公元前 1600 年开始，巴比伦、希腊（《几何原本》）、中国（赵爽注《周髀算经》）和印度等都进行过研究，但只限于个别方法和一个正根。数学史上，都认为中亚数学家阿尔·花拉子米为求得一元二次方程一般解的第一人（约公元 825 年给出的）。

数学史上，花拉子米曾用面积方法解方程：$x^2+10x=39$。美国数学史家卡平斯基用了一句生动的话概括了他的工作："方程 $x^2+10x=39$ 像一条金链贯穿着几百年的代数学。"的确，他建立了解二次方程的一般方法，并以此为代数学发展指明了方向。花拉子米的解法如下（图 2-15）。

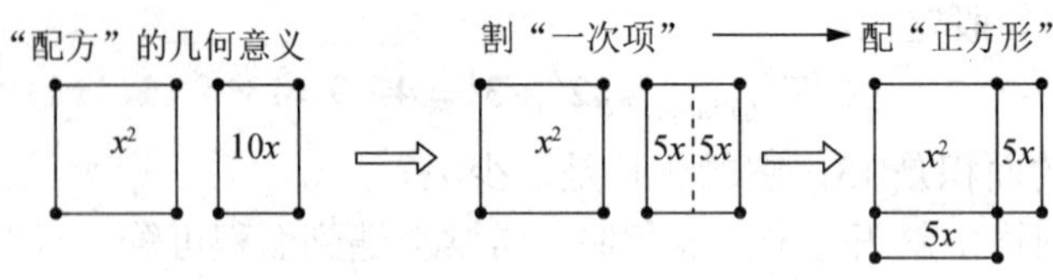

图 2-15

根据面积关系建立方程：$(x+5)^2=64$（图 2-16），进而求解。

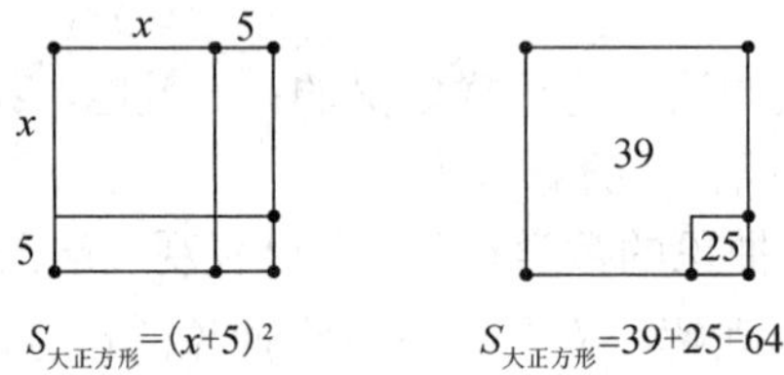

图 2-16

对于类似$x^2+10x=39$的方程，中国古代数学家是通过构造赵爽弦图求解的(图 2-17)。将方程变形为$x(x+10)=39$，新方程理解为长为（x+10)，宽为x的长方形面积等于 39。用四个这样的长方形围成一个新的大正方形和一个新的小正方形。因为长方形的长比宽多 10，所以新的小正方形的边长是 10，面积为$10^2=100$。

由面积关系，得$(2x+10)^2=256$。开方，得$2x+10=\pm16$；$x+5=\pm8$。

解之得$x_1=3$，$x_2=-13$。

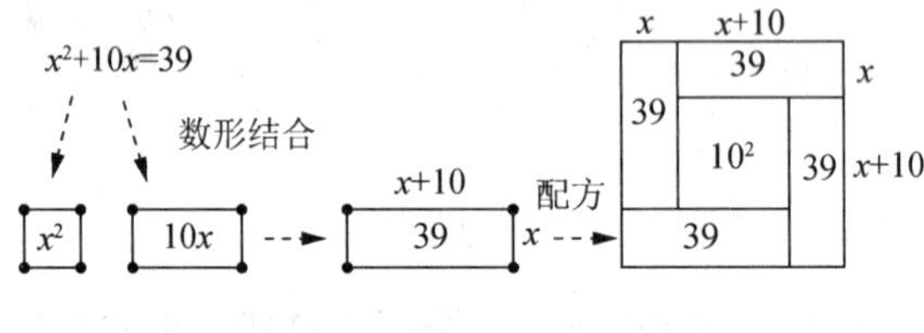

图 2-17

对于四边形的不稳定性，中小学生接触较早。在北师大小学二年级数学课本中，有这样一幅图（图 2-18）。

这一实验，可以选取长度相等的四个木条，用螺栓固定成一个四边形木框。

我们发现：四边形具有不稳定性，无论怎么变，它始终是一个平行四边形。特别地，当其中一个角是直角时，它是一个矩形。

教育数学主张从小学数学出发，从小学生都熟知的数学知识出发。在初中阶段实践"重建三角"方案，也要在"四边形的不稳定性"这一常识下功夫。同时，要将新知识与矩形面积公式进行联系，推陈出新。

在中国的传统几何中，其逻辑中心是矩形面积公式；在教育数学"重建三角"实验方案中，其逻辑中心是三角形面积公式。如果将正弦理解为面积折扣，我们也可以将这两个公式联系起来。

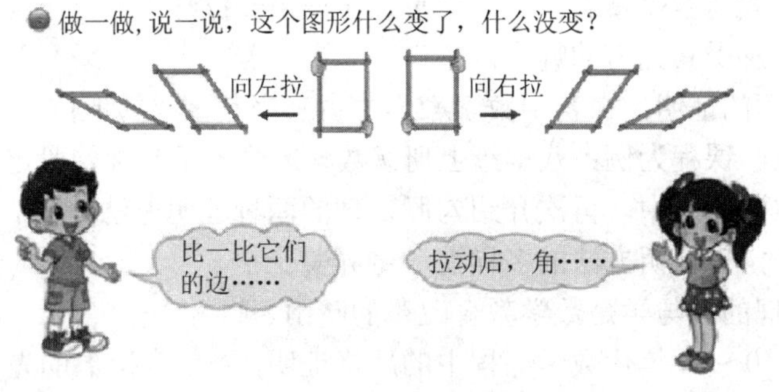

图 2-18

我们也可直接制作平行四边形活动框架，引导学生进行大跨度的联想和猜想。用两组对边分别相等的木条围成矩形，一不小心，矩形变形为平行四边形。显然，矩形面积最大。我们将平行四边形面积看作矩形面积的折扣。这里，正弦就是面积变化的折扣率（图 2-19）。

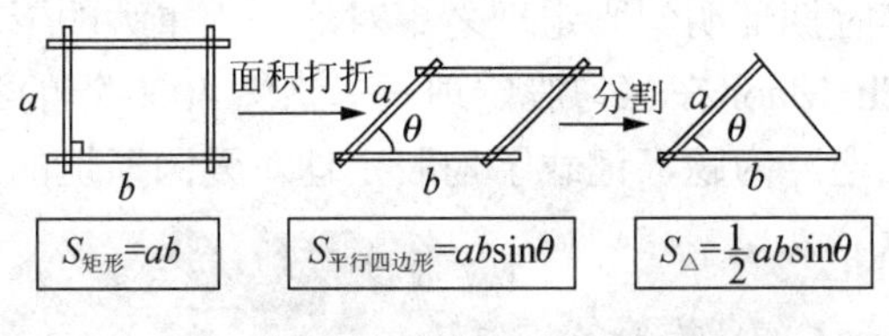

图 2-19

矩形面积公式是中国古代数学的逻辑中心。三角形面积公式是张景中教育数学的逻辑中心。通过上面的演示，我们可以建立这两个逻辑中心之间的关联。

第 3 节　勾股定理与无字证明

谈到面积法，不能不提到勾股定理。

1. 勾股定理的教学价值

勾股定理是人类伟大的 10 个科学发现之一，是几何学中一颗光彩夺目的明珠，被称为“几何学的基石”，天文学家开普勒曾把它喻为几何定理中的“黄金”。不仅如此，勾股定理作为一条十分重要而又很著名的数学基本定理，还深入到数学的许多分支中，数学中的许多公式和命题都是由它推导出来或是建立在它的基础之上的。可以说，在数学上，勾股定理曾经是并且至今仍是贯穿许多数学领域的一个不可缺少的工具。如果要举一条数学中最重要的定理，恐怕非它莫属。

勾股定理的教与学蕴藏着巨大的能量，值得每一位师生在此下功夫，以获取“举一反三”的能力，感受其无穷的魅力。

1）勾股定理的证明，在初中数学教学中占有极其重要的地位

以北师大数学课程为例：八年级上册《数学》给出了 8 种勾股定理的证明方法。而在九年级上册《数学》中，再次介绍勾股定理的两种证明方法。前后介绍 10 种证明方法，体现了勾股定理证明方法的多样性、奇异美。

2）勾股定理的教与学是数学教育改革的晴雨表

从 20 世纪 50～60 年代数学课程中的严格证明，到后来提倡的先“量一量，算一算”再“告诉结论”及“做中学”，直到现在的探究式等，在勾股定理的教学中世界各国都有各自的追求。

爱因斯坦是历史上伟大的物理学家之一，是现代物理学的开创者和奠基人，是相对论的提出者。他的工作和成就引发了 20 世纪的物理学革命，影响了人们生活的方方面面。

爱因斯坦在多种场合，谈到了几何对其科学研究的影响。在爱因斯坦逝世前一年，他仍然充分肯定他少年时期证明勾股定理之事对他一生重大的影响。

以色列科普作家 Eli Maor 在《勾股定理——悠悠 4000 年的故事》一书中，以《爱因斯坦与毕达哥拉斯相遇》为题，记载了勾股定理对爱因斯坦的影响：

12 岁时，爱因斯坦收到一本几何书，他贪婪地研读起来，并亲切地称其是他的“神圣几何小册子”。他在自传随笔中写道：

“在我拿到这本神圣的几何小册子之前，我的伯父就跟我说过毕达哥拉斯定理（勾股定理）。经过大量的努力，我根据三角形相似性成功地‘证明了’这条定理；在这样做的时候，我觉得，直角三角形边的（比例）关系‘显然’完全决定于它的一个锐角。在我看来，只有在类似方式中不是表现得很‘显然’的东西，才需要证明。”

在 Moszkowski 撰写的《与爱因斯坦的对话》一书中这样写道：“有一次雅可比叔叔向爱因斯坦讲了毕氏定理的内容，而未讲任何证明。他的侄儿理解所涉及的关系，并感到可基于一种理由而推导出来……这个小孩在三个星期中用其全部的思维力量去证明这一定理。他专注到三角形的相似性（从直角三角形的一个顶点向斜边作垂线）得到了一个证明。为此，他长时间的激动！这虽然仅涉及一个非常古老的著名定理，他却经历了发现者首次的快乐。”

勾股定理是几何学中的明珠，它充满魅力，千百年来，人们对它的证明趋之若鹜。也许是因为勾股定理既重要又简单，更容易吸引人，才使它成百次地反复被人炒作，反

复被人论证。有资料表明，关于勾股定理的证明方法已有 500 余种，仅我国清末数学家华蘅芳就提供了 20 多种精彩的证法。这是任何定理无法比拟的。

（1）美国数学月刊杂志于 1896～1899 年连载了一篇名为 *New and old proofs of the pythagorean theorem* 的论文，作者为 B. F. Yanney 和 J. A.Calderhead，里面介绍了 104 种勾股定理的不同证法。

（2）E. S. Loomis 撰写的 *Pythagorean Proposition* 一书中共提到 367 种证明方法。

（3）由王岳庭、程其坚编著，内蒙古人民出版社于 1985 年出版的《定理的多种证明，公式的多种推导》一书中介绍了勾股定理的 48 种证法。

（4）由李迈新编著，清华大学出版社于 2016 年出版的《挑战思维极限：勾股定理的 365 种证明》一书给出了 365 种不同的证法，其中有 56 种证明方法为作者发现。

2. 张景中证法

对于勾股定理，张景中提出了以下证明方法。

证法 1：

将两个全等直角三角形不相等的边拼在同一直线上［图 2-20（a）］。对图形进行分割。最关键的，我们得到了 $BD\perp AC$，为什么？

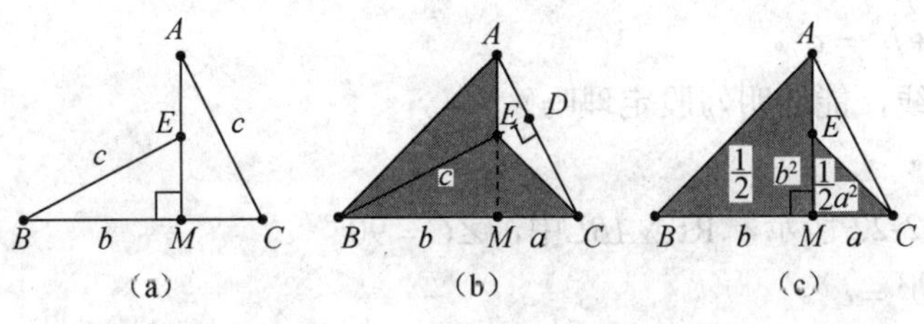

图 2-20

图 2-20（b）中，由三角形面积等于底边乘以高的一半，阴影部分的面积：$S_{\triangle ABE}+S_{\triangle BCE}=\frac{1}{2}c\cdot AD+\frac{1}{2}c\cdot CD=\frac{1}{2}c(AD+AC)=\frac{1}{2}c\cdot c=\frac{1}{2}c^2$。

图 2-20（c）中，产生了两个等腰直角三角形，阴影部分的面积：

$$S_{\triangle ABM}+S_{\triangle MCE}=\frac{1}{2}b\times b+\frac{1}{2}a\times a=\frac{1}{2}b^2+\frac{1}{2}a^2$$

凹四边形 $ABCE$ 的面积有两种算法，我们得到：$\frac{1}{2}c^2=\frac{1}{2}b^2+\frac{1}{2}a^2$。所以$c^2=b^2+a^2$。

证法 2：

已知：如图 2-21（a）所示，Rt$\triangle ABC$中，$\angle C=90°$。

求证：$a^2+b^2=c^2$。

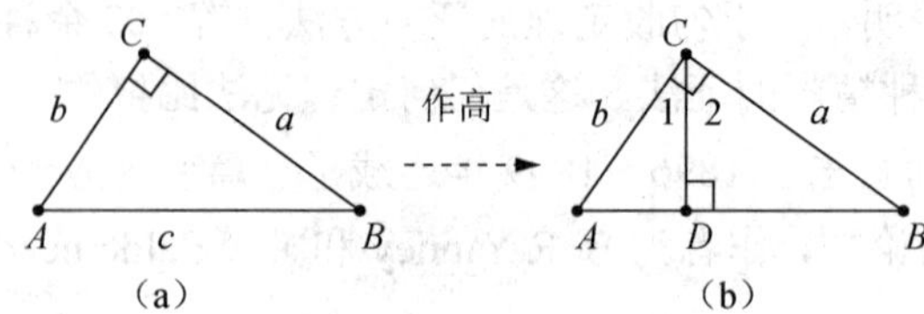

图 2-21

证明：作 $CD\perp AB$，垂足为点 D［图 2-22（b）］。

由前面证明，得∠B=∠1，∠A=∠2。

由三角形面积公式，得

$$S_{\triangle ABC}=S_{\triangle ADC}+S_{\triangle BCD}=\frac{1}{2}b\cdot CD\cdot\sin\angle 1+\frac{1}{2}a\cdot CD\cdot\sin\angle 2$$

$$S_{\triangle ABC}=\frac{1}{2}c\cdot CD$$

由此得 $\frac{1}{2}b\cdot CD\cdot\sin\angle 1+\frac{1}{2}a\cdot CD\cdot\sin\angle 2=\frac{1}{2}c\cdot CD$，化简，得 $b\sin\angle 1+a\sin\angle 2=c$。

将 $\sin\angle 1=\sin B=\frac{b}{c}$，$\sin\angle 2=\sin A=\frac{a}{c}$ 代入化简之后的式子得 $b\cdot\frac{b}{c}+a\cdot\frac{a}{c}=c$。两边同乘以 c，得 $a^2+b^2=c^2$。

不添加辅助线，能证明勾股定理吗？

证法 3：

已知：如图 2-22 所示，Rt△ABC中，$\angle C=90°$。

求证：$a^2+b^2=c^2$。

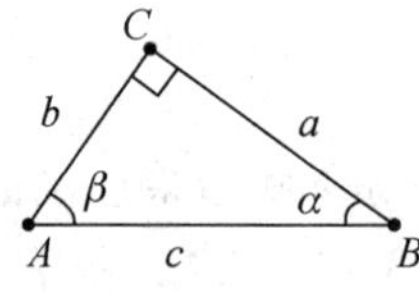

图 2-22

在 Rt△ABC中，$\angle C=90°$，$\angle A=\beta$，$\angle B=\alpha$。

由 $\beta+\alpha=90°$，得 $90°-\alpha=\beta$，$90°-\beta=\alpha$。

由和角公式，有 $\sin(\alpha+\beta)=\sin\alpha\cdot\sin(90°-\beta)+\sin\beta\cdot\sin(90°-\alpha)$，即 $\sin 90°=\sin\alpha\cdot\sin\alpha+\sin\beta\cdot\sin\beta$，$1=\sin\alpha\cdot\sin\alpha+\sin\beta\cdot\sin\beta$。

因为 $\sin\alpha=\frac{b}{c}$，$\sin\beta=\frac{a}{c}$。所以 $1=\left(\frac{b}{c}\right)^2+\left(\frac{a}{c}\right)^2$，$1=\frac{b^2}{c^2}+\frac{a^2}{c^2}$，$c^2=b^2+a^2$。

要实现无辅助线证明，我们需要事先掌握以下预备知识——正弦和角公式的证明。

对于锐角α和β，有$\sin(\alpha+\beta)=\sin\alpha\cdot\sin(90^\circ-\beta)+\sin\beta\cdot\sin(90^\circ-\alpha)$（高中核心公式之一）。

证明：如图 2-23 所示，设$\angle BAD=\alpha$，$\angle CAD=\beta$，过 D 作 AD 的垂线分别和直线 AB、AC 交于 B、C；则由面积公式可得

$$
\begin{aligned}
&S_{\triangle ABC}=S_{\triangle ABD}+S_{\triangle ACD}\\
&\Rightarrow \frac{1}{2}cb\sin(\alpha+\beta)=\frac{1}{2}ch\sin\alpha+\frac{1}{2}bh\sin\beta\\
&\Rightarrow cb\sin(\alpha+\beta)=ch\sin\alpha+bh\sin\beta\text{（两边同时扩大2倍）}\\
&\Rightarrow \sin(\alpha+\beta)=\frac{ch\sin\alpha}{cb}+\frac{bh\sin\beta}{cb}\text{（两边同时除以}cb\text{）}\\
&\Rightarrow \sin(\alpha+\beta)=\frac{h}{b}\sin\alpha+\frac{h}{c}\sin\beta
\end{aligned}
$$

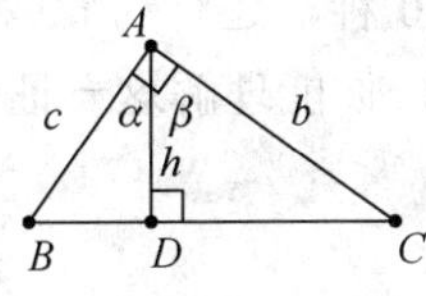

图 2-23

在 Rt△ABD 中，$\sin B=\frac{h}{c}$，即$\frac{h}{c}=\sin(90^\circ-\alpha)$；在 Rt△$ACD$ 中，$\sin C=\frac{h}{b}$，即$\frac{h}{b}=\sin(90^\circ-\beta)$。

将这两个式了代入上式，得$\sin(\alpha+\beta)=\sin(90^\circ-\beta)\cdot\sin\alpha+\sin(90^\circ-\alpha)\cdot\sin\beta$。

3. 有趣的无字证明

在勾股定理的众多证明之中，有一种方法，将图形进行剪、移，也能证明勾股定理。整个过程，不需要文字，仅用图像解释就能不证自明，俗称“无字证明”。

刘徽在《九章算术注》中针对“勾股术”曾作了如下解释：“勾自乘为朱方，股自乘为青方，令出入相补，各从其类，因就其余不移动也，合成弦方之幂，开方除之，即弦也。”

刘徽首先作出两条直角边上的正方形，他把由一条直角边形成的正方形叫作“朱方”，把由另一条直角边形成的正方形叫作“青方”，然后把图中标注有“出”的那部分图形，移到标注有“入”的那些位置，就拼成了图中斜置的正方形。刘徽把斜置的正方形叫作“弦方”，它正好是由直角三角形斜边形成的一个正方形（图 2-24）。

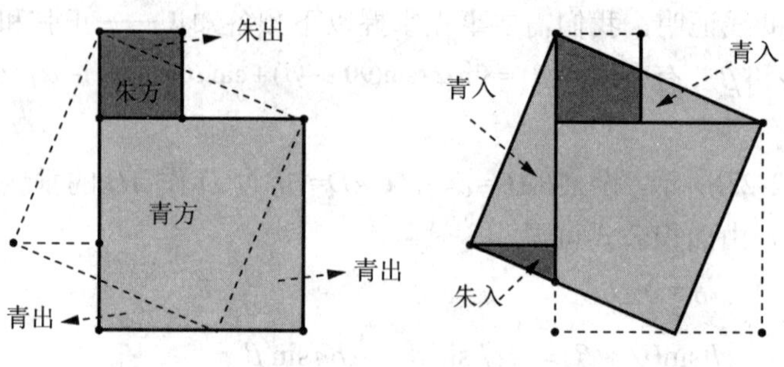

图 2-24

经过这样一番移、合、拼、补，自然而然地得出结论：朱方+青方=弦方。

这就是“青朱出入图”，这是一幅多么神奇的图啊！甚至不用去标注任何文字，只要相应地涂上朱、青两种颜色，也能把蕴含于勾股定理中的数学真理清晰地展示在世人面前。

梅文鼎（1633～1721 年）是清初著名的天文学家和数学家，被称为“国朝（清）算学第一人”，已出版的学术著作约 30 种，还有约 60 种有记载但未见出版的书。图 2-25 是梅文鼎证明勾股定理的两种方法，你能理解这一证明方法吗？

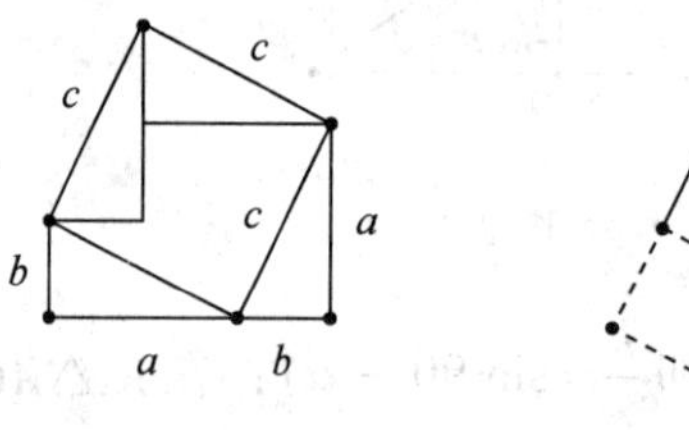

图 2-25

我国古代数学家证明方法欣赏（图 2-26）。

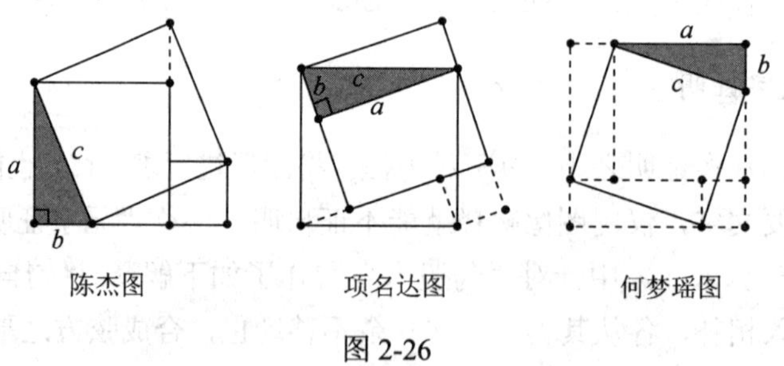

图 2-26

12 世纪印度著名数学家婆什迦罗用图 2-27 去解释勾股定理，而不作文字证明。

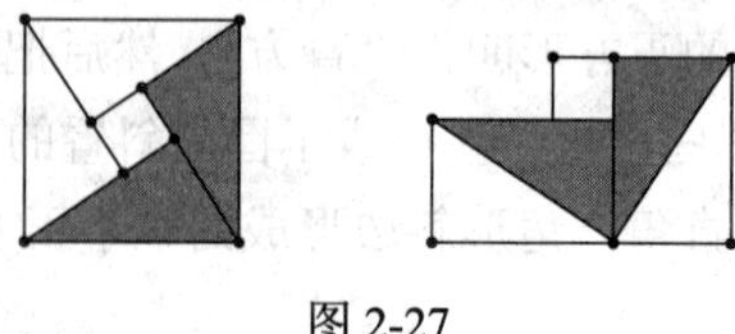

图 2-27

第4节 消 点 法

在研究几何定理的机器证明中，张景中院士以他多年来发展的几何新方法为基本工具，提出了消点思想。1994 年，张景中与合作者撰写的以消点法为主题的英文专著《几何中的机器证明》（*Machine Proofs in Geometry*）出版。书中收集了近 500 条由计算机自动生成可读证明的几何定理。这项进展得到自动推理领域一些著名科学家的好评。美国机器证明新成就奖和麦卡锡程序检验奖获得者保义耳教授，在公开发表的或正式的评论中写道："这是自动推理领域 30 年来最重要的工作，是计算机发展处理几何问题能力之路上的里程碑。"

消点法既不以坐标为基础，也不同于传统的综合方法，而是一个以几何不变量为工具，把几何、代数逻辑和人工智能方法结合起来的开发系统。它选择几个基本的几何不变量和一套作图规则并建立一系列与这些不变量和作图规则有关的消点公式。当命题的前提以作图语句的形式输入时，程序可调用适当的消点公式把结论中的约束关系逐个消去，最后水落石出。消点的过程记录和消点公式相结合，就是一个具有几何意义的证明过程。值得一提的是，这种方法也可以不用计算机而由人用笔在纸上执行。消点法把证明与作图联系起来，把几何推理与代数演算联系起来，它开辟了几何教学改革的新局面。

【例 1】求证：平行四边形对角线互相平分。

分析：做几何题必先画图，画图的过程就体现了题目中的假设条件。如图 2-28 所示，我们可以这样画出来。

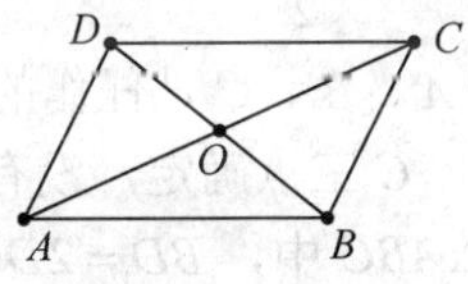

图 2-28

（1）任取不共线三点 A、B、C；

（2）取点 D，使 $AD \parallel BC$、$DC \parallel AB$；

（3）取 AC、BD 的交点 O。

由作图知，先有三点 A、B、C，然后才有点 D。有了这四个点，才能有点 O。这种点之间的制约关系，对解题至关重要。

要证明的结论是 $AO = OC$，即 $AO:CO = 1$。解题思路是，要证明的等式左端有三个几何点 A、C、O 出现，右端却只有数字 1。若想办法把字母都消掉，不就水落石出了吗？首先着手从式子 $AO:CO$ 中消去最晚出现的点 O。利用共边定理，可以消去点 O。

下一步轮到消去点D。根据点D的来历：$AD // BC$，得$S_{\triangle CBD}=S_{\triangle ABC}$。$DC // AB$，得$S_{\triangle ABD}=S_{\triangle ABC}$。于是得证。

证明：$\dfrac{AO}{CO}=\dfrac{S_{\triangle ABD}}{S_{\triangle CBD}}=\dfrac{S_{\triangle ABC}}{S_{\triangle ABC}}=1$。

【例 2】如图 2-29 所示，设$\triangle ABC$的两条中线AM、BN相交于点G。

求证：$AG=2GM$。

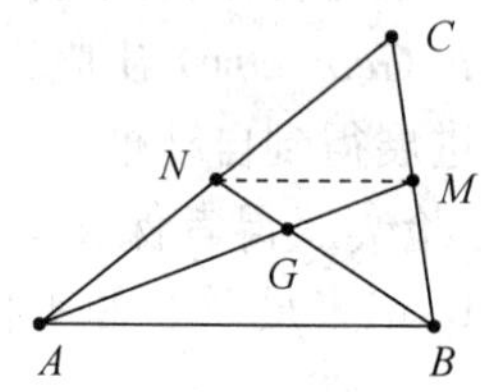

图 2-29

分析：要作出上图，基过程如下。

（1）先任意取不共线三点A、B、C；

（2）取AC中点N，取BC中点M；

（3）取AM、BN交点G。

要证明$AG=2GM$，即$AG∶GM=2$，为此应当依次消去待证结论式左端的点G、M和A。

证明：$\dfrac{AG}{GM}=\dfrac{S_{\triangle ABN}}{S_{\triangle BMN}}=\dfrac{S_{\triangle ABN}}{\dfrac{1}{2}S_{\triangle BCN}}=2\times\dfrac{\dfrac{1}{2}\times S_{\triangle ABC}}{\dfrac{1}{2}\times S_{\triangle ABC}}=2$。

在这一过程中，平面上的三点A、B、C是任作的，不受约束，这三点叫作自由点。而其他三点M、N、G随A、B、C三点确定，没有变动的可能，叫作约束点。

【例 3】如图 2-30 所示，在$\triangle ABC$中，$BD=2DC$，$AE=ED$，$BF=3FE$，已知$S_{\triangle ABC}=12$，求$S_{\triangle AFE}$。

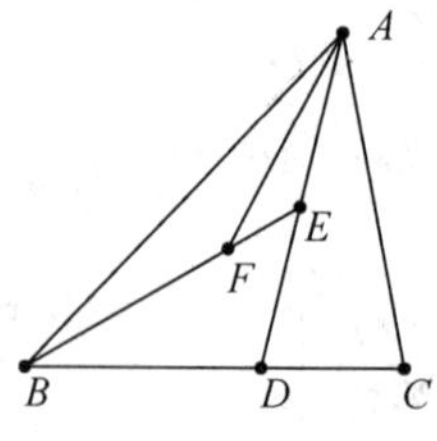

图 2-30

解：首先消去点F，得$\dfrac{S_{\triangle AFE}}{S_{\triangle ABE}}=\dfrac{FE}{BE}=\dfrac{1}{4}$。

再消去点 E，得 $\frac{S_{\triangle ABE}}{S_{\triangle ABD}}=\frac{AE}{AD}=\frac{1}{2}$。

最后消去点 D，得 $\frac{S_{\triangle ABD}}{S_{\triangle ABC}}=\frac{BD}{BC}=\frac{2}{3}$。

消点法是一种普遍有效的解题方法，其解题要点如下。

（1）把题目中涉及的点按作图顺序排队。

（2）把要解决的问题化成对某个式子进行处理化简的问题。

（3）从要化简的式子中逐步消去由约束条件产生的点，后产生的先消去。

消点法的最大意义在于使证明过程有章可循，每一步集中于与某一个点有关的几何量，在解题过程中常常用到共边定理、共角定理、勾股差定理。关于消点法的深入探究，可参考张景中的《几何新方法和新体系》一书。

参考文献

郭金彬，孔国平，2007．中国传统数学思想史[M]．北京：科学出版社．

赖虎强，2015．面积问题串 算推一线牵：让勾股定理及其证明自然发生[J]．中学数学教学参考，(29)：7-9.

马奥尔，2010．勾股定理：悠悠 4000 年的故事[M]．冯速，译．北京：人民邮电出版社．

彭翕成，张景中，2011．仁者无敌面积法[M]．上海：上海教育出版社．

沈文选，2005．平面几何证明方法全书[M]．哈尔滨：哈尔滨工业大学出版社．

吴文俊，1982．《九章算术》与刘徽[M]．北京：北京师范大学出版社．

项武义，2004．基础几何学[M]．北京：人民教育出版社．

徐品方，张红，宁锐，2007．中学数学简史[M]．北京：科学出版社．

徐章韬，2012．观点高而起点低的面积法[J]．数学通报，51（7)：51-53.

徐章韬，吴洁莹，2017．面积法：一种不变量分析法[J]．中学数学教学参考，(8)：44-46.

张景中，1982．面积关系帮你解题[M]．上海：上海教育出版社．

张景中，高小山，周咸青，2015．几何定理机器证明的几何不变量方法[M]．北京：科学出版社．

第3章 纵论平面几何改革

“几何”这个词最早来自于希腊，由希腊语“γεωμετρια”中的“γ εα”（土地）和“μετ ρε ĭν”（测量）两个词合成而来，指土地的测量，即测地术。

公元前 4 世纪，古希腊学者欧第姆斯曾写道：“几何是埃及人发现的，从测量土地中产生的。因为尼罗河水泛滥，经常冲去界线，所以这种测量对埃及人是必需的。这门科学和其他科学一样，是从人类的需要产生的，对于这一点是没有什么可惊异的。”

由此可见，“几何”一词，来源于土地面积的测量，从一开始就打上了“面积”的烙印。几何学发展到今天，已经不单单是测地学了。几何学是专门研究空间形式、各种图形的性质及相互关系的一门科学。中文中的“几何学”一词，最早是在明代利玛窦（Mattao Ricci）、徐光启合译《几何原本》时，由徐光启所创。

第1节 几何学习之益

1.《几何原本》是世界最古老的教科书

《几何原本》的作者是欧几里得（公元前 330～前 275 年），他是古希腊数学家，被称为“几何之父”。

欧几里得的《几何原本》是一部不朽的数学巨著，2000 多年来，它一直统治着几何教学，从来没有一本科学书籍能够像《几何原本》那样连续长期成为亿万学生所传诵的读物。直到今天，我们课堂上所讲授的“平面几何”内容，仍脱离不了《几何原本》的范围。《几何原本》从 1482 年第 1 次印刷之后，全世界用各种不同的文字出版了 1000 版以上（图 3-1），这样普及而大量地印刷出版，在历史上除了《圣经》之外，恐怕是任何著作都无法与之相比的，所以有人把《几何原本》称作“数学家的圣经”。

徐光启（1562～1633 年）是我国明代著名的数学家、天文学家和农业科学家，他在数学方面最突出的贡献就是在 1606 年与意大利传教士利玛窦合作，用中文翻译了欧几里得的《原本》前六卷，并定名《几何原本》，使《几何原本》（中文版）于 1607 年正式出版。徐光启认为：“（此书）有三至、三能：似至晦，实至明，故能以其明明他物之

至晦；似至繁，实至简，故能以其简简他物之至繁；似至难，实至易，故能以其易易他物之至难。”“易生于简，简生于明，综其妙，在明而已。”“此书为益，能令学理者祛其浮气，练其精心，学事者资其定法，发其巧思，故举世无一人不当学……能精此书者，无一事不可精，好学此书者，无一事不可学。”（《徐光启集·几何原本杂议》）直到 20 世纪初，中国废科举、兴学校，以《几何原本》为主要内容的初等几何学方才成为中等学校必修科目，实现了 300 年前徐光启“无一人不当学”的预言。

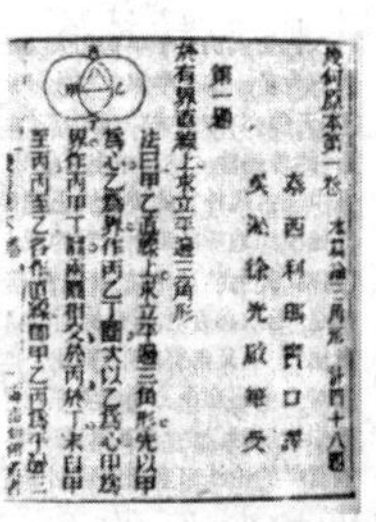

图 3-1

梁启超在《中国近三百年学术史》中，盛赞“利、徐合译之《几何原本》，字字精金美玉，为千古不朽之作”。

《几何原本》的问世，标志着数学领域中公理化体系的诞生。欧几里得从 23 个定义（基本概念）、5 条公设和 5 条公理出发，推导出 467 条定理。《几何原本》的贡献，不在于发现几条新定理，而主要在于它把先前零乱的、互不相关的几何知识，组成了一个条理清晰的有机整体。

从尽可能少的、不加定义的基础概念和一组不加证明的初始命题（基本公理）出发，应用严格的逻辑推理，使某一数学分支成为演绎系统的方法，称为公理化方法。

公理化思想的精髓是以简驭繁，用尽可能少的知识（最基本知识）去解释尽可能多的现象（其他知识），有利于形成系统化和网络化的知识结构。因此，掌握知识结构，就是掌握两个要素：最基本知识和其他知识与最基本知识的联系。

2. 名家论平面几何

> 世界第一次目睹了一个逻辑体系的奇迹，这个逻辑体系如此精密地一步一步推进，以致它的每一个命题都是绝对不容置疑的——我这里说的是欧几里得几何。推理的这种可赞叹的胜利，使人类理智获得了为取得以后的成就所必需的信心。如果欧几里得未能激起你少年时代的热情，那么你就不是一个天生的科学思想家。
>
> ——爱因斯坦

爱因斯坦认为，西方文明对人类的两大贡献如下。

① 古希腊哲学家发明的演绎系统，即采用逻辑推理来组织知识的方法：先追寻出

基本原理，再论证并推导出各种结论，总结欧氏几何。

② 文艺复兴时代（十五、六世纪）发展出来的实证传统（positivistic tradition），即透过有目的与系统的实验观察，以找寻真理与检验真理的态度。

经验与逻辑是古希腊文明的骨干，它们是建立科学与数学的两块基石，缺一不可。知识在“眼见”（经验）加上“论证”（逻辑）的双重锤炼下，才变成正确可信。这是其他民族所欠缺或没有奠下的基础。

牛顿力学体系是公理化的演绎系统，牛顿的划时代科学巨著《自然哲学的数学原理》，就是按公理化方法写成的一本力学著作；各国的宪法也是一个公理化体系。数学家希尔伯特这样写道：“的确，不管在哪个领域，对于任何严正的精神来说，公理化方法都是并且始终是一个合适的、不可缺少的助手”，“在一个理论的建立一旦成熟时，就开始服从于公理化方法……”。

张景中院士认为：“我认为几何是培养人的逻辑思维能力、陶冶人的情操、培养人良好性格特征的一门很好的课程。几何虽然是一门古老的学科，但至少仍然有旺盛的生命力。中学阶段的几何教育，对于学生形成科学的思维方法与世界观具有不可替代的作用。为什么当前西方国家普遍感到计算机人才缺乏，尤其是编程员缺乏，其中一个原因是他们把中学课程里的几何内容砍得太多，造成学生的逻辑思维能力及对数学的兴趣大大降低。”

丘成桐先生是著名数学家、国际数学界最高荣誉“菲尔兹奖”的获得者。在北师大附中庆祝学校建校110周年期间，丘成桐先生提出了“平面几何提供了中学期间唯一的逻辑训练”的观点。以下摘自丘成桐先生的演讲：

平面几何的学习是我个人数学生涯的开始。在中学二年级学习平面几何，第一次接触到简洁优雅的几何定理，使我赞叹几何的美丽。欧氏《几何原本》流传两千多年，是一本流传之广仅次于《圣经》的著作。这是有它的理由的。它影响了整个西方科学的发展。17世纪，牛顿的名著《力学原理》的想法，就是由欧氏几何的推理方法来构想的。用三个力学原理推导星体的运行，开近代科学的先河。到近代，爱因斯坦的统一场论的基本想法是用欧氏几何的想法构想的。

平面几何所提供的不单是漂亮而重要的几何定理，更重要的是它提供了在中学期间唯一的逻辑训练，是每一个年轻人所必需的知识。平面几何也提供了欣赏数学美的机会……最近我很惊讶地听说，很多数学教育家们坚持不教证明，原因是学生们不容易接受这种思考。诚然，从一个没有逻辑思想训练的学生，到接受这种训练是有代价的。怎么样训练逻辑思考是比中学学习其他学科更为重要的。将来无论你是做科学家，是做政治家，还是做一个成功的商人，都需要有系统的逻辑训练，我希望我们中学把这种逻辑训练继续下去。中国科学的发展都与这个有关。

明朝利玛窦与徐光启翻译了《几何原本》这本书，徐光启认为这本书的伟大在于一环扣一环，能够将数学的真理解释清楚明了，是了不起的著作。开始时中国数

学家不能接受这种证明的方法，甚至到了清朝康熙年间，几何只讲定理的内容不讲证明，影响了中国近代科学的发展。

几何学影响近代科学的发展，包括工程学、物理学等，其中一个极为重要的概念就是对称。希腊人喜爱柏拉图多面体，就是因为它们具有极好的对称性……

我个人认为，即便在目前应试教育的非理想框架下，有条件的、好的学生也应该在中学时期就学习并掌握微积分及群的基本概念，并将它们运用到对中学数学和物理等的学习和理解中去。牛顿等人因为物理学的需要而发现了微积分。而我们中学物理课为什么难教难学，恐怕主因就是要避免用到微积分和群论，并为此而绞尽脑汁，千方百计。这等于是背离了物理学发展的自然的和历史的规律。

至于三角代数方程、概率论和简单的微积分都是重要的学科，这对于以后想学理工科或经济金融的学生都极为重要。

第 2 节　几何教学之困

在柏拉图学派晚期导师普罗克洛斯的《几何学发展概要》中，就记载着这样一则故事，说的是数学在欧几里得的推动下，逐渐成为人们生活中的一个时髦话题（这与当今社会截然相反），以至于当时亚里山大国王托勒密一世也想赶这一时髦，学点儿几何学。虽然这位国王见多识广，但欧氏几何却令他学得很吃力。于是，他问欧几里得学习几何学有没有什么捷径可走，欧几里得笑道："抱歉，陛下!学习数学和学习一切科学一样，是没有什么捷径可走的。学习数学，人人都得独立思考，就像种庄稼一样，不耕耘是不会有收获的。在这一方面，国王和普通老百姓是一样的。"从此，"在几何学里，没有专为国王铺设的大道。"这句话成为千古传诵的学习箴言。

我国明代著名的数学家徐光启也认为："（几何原本）此书有四不必：不必疑、不必揣、不必试、不必改；有四不可得：欲脱之不可得，欲驳之不可得，欲减之不可得，欲前后更置之不可得。"

1. 几何教学的现状

直至今天，欧几里得名著《几何原本》几乎包括了中小学所学习的平面几何、立体几何的全部内容。如此古老的几何内容，自然成了历次数学课程改革关注的焦点。其中最为激进的，如法国布尔巴基学派主要人物狄奥东尼甚至喊出了"欧几里得滚出去"的口号。但改来改去，欧氏几何的一些内容仍然构成了多数国家中小学数学几何部分的主要内容。有人称之为"不倒翁现象"。

苏联数学家 A. A. 斯托利亚尔曾说："几何教学问题仍然是中等数学教育现代化复杂的问题之一。它引起了广泛的、世界性的争论，并且出现了许多的方案"。

1999年10月，《国家数学课程标准研制工作研讨会纪要》提出的几何教学困境：大量的教学实践表明，平面推理几何是一把“双刃剑”，一方面，有20%～30%的初中生因为学习平面推理几何，从此走上了数学和科学研究之路；另一方面，有不少学生在遭遇平面推理几何之后，丧失了对数学的学习兴趣，乃至失去了对学校教育的信心。

时至今天，这一现状并未得到根本性的改变。

曾有一段时间，平行线分线段成比例定理：两条直线被一组平行线所截，所得的对应线段成比例被新教材删除。《义务教育数学课程标准（2011年版）》在“二、图形与几何”中的“（二）图形的变化：3．图形的平移”中，又将“平行线分线段成比例定理”作为解释三角形相似的基本依据，老教材中的“宝贝”，又重新回来了。

史宁中是《义务教育数学课程标准解读》的主编，在书中末尾部分——“数学课程改革的展望”一文中，指出：

“反思基础教育课程改革，我们觉得基础性研究做得不够，数学课程改革也是如此。有许多问题，没有经过认真研究，只从理论上论述是不够的……学生认识问题是从具体到一般，我们在教学中却往往是先给出一般的东西，然后用具体的东西来阐述这个一般的东西，包括教学的呈现。这些问题应该进行长期的研究。

“另外一个重要问题就是几何的改造。现在平面几何的教学内容比较多，这样的设计的一个重要理由是培养学生的演绎推理思维。去掉平面几何，如何教学生演绎思维是一个难点。平面几何怎样改造？有没有可以替代平面几何培养学生演绎思维的东西？或者能否对平面几何进行改造，用运动的观点来重新阐述？这些问题需要我们进行长期的研究。”

这是一段经过深思熟虑的设问，将平面几何教学的困境与展望呈现在人们面前。

既然平面几何教学是一把“双刃剑”，就需要我们认真面对。这些问题，是欧氏几何自身带来的。局限在欧几里得设定的公理化体系，永远不可能解决问题。走出困境，需要跳出圈外，更需要新思维。

2. 从欧氏几何到非欧几何的启示

自《几何原本》问世以来，直到19世纪下半叶，数学家一般把欧几里得的著作看成严格性方面的典范，但也有少数数学家看出了其中的严重缺点，并设法纠正。首先，欧几里得的定义不能成为一种数学定义，有的不过是对几何对象的直观描述（如点、线、面等），有的含混不清。其次，在公元前3世纪到18世纪，人们在公认其完美的同时也一直对《几何原本》中的第五公设的正确性耿耿于怀。第五公设是这样的：

若一条直线与两直线相交，且若同侧所交两内角之和小于两直角，则两直线无限延长后必相交于该侧的一点。

从《几何原本》出现到 19 世纪初非欧几何问世，许多杰出的数学家提出了各种“证明”，然而结果都是错误的。因为所有这些“证明”中都默认了一条与第五公设相互等价的命题。许多数学家创立了复杂艰深的数学理论，但在看上去极其简单的第五公设问题面前仍然一筹莫展。

非欧几何的发展是一个漫长的过程，它的诞生标志着长达两千多年的关于欧氏几何第五公设问题的探索取得了突破性的进展，它的思想发展也是数学思想史的革新，它在数学史及科学史上的意义几乎是其他数学知识所无法相比的。非欧几何的正式诞生，应归功于高斯、鲍耶、罗巴契夫斯基。正如沃尔夫岗·鲍耶说的那样：“许多东西似乎都有一个时机，时机一到就在几个不同地方被发现，好像春天的紫兰罗处处开放一样。”高斯、鲍耶、罗巴契夫斯基几乎同时单独发现了非欧几何。由于以罗巴契夫斯基的发展最为完善，所以称为罗氏几何。

非欧几何从发现到获得普遍接受，经历了曲折的道路。非欧几何的诞生完美地体现了数学知识的增长，包括数学概念的提出、数学命题的证明、数学理论的创建等，是数学发展的重要表现，同时也是人们对数学的不断理解与认识的过程。正如美国著名数学家克莱因所说：“在 19 世纪所有复杂的技术创造中间，最深刻的一个——非欧几何学，在技术上是最简单的，这个创造引起了一些重要数学分支的产生，但它的最终影响是迫使数学家们从根本上改变对数学的性质的理解，以及它和物质世界的关系的理解，并引出关于数学基础的许多问题，这些问题在 20 世纪仍然在进行着争论。”

3. 张景中创设的平面几何新路

几何的本义是测地术，与计算有关，而欧几里得几何却关注公理化思想与推理，远离了来时的路——计算。计算与推理可以兼容吗？数学发展的两大源头——主张“寓理于算”的《九章算术》与公理化思想的《几何原本》可以互补吗？

我国著名数学家吴文俊院士创立了几何定理机器证明的方法，国际上称为吴法。凡是等式型几何定理，总能用吴法证出来，而且可以用计算机来证。在吴法启发之下，张景中先生将自己多年来系统研究面积的方法，用于几何领域的机器证明。这项研究成果说明：古老的面积方法，帮助了机器证明的研究，使机器证明领域中长期得不到解决的一大难题有了突破性进展。这一突破，使面积方法与最先进的工具——计算机联系起来了，在未来的几何教学中占有了特别的优势。

在数学与数学教育领域，常常是“言必称希腊”。正是在新技术下，让我们重新审视计算的作用，以及《九章算术》的教育价值。

著名数学家吴文俊认为：“我国传统数学在从问题出发以解决问题为主旨的发展过程中建立了以构造性与机械化为其特色的算法体系，这与西方数学以欧几里得《几何原本》为代表的所谓公理化演绎体系正好遥遥相对。《九章算术》与《刘注》是这一机械化体系的代表作，与公理化的代表作欧几里得《几何原本》可谓东西辉映，在数学发展的历史长河中，数学机械化算法体系与数学公理化演绎体系曾多次反复互为消长，交替成为数学发展中的主流。肇始于我国的这种机械化体系，在经过明代以来近几百年的相对消沉后，势必重新登上历史舞台。《九章》与《刘注》所贯穿的机械化思想，不仅曾深刻影响了数学的历史进程，而且对数学的现状也正在发扬它日益显著的影响。它在进入 21 世纪后在数学中的地位，几乎可以预卜。”

对于计算与推理之间的辩证关系，张景中见解独特：“推理是抽象的计算，计算是具体的推理”。这一论述，出自张景中撰写的《感受小学数学思想的力量》一文：“寓理于算的思想容易被忽视。小学里主要学计算，不讲推理。但是，计算和推理是相通的。中国古代数学主要是找寻解决各类问题的计算方法，不像古希腊讲究推理论证。但是，计算要有方法，这方法里就体现了推理，即寓理于算的思想。数学活动中的画图和推理，归根结底都是计算。推理是抽象的计算，计算是具体的推理，图形是推理和计算直观的模型。”

张景中认为：面积方法是代数与几何结合的方法；面积法与三角函数有密切的关系，在把几何问题转化为代数问题时，三角函数也是有力的工具。基于这样的认识，张景中提出了平面几何改革的新思路。

方案 1：以面积为平台，以共高定理、共边定理、共角定理为解题利器，对平面几何进行结构性改造。

方案 2：重建三角，以正弦三角形面积公式、正弦定理、正弦和角公式、余弦定理为解题利器，对初等数学进行结构性改革。

这两个方案都崇尚“一线串通”，即小学、初中、高中数学一线串通；代数、几何、三角一线串通；计算、推理、画图一线串通。

第 3 节　新概念几何

1. 基于“三共方案”的新概念几何

在小学数学里，有两个学生熟知的基础知识：一是三角形内角和定理；二是三角形面积公式（三角形面积等于底和高乘积的一半）。我们将小学三角形面积公式作为共高定理、共边定理、共角定理的逻辑起点。

若点 M 在 $\triangle ABC$ 的边 AB 上，它将三角形分割为两个小三角形。三个三角形中，其中的两个三角形面积之比，有何规律呢？

共高定理：底边在同一直线上，第三个顶点是同一点的两个三角形面积之比，等于它们的底边之比。

已知：如图 3-2 所示，点 M 在 $\triangle ABC$ 的边 AB 上，连接 CM 。

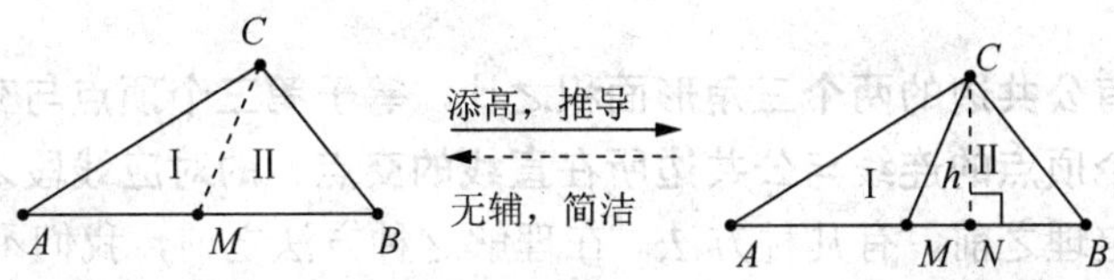

图 3-2

求证：$\dfrac{S_{\text{I}}}{S_{\text{II}}}=\dfrac{AM}{MB}$，$\dfrac{S_{\text{I}}}{S_{\triangle ABC}}=\dfrac{AM}{AB}$，$\dfrac{S_{\text{II}}}{S_{\triangle ABC}}=\dfrac{BM}{AB}$。

证明：$\triangle ABC$、$\triangle AMC$、$\triangle MBC$ 有公共的高 CN，设 $CN=h$。

$$\frac{S_{\text{I}}}{S_{\text{II}}}=\frac{\frac{1}{2}\times AM\cdot h}{\frac{1}{2}\times MB\cdot h}=\frac{AM}{MB}\qquad \frac{S_{\text{I}}}{S_{\triangle ABC}}=\frac{\frac{1}{2}\times AM\cdot h}{\frac{1}{2}\times AB\cdot h}=\frac{AM}{AB}\qquad \frac{S_{\text{II}}}{S_{\triangle ABC}}=\frac{\frac{1}{2}\times BM\cdot h}{\frac{1}{2}\times AB\cdot h}=\frac{BM}{AB}$$

从小学高年级到初中数学，都要深入研究这一规律，并广泛应用这一结论。证明这一定理，需要添加高线。而为了更简洁，我们可以将其直接作定理用。平凡的结论，是我们新体系的逻辑起点，也会带来众多不平凡的结论。

如图 3-3 所示，有一条公共边 AB 的两个三角形，叫作共边三角形。

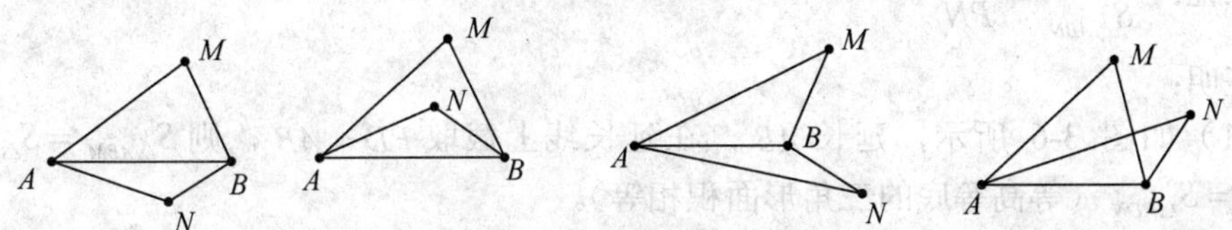

图 3-3

【思考】如图 3-4 所示，过共边三角形 $\triangle ABM$、$\triangle ABN$ 的第三个顶点 M、N 作直线，与公共边相交于点 P。则 $\dfrac{PM}{PN}$ 等于多少？$\dfrac{PM}{PN}$ 与共边三角形的面积之比有何关联？

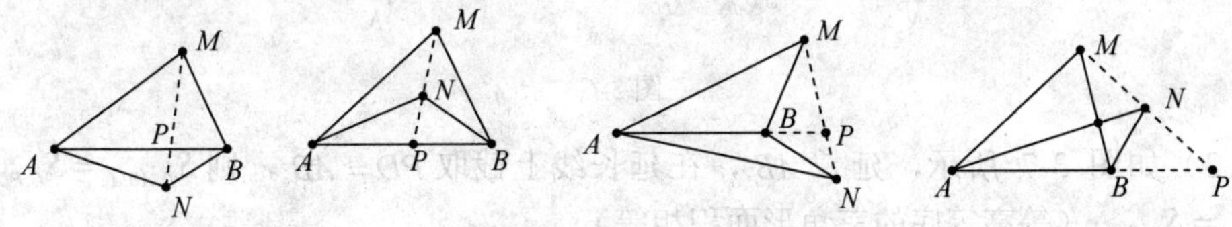

图 3-4

从平凡的图形，平凡的定理——共高定理与等比性质，我们发现了不平凡的结论：$\dfrac{S_{\triangle ABM}}{S_{\triangle ABN}}=\dfrac{PM}{PN}$。张景中院士把这一结论叫作共边定理。它与共角定理，可以证明许多几何难题。

共边定理：有公共边的两个三角形面积之比，等于第三个顶点与交点（交点是指：两个三角形第三个顶点的连线与公共边所在直线的交点）的对应线段之比。

在证明共边定理之前，有几种方法。在理解这种方法之前，我们不妨先掌握以下一种等积变形的基本方法。

如图 3-5 所示，$\triangle ABC$ 的顶点 C 位置不变，底边 AB 沿直线向右“移动”到 $A'B'$ 的位置，$\triangle ABC$ 与 $\triangle A'B'C'$ 的面积仍然相等。利用小学三角形面积公式，我们可以证明这一结论。

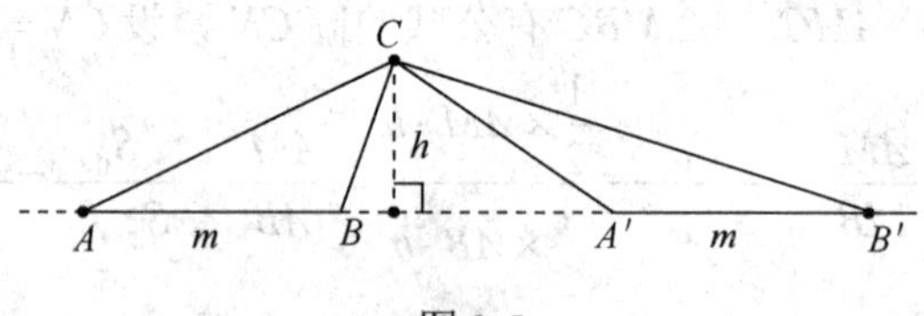

图 3-5

有了这一预备知识，就可以透彻理解以下张景中院士提供的独特证明方法。

已知：AB 是 $\triangle ABM$ 与 $\triangle ABN$ 的公共边。连接 MN，交直线 AB 于点 P。

求证：$\dfrac{S_{\triangle ABM}}{S_{\triangle ABN}}=\dfrac{PM}{PN}$。

证明：

（1）如图 3-6 所示，延长 AB，在延长线上截取 $PD=AB$，则 $S_{\triangle ABM}=S_{\triangle PDM}$，$S_{\triangle ABN}=S_{\triangle PDN}$（等高等底的三角形面积相等）。

由共高定理，得 $\dfrac{PM}{PN}=\dfrac{S_{\triangle PDM}}{S_{\triangle PDN}}$，故 $\dfrac{S_{\triangle ABM}}{S_{\triangle ABN}}=\dfrac{PM}{PN}$。

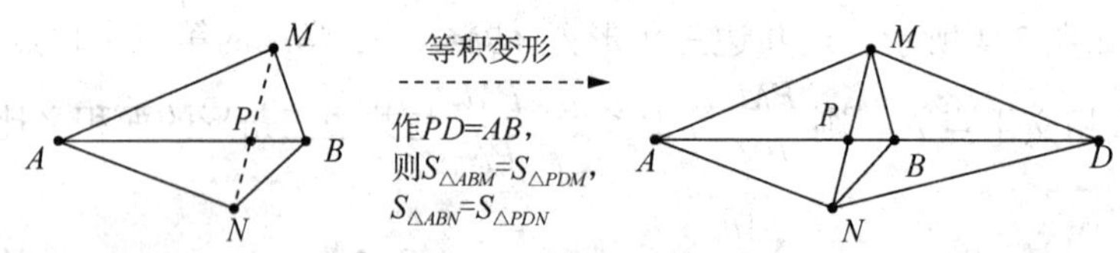

图 3-6

（2）如图 3-7 所示，延长 AB，在延长线上截取 $PD=AB$，则 $S_{\triangle ABM}=S_{\triangle PDM}$，$S_{\triangle ABN}=S_{\triangle PDN}$（等高等底的三角形面积相等）。

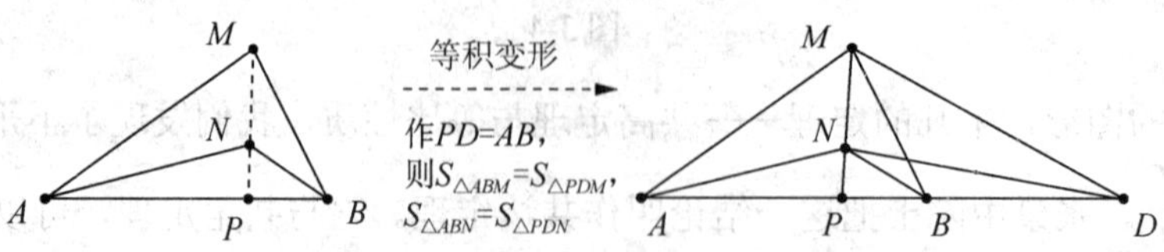

图 3-7

由共高定理，得$\dfrac{PM}{PN}=\dfrac{S_{\triangle PDM}}{S_{\triangle PDN}}$，故$\dfrac{S_{\triangle ABM}}{S_{\triangle ABN}}=\dfrac{PM}{PN}$。

（3）如图 3-8 所示，延长AB，在延长线上截取$PD=AB$，则$S_{\triangle ABM}=S_{\triangle PDM}$，$S_{\triangle ABN}=S_{\triangle PDN}$（等高等底的三角形面积相等）。

由共高定理，得$\dfrac{PM}{PN}=\dfrac{S_{\triangle PDM}}{S_{\triangle PDN}}$，故$\dfrac{S_{\triangle ABM}}{S_{\triangle ABN}}=\dfrac{PM}{PN}$。

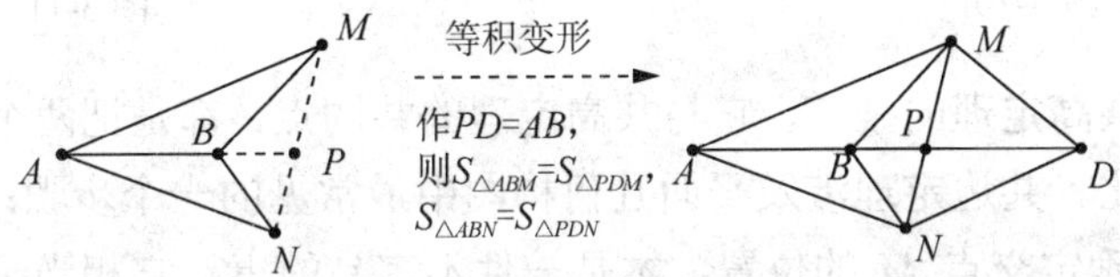

图 3-8

（4）如图 3-9 所示，延长AB，在延长线上截取$PD=AB$，则：$S_{\triangle ABM}=S_{\triangle PDM}$，$S_{\triangle ABN}=S_{\triangle PDN}$（等高等底的三角形面积相等）。

由共高定理，得$\dfrac{PM}{PN}=\dfrac{S_{\triangle PDM}}{S_{\triangle PDN}}$，故$\dfrac{S_{\triangle ABM}}{S_{\triangle ABN}}=\dfrac{PM}{PN}$。

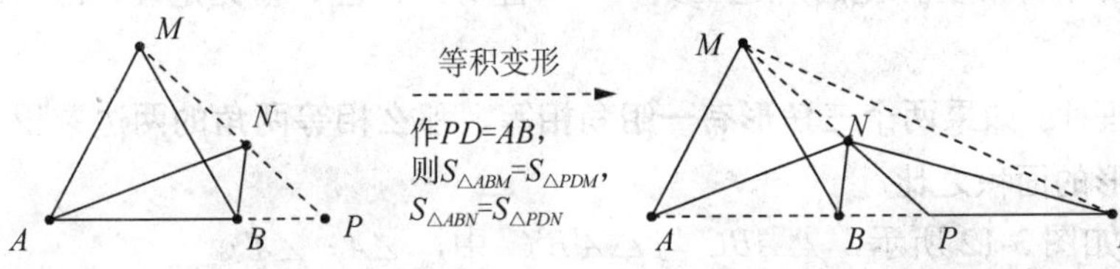

图 3-9

在《计算机怎样解几何题》一书中，张景中谈到了共边定理的提出过程：在 20 世纪 70 年代，给一些中学生讲解一道高考题时，开始认识这个命题的重要性，并将它命名为“共边定理”。那道高考题如下。

已知：如图 3-10 所示，设点P是$\triangle ABC$内任一点。直线AP、BP、CP分别与BC、CA、AB交于X、Y、Z三点。

求证：$\dfrac{PX}{AX}+\dfrac{PY}{BY}+\dfrac{PZ}{CZ}=1$。

证明：如图 3-11 所示，设$S_{\triangle ABP}=S_{\mathrm{I}}$，$S_{\triangle ACP}=S_{\mathrm{II}}$，$S_{\triangle BCP}=S_{\mathrm{III}}$。

由共边定理，得$\dfrac{S_{\mathrm{I}}}{S_{\triangle ABC}}=\dfrac{PZ}{CZ}$，$\dfrac{S_{\mathrm{II}}}{S_{\triangle ABC}}=\dfrac{PY}{BY}$，$\dfrac{S_{\mathrm{III}}}{S_{\triangle ABC}}=\dfrac{PX}{AX}$。

所以$\dfrac{S_{\mathrm{I}}}{S_{\triangle ABC}}+\dfrac{S_{\mathrm{II}}}{S_{\triangle ABC}}+\dfrac{S_{\mathrm{III}}}{S_{\triangle ABC}}=\dfrac{PZ}{CZ}+\dfrac{PY}{BY}+\dfrac{PX}{AX}$，$\dfrac{S_{\mathrm{I}}+S_{\mathrm{II}}+S_{\mathrm{III}}}{S_{\triangle ABC}}=\dfrac{PZ}{CZ}+\dfrac{PY}{BY}+\dfrac{PX}{AX}=1$。

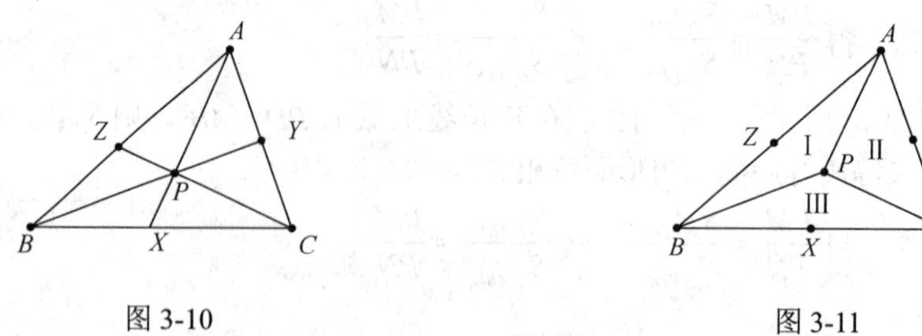

图 3-10　　图 3-11

共边定理是共高定理的推广，它与共高定理的共同点，都是把两个三角形的面积比化为共线线段之比。共边定理涉及平面几何构图中最常见的一个步骤：两直线 AB、PQ 交于一点 M。要确定交点 M 的位置，本是一件不容易的事，它相当于解二元一次联立方程组。而共边定理却用两个三角形的面积比简单地表示出 M 在线段 PQ 上的位置。这个事实，在几何问题的机器求解中起了关键作用。

对此，张景中先生感叹道："从基本命题（共高定理）只要再前进一步，就得到了在平面几何中举足轻重的共边定理。这样重要的定理在 2000 年之久的几何研究中居然没有谁对它进行明确的表述，以至到 20 世纪才被命名，真是奇怪！"

数学竞赛中常常要补充的解题工具——梅涅劳斯定理、塞瓦定理，都可以用共边定理进行证明。

共角定理 1：如果两个三角形有一组角相等，那么相等两角的两边乘积之比，等于这两个三角形的面积之比。

已知：如图 3-12 所示，$\triangle ABC$ 与 $\triangle A'B'C'$ 中，$\angle A=\angle A'$。

求证：$\dfrac{S_{\triangle ABC}}{S_{\triangle A'B'C'}}=\dfrac{bc}{b'c'}$。

证明：如图 3-13 所示，将等角的顶点与两边重合。连接 $B'C$。

由共高定理，得 $\dfrac{S_{\triangle ABC}}{S_{\triangle AB'C}}=\dfrac{AB}{AB'}$，$\dfrac{S_{\triangle AB'C}}{S_{\triangle AB'C'}}=\dfrac{AC}{AC'}$。

所以 $\dfrac{S_{\triangle ABC}}{S_{\triangle AB'C}}\cdot\dfrac{S_{\triangle AB'C}}{S_{\triangle AB'C'}}=\dfrac{AB}{AB'}\cdot\dfrac{AC}{AC'}$，$\dfrac{S_{\triangle ABC}}{S_{\triangle AB'C'}}=\dfrac{AB\cdot AC}{AB'\cdot AC'}$，即 $\dfrac{S_{\triangle ABC}}{S_{\triangle A'B'C'}}=\dfrac{bc}{b'c'}$。

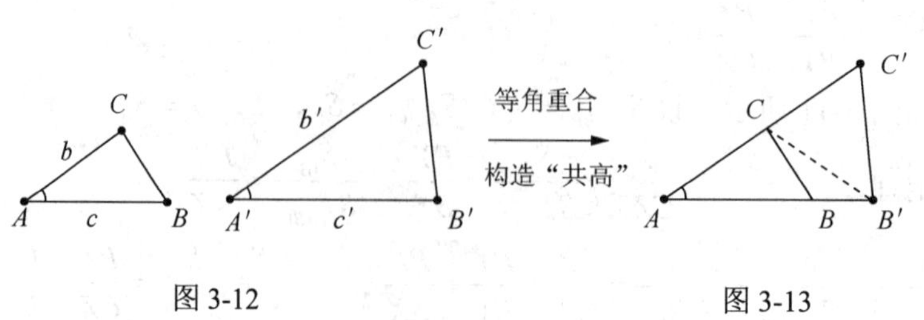

图 3-12　　图 3-13

共角定理 2：如果两个三角形有一组角互补，那么互补角两边的乘积之比，等于这

两个三角形的面积之比。

已知：如图 3-14 所示，$\triangle ABC$ 与 $\triangle A'B'C'$ 中，$\angle A+\angle A'=180^\circ$。

求证：$\dfrac{S_{\triangle ABC}}{S_{\triangle A'B'C'}}=\dfrac{bc}{b'c'}$。

利用共高定理，我们也可以证明这一情形（图 3-15）。

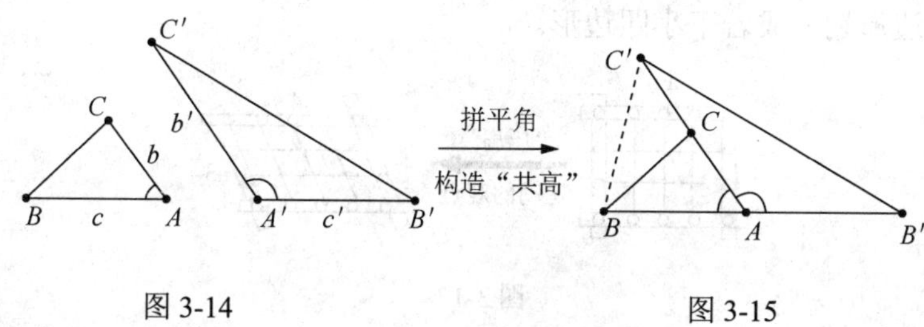

图 3-14　　图 3-15

数学家项武义将以下定理叫作相似基本定理：有两角对应相等的两个三角形，三边对应成比例。

已知：如图 3-16 所示，$\triangle ABC$ 与 $\triangle A'B'C'$ 中，$\angle A=\angle A'$，$\angle B=\angle B'$。

求证：$\dfrac{a}{a'}=\dfrac{b}{b'}=\dfrac{c}{c'}$。

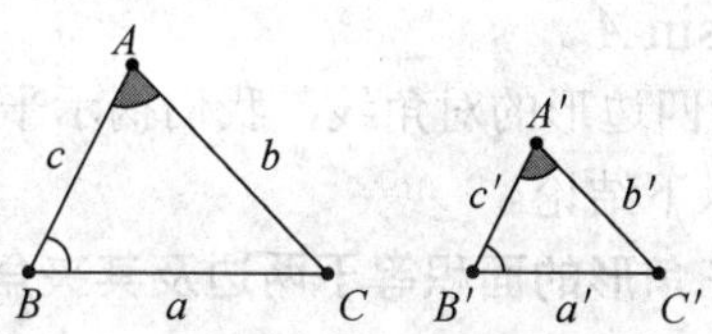

图 3-16

证明：因为$\angle A=\angle A'$，$\angle B=\angle B'$，所以$\angle C=\angle C'$。

由共角定理，得$\dfrac{S_{\triangle ABC}}{S_{\triangle A'B'C}}=\dfrac{ab}{a'b'}=\dfrac{bc}{b'c'}=\dfrac{ac}{a'c'}$，所以$\dfrac{ab}{a'b'}=\dfrac{bc}{b'c'}=\dfrac{ac}{a'c'}$，$\dfrac{a}{a'}\cdot\dfrac{b}{b'}=\dfrac{b}{b'}\cdot\dfrac{c}{c'}=\dfrac{a}{a'}\cdot\dfrac{c}{c'}$，$\dfrac{a}{a'}=\dfrac{b}{b'}=\dfrac{c}{c'}$。

有了这一推导，即可得到相似三角形这一核心概念：三角对应相等，三边对应成比例的两个三角形叫作相似三角形。

过去，这一概念是课本的“规定”，常常需要一节课的教学时间。新的体系下，这一概念可以被学生“发现”在传统初中平面几何教学中，三角形相似的学习极其重要。“相似过关，一马平川。”而学生只要熟悉共角定理，即可进入三角形相似的核心领域。

共高定理、共边定理、共角定理既是解题利器，也可以推导初中众多数学知识。以“三共定理”为逻辑中心，可以为我们提供新的实验方案。在后面，我们将进行详细的介绍。

2．基于“重建三角”的新概念几何

我们知道：四边形具有不稳定性。利用这一性质，可以制作以下教具，直观演示，探索平行四边形面积新公式。如图 3-17 所示，用四个木条，均匀打孔（短边为三个单位，长边为四个单位），并用螺栓固定成四边形木框。用橡皮筋将木孔连接起来，木条与橡皮筋将四边形划分成若干小四边形。

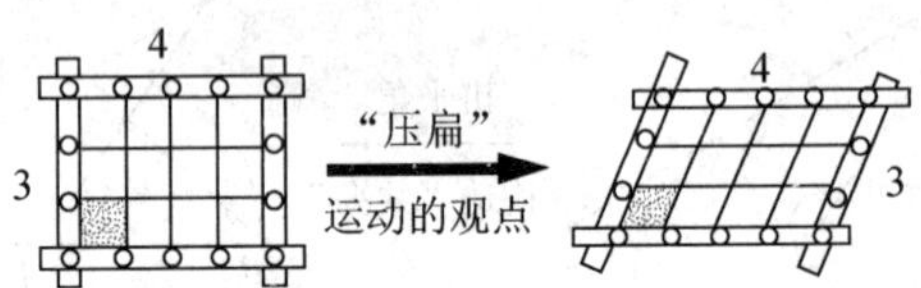

图 3-17

当四边形木框有一个夹角等于 90° 时，其矩形面积等于 3×4=12。

利用四边形的不稳定性，将长方形“压扁”成平行四边形，共有 12 个一样大的菱形。只要知道其中一个菱形的面积，平行四边形的面积等于$3\times 4\times S_{菱形}$。

四条边都等于 1 的四边形叫作单位菱形。单位菱形面积是度量平行四边形面积的“工具”，其面积由夹角的大小确定。我们定义：一内角为$\angle A$的单位菱形的面积，叫作这个角的正弦，记作$\sin\angle A$或$\sin A$。

如图 3-18 所示，作平行四边形的对角线，我们揭示平行四边形面积公式与三角形面积公式之间的联系，得到以下结论。

正弦三角形面积公式：三角形的面积等于两边及其夹角正弦的乘积的一半。

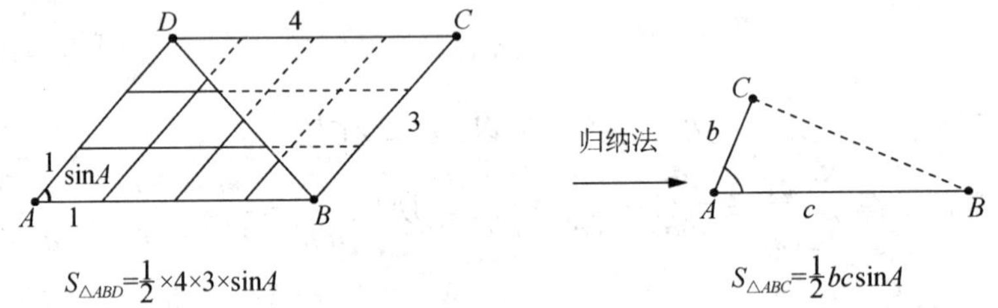

图 3-18

如图 3-19 所示，$S_{\triangle ABC}=\dfrac{1}{2}bc\sin A=\dfrac{1}{2}ac\sin B=\dfrac{1}{2}ab\sin C$。

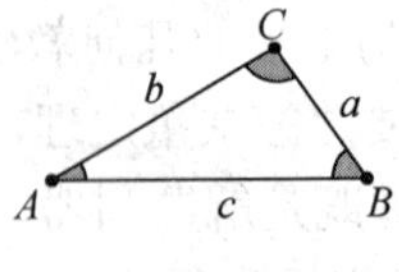

图 3-19

推论 1：任意三角形的每条边与对角的正弦的比值相等（正弦定理）。

$$\frac{a}{\sin A}=\frac{b}{\sin b}=\frac{c}{\sin C}$$

推论 2：等腰三角形的两底角相等。

利用正弦定理，我们可以简洁地证明等腰三角形的性质定理。

已知：如图 3-20 所示，$\triangle ABC$ 中，$b=c$。

求证：$\angle B=\angle C$。

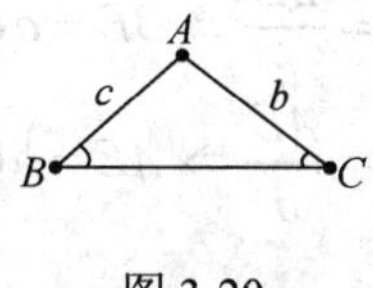

图 3-20

证明：由正弦定理，得 $\dfrac{b}{\sin B}=\dfrac{c}{\sin C}$。

因为$b=c$，所以$\sin B=\sin C$，$\angle B=\angle C$。

推论 3：在直角三角形中，锐角的正弦等于对边与斜边之比（锐角的正弦定义）。

这一重要定义的推导，在第 1 章已经讲解，利用这一定义，我们可以证明下列定理。

斜边、直角边定理（HL）：斜边与一直角边对应相等的两个三角形全等。

在正弦三角形面积公式、三角形全等、正弦定理、锐角的正弦定义之后，我们可以在数学七年级下册或八年级上册引出锐角余弦的定义。

对于余弦，张景中先生这样定义：一个锐角的余角的正弦，叫作这个角的余弦。如图 3-21 所示，$\cos A=\dfrac{b}{c}$，$\cos B=\dfrac{a}{c}$。

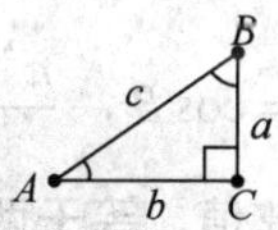

图 3-21

有了锐角的余弦定义，我们就可以探索余弦定理。在这里，我们先研究锐角时的情形。钝角的余弦在后面介绍。

如图 3-22 所示，自顶点 A 作高线 AD。由锐角余弦定义，得

$$\cos B=\frac{BD}{c}\Rightarrow BD=c\cos B$$

$$\cos C=\frac{CD}{b}\Rightarrow CD=b\cos C$$

所以

$$a=BD+CD=c\cos B+b\cos C \tag{1}$$

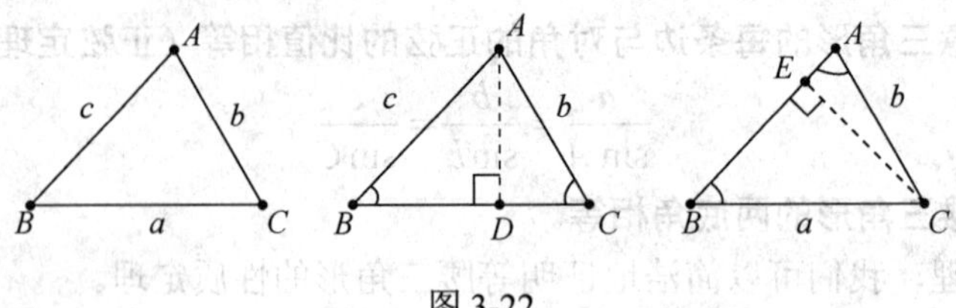

图 3-22

如图 3-22 所示，自顶点 C 作高线 CE。由锐角余弦定义，得

$$\cos B=\frac{BE}{a}\Rightarrow BE=a\cos B$$

$$\cos A=\frac{AE}{b}\Rightarrow AE=b\cos A$$

所以

$$c=BE+AE=a\cos B+b\cos A \tag{2}$$

同理，自顶点 B 作高线 BF。由锐角余弦定义，得

$$b=CF+AF=a\cos C+c\cos A \tag{3}$$

将（1）$\times a$，（2）$\times c$，（3）$\times b$，得到：

$$\begin{cases} a^2=ac\cos B+ab\cos C & (4)\\ c^2=ac\cos B+bc\cos A & (5)\\ b^2=ab\cos C+bc\cos A & (6)\end{cases}$$

把上面的三个等式相加，得

$$a^2+b^2+c^2=2ac\cos B+2ab\cos C+2bc\cos A \tag{7}$$

由（7）得 $a^2+b^2+c^2=2(ac\cos B+ab\cos C)+2bc\cos A$。

所以 $a^2+b^2+c^2=2a^2+2bc\cos A$，$b^2+c^2-a^2=2bc\cos A$，$\dfrac{b^2+c^2-a^2}{2bc}=\cos A$。

类似地，我们得到：$\dfrac{a^2+c^2-b^2}{2ac}=\cos B$，$\dfrac{a^2+b^2-c^2}{2ab}=\cos C$。

余弦定理：三角形任意一角的余弦值，等于两夹边的平方和减去对边的平方，再除以这两边乘积的两倍。

有了余弦定理，我们就可以证明三角形全等判定定理 SAS、SSS，也可以证明以下定理。

三角形相似判定定理 1：三边对应成比例的两个三角形相似。

已知：如图 3-23 所示，$\triangle ABC$ 与 $\triangle A'B'C'$ 中，$\dfrac{a}{a'}=\dfrac{b}{b'}=\dfrac{c}{c'}$。

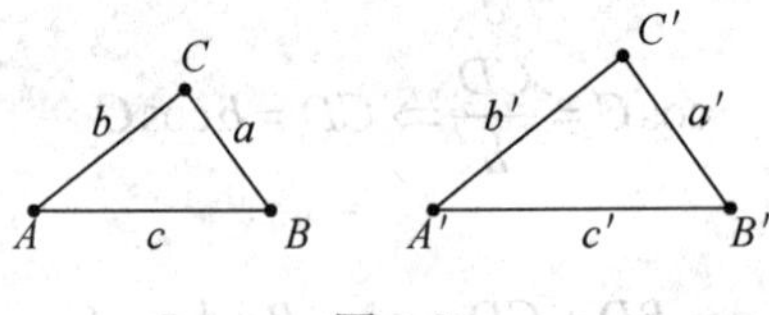

图 3-23

求证：$\triangle ABC \backsim \triangle A'B'C'$。

证明：设$\dfrac{a}{a'}=\dfrac{b}{b'}=\dfrac{c}{c'}=k$，则$a=a'k$，$b=b'k$，$c=c'k$。

由余弦定理，得$\cos A'=\dfrac{(b')^2+(c')^2-(a')^2}{2b'c'}$，

$\cos A=\dfrac{b^2+c^2-a^2}{2bc}=\dfrac{(b'k)^2+(c'k)^2-(a'k)^2}{2\times b'k\times c'k}=\dfrac{(b')^2+(c')^2-(a')^2}{2b'c'}$。所以$\angle A=\angle A'$。

同理：$\angle B=\angle B'$，$\angle C=\angle C'$。所以$\triangle ABC \backsim \triangle A'B'C'$。

三角形相似判定定理 2：两边对应成比例，且夹角相等的两个三角形相似。

已知：如图 3-24 所以，$\triangle ABC$与$\triangle A'B'C'$中，$\dfrac{b}{b'}=\dfrac{c}{c'}$，$\angle A=\angle A'$。

求证：$\triangle ABC \backsim \triangle A'B'C'$。

证明：设$\dfrac{b}{b'}=\dfrac{c}{c'}=k$，则$b=b'k$，$c=c'k$。

由余弦定理，得$\cos A=\dfrac{b^2+c^2-a^2}{2bc}$，$\cos A'=\dfrac{(b')^2+(c')^2-(a')^2}{2b'c'}$。因为$\angle A=\angle A'$，所以$\cos A=\cos A'$，$\dfrac{b^2+c^2-a^2}{2bc}=\dfrac{(b')^2+(c')^2-(a')^2}{2b'c'}$。所以$\dfrac{(b'k)^2+(c'k)^2-a^2}{2b'k\times c'k}=\dfrac{(b')^2+(c')^2-(a')^2}{2b'c'}$，$a=a'k$，即$\dfrac{a}{a'}=\dfrac{b}{b'}=\dfrac{c}{c'}=k$。

研究平面几何教学，自然离不开三角形全等判定定理、三角形相似判定定理。教育数学主张从任意三角形的“通性通法”——正弦三角形面积公式、正弦定理、余弦定理出发，以少胜多，以简驭繁，统领众多数学定理。

参考文献

莫里斯·克莱因，2014. 古今数学思想[M]. 上海：上海科学技术出版社.

丘成桐，2012. 学问、文化与美（节选）[J]. 基础教育论坛，(11)：21-22.

沈文选，2005. 平面几何证明方法全书[M]. 哈尔滨：哈尔滨工业大学出版社.

史宁中，2012. 义务教育数学课程标准解读[M]. 北京：北京师范大学出版社.

张景中，1992. 平面几何新路[M]. 成都：四川教育出版社.

张景中，1993. 平面几何解题新思路[M]. 北京：中国少年儿童出版社.

张景中，1994. 平面几何新路（解题研究）[M]. 成都：四川教育出版社.

张景中，2011. 新概念几何[M]. 北京：中国少年儿童出版社.

张景中，2016. 计算机怎样解几何题[M]. 武汉：湖北科学技术出版社.

中篇
教育数学实验方案

第 4 章 重建三角实验方案

传统初中平面几何，主要以平行线的判定与性质定理、三角形内角和定理、三角形全等判定定理与性质、三角形相似判定定理与性质定理为基本的依据，而等腰三角形、四边形、解直角三角形（含勾股定理）、圆的相关知识，是这些知识的应用与拓展。

教育数学“重建三角”方案，则以三角形内角和定理与正弦三角形面积公式为逻辑中心，以任意三角形的“通性通法”——正弦定理、余弦定理为基本解题工具，进而演绎等腰三角形、解直角三角形、三角形全等、三角形相似等知识体系。

图 4-1 中，有以下重要公式或定理。

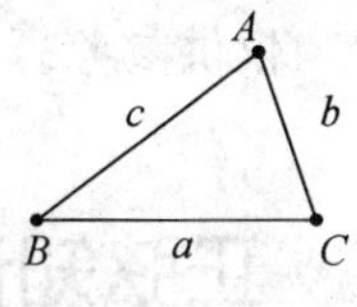

图 4-1

正弦三角形面积公式：$S_{\triangle ABC}=\frac{1}{2}bc\sin A=\frac{1}{2}ac\sin B=\frac{1}{2}ab\sin C$。

正弦定理：$\frac{a}{\sin A}=\frac{b}{\sin B}=\frac{c}{\sin C}=2r$（设 r 为$\triangle ABC$ 外接圆的半径）。

余弦定理：$\cos A=\frac{b^2+c^2-a^2}{2bc}$，$\cos B=\frac{a^2+c^2-b^2}{2ac}$，$\cos C=\frac{a^2+b^2-c^2}{2ab}$。

另外，以下正弦的和角公式，也扮演了重要角色。

正弦和角公式：$\sin(\alpha+\beta)=\sin\alpha\cdot\cos\beta+\cos\alpha\cdot\sin\beta$。

在张景中设计的“重建三角”实验方案中，以上“四弦”公式或定理，既是“解题利器”，也是“一线串通”的平台。我们不妨称这一方案为“四弦”方案。

20 世纪 80 年代，正弦三角形面积公式、正弦定理、余弦定理是初中数学教学内容。现在，“四弦”定理或公式，已是高中数学内容。对于部分学校，为了数学竞赛或中考的需要，已将“四弦”定理或公式下移至初中，作为解题利器。而教育数学不仅将“四弦”定理或公式作为解题利器，更重要的是将其作为初中数学结构改造的重要工具。即使只选择正弦三角形面积公式、正弦定理做实验，也能“一招制胜”“牵一发而动全身”，发挥巨大的作用。对于“四弦”方案，我们建议做表 4-1 所示的教学安排。

表 4-1　教学安排

年级	新基础	推论	应用
七年级	1. 单位菱形面积定义正弦 2. 正弦三角形面积公式	1. 锐角的正弦定义 2. 正弦定理（选学）	ASA、AAS、HL 的证明 SSS 的证明（了解）
八年级上	1. 锐角的余弦定义 2. 正弦定理 3. 锐角的正切值	特殊锐角的正弦、余弦、正切值	勾股定理、等腰三角形的判定与性质的证明
八年级下	余弦定理	特殊钝角的正弦、余弦值	相似三角形判定定理的证明
九年级	1. 正弦和角公式 2. 正弦定理：$\dfrac{a}{\sin A}=2r$		综合应用

进行“四弦”方案实践，难点在于单位菱形面积定义正弦和正弦三角形面积公式的学习。初始几节课，要在“一符、一表、一公式”上下功夫。对于正弦符号、正弦表、正弦三角形面积公式的引入，要借助直观实验，细切入、慢思考、讲透学透。有了这一基础，就可进入应用的快车道，一线串通诸多定理。

在这里，重点介绍入门课的设计，仅供参考。

第 1 节　正弦知识入门

1. 四边形的不稳定性与菱形的定义

如图 4-2 所示，在小学，我们学过：将三根木条用钉子钉成一个三角形木架，然后扭动它，它的形状不会改变。只要三角形三边的长度确定了，这个三角形的形状和大小就确定了，三角形的这个性质叫三角形的稳定性。

如图 4-3 所示，将四根木条用钉子钉成一个四边形木架，然后扭动它，它的形状会改变。我们就说，四边形具有不稳定性。

图 4-2

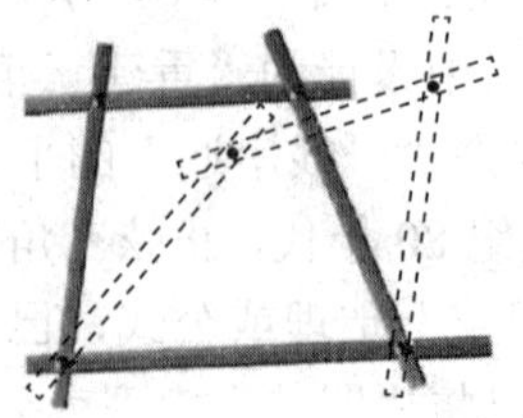

图 4-3

当三角形三边确定下来时，它的三个内角的大小随之也确定下来。

实验

（1）如图 4-4 所示，取四条长度相等的木条，将端点用螺栓固定起来，可以制作活动木框。根据四边形具有不稳定性，观察变化后的图形，哪些性质没有变化？哪些性质发生了变化？为什么？

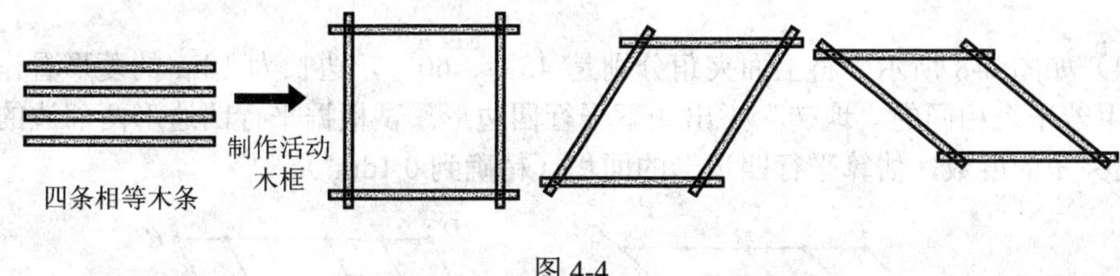

图 4-4

结论：无论如何扭动，四边形对边平行，这个四边形是特殊的平行四边形。

定义：四条边都相等的四边形，叫作菱形。

此定义选自法国数学家阿达玛著的《几何学教程》一书。

（2）如图 4-5 所示，利用四边形的不稳定性，用超级画板制作动态菱形。通过演示，直观得出菱形的性质。

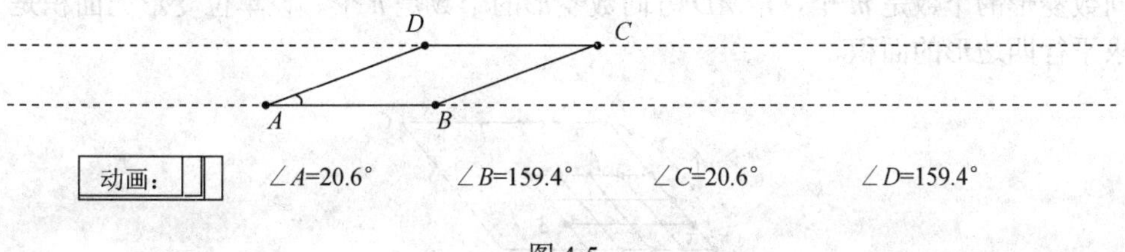

图 4-5

菱形的性质：菱形的两组对边分别平行，菱形是特殊的平行四边形；菱形的邻角之和等于 180°，菱形的对角相等。

根据菱形的定义，我们可以按图 4-6 这样画菱形。

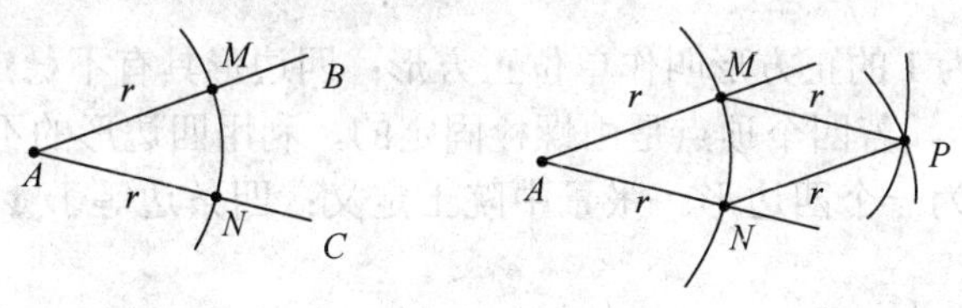

图 4-6

（3）如图 4-7 所示，借助直角三角板，画出边长为 1dm，夹角分别是 30°、45°、60°的菱形。菱形是特殊的平行四边形，作出菱形的高，并进行测量。试估算菱形的面积（精确到 0.1dm^2）。

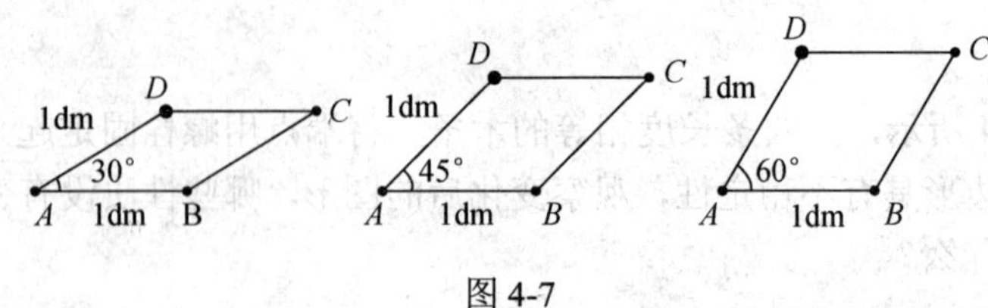

图 4-7

（4）如图 4-8 所示，将上面夹角分别是 45°、60°，边长为 1dm 的菱形看作“地砖”。用若干个相同的“地砖”拼出如下平行四边形。试根据平行四边形两邻边的长，以及其夹角的度数，估算平行四边形的面积（精确到 0.1dm^2）。

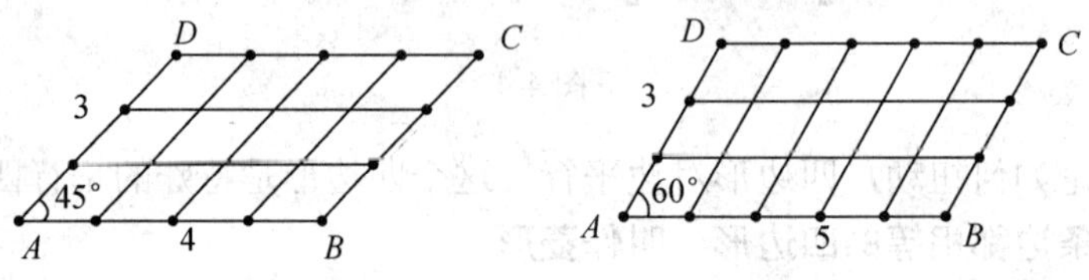

图 4-8

【思考】如图 4-9 所示，用若干个相同的单位菱形拼出一个大的平行四边形，沿 *AB* 方向数菱形的个数是 *m* 个，沿 *AD* 方向数菱形的个数是 *n* 个。设单位菱形的面积是 *x*，试求平行四边形的面积。

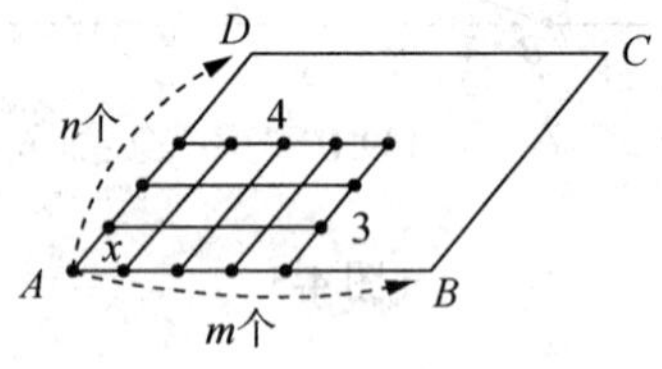

图 4-9

2. 一符、一表、一公式

在小学：边长为 1 的正方形叫作单位正方形；四边形具有不稳定性。

如图 4-10 所示，若四个顶点是由螺栓固定的，利用四边形的不稳定性，可以将单位正方形“压扁”为一个四边形。张景中院士定义：四条边等于 1 的四边形叫作单位菱形。

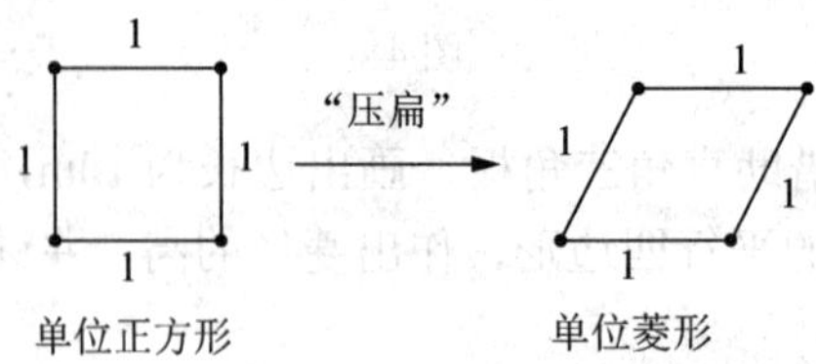

图 4-10

实验

如图 4-11 所示，在一木板上制作简易量角器，用长度为“单位 1”的四根木条制作“单位正方形”。用一组平行线，将正方形的高十等分。利用四边形具有不稳定性的原理，“压扁”活动木框架。

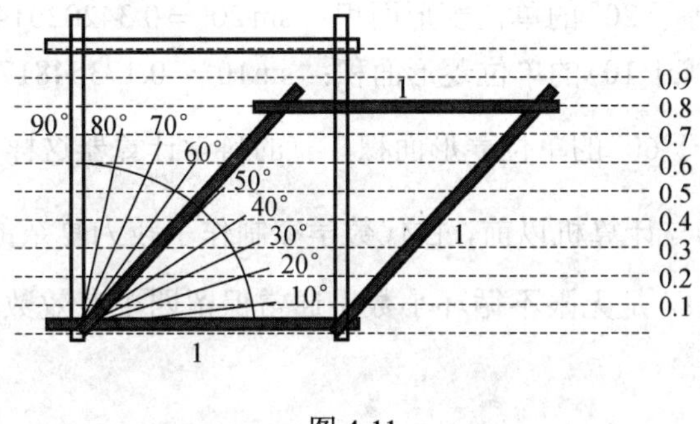

图 4-11

在这一变化过程中，我们发现：单位菱形的面积与夹角度数密切相关，如表 4-2 所示。

表 4-2　面积与夹角度数的关系

夹角度数	80°	70°	60°	50°	40°	30°	20°	10°
单位菱形面积 S（四舍五入）	1	0.9	0.9	0.8	0.6	0.5	0.3	0.2

单位菱形的夹角是整数度（直角除外），但它的面积是小于 1 的小数。由于测量工具的限制，我们无法精确求出菱形的面积。

在数学上，我们可以请科学计算器上的正弦键“sin”帮忙（图 4-12）。

科学计算器上的正弦键可以帮助我们建立单位菱形夹角与面积之间的关系。

例如，如图 4-13 所示，求夹角等于 30° 的单位菱形面积的具体方法如下。

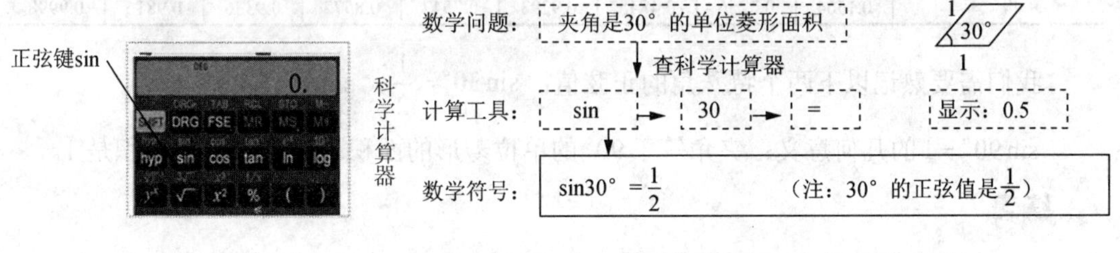

图 4-12　　　　图 4-13

只要知道单位菱形的夹角，我们借助科学计算器，可以快速、准确地求出夹角为已知度数的单位菱形面积。

夹角等于 80° 的单位菱形面积：$\sin 80° = 0.984807753\cdots$

夹角等于 70° 的单位菱形面积：$\sin 70° = 0.9396926208\cdots$

夹角等于 60° 的单位菱形面积：$\sin 60^\circ = 0.866025403\cdots$

夹角等于 50° 的单位菱形面积：$\sin 50^\circ = 0.7660444431\cdots$

夹角等于 40° 的单位菱形面积：$\sin 40^\circ = 0.6427876097\cdots$

夹角等于 30° 的单位菱形面积：$\sin 30^\circ = 0.5\cdots$

夹角等于 20° 的单位菱形面积：$\sin 20^\circ = 0.3420201433\cdots$

夹角等于 10° 的单位菱形面积：$\sin 10^\circ = 0.1736481777\cdots$

注：对于夹角等于 60° 的单位菱形面积，有的科学计算器这样显示：$\sin 60^\circ = \dfrac{\sqrt{3}}{2}$。

在未使用计算器与计算机以前，古代数学家制作了较为复杂的正弦表。若取整数，除 $\sin 30^\circ = \dfrac{1}{2}$ 外，$\sin m^\circ$ 是无限不循环小数，通常保留四个有效数字。正弦表如表 4-3 所示。

表 4-3　锐角的正弦表

$\sin(\alpha_1+\alpha_2)$（α_1 / α_2）	0°	10°	20°	30°	40°	50°	60°	70°	80°
0°	0	0.1736	0.3420	0.5	0.6428	0.7660	0.8660	0.9397	0.9848
1°	0.0175	0.1908	0.3584	0.5150	0.6561	0.7771	0.8746	0.9455	0.9877
2°	0.0349	0.2079	0.3746	0.5299	0.6691	0.7880	0.8829	0.9511	0.9903
3°	0.0523	0.2250	0.3907	0.5446	0.9820	0.7986	0.8910	0.9563	0.9925
4°	0.0698	0.2419	0.4067	0.5592	0.6947	0.8090	0.8988	0.9613	0.9945
5°	0.0872	0.2588	0.4226	0.5736	0.7071	0.8192	0.9093	0.9659	0.9962
6°	0.1045	0.2756	0.4384	0.5878	0.7193	0.8290	0.9135	0.9703	0.9976
7°	0.1219	0.2924	0.4540	0.6018	0.7314	0.9387	0.9205	0.9744	0.9986
8°	0.1392	0.3090	0.4695	0.9157	0.7431	0.8480	0.9272	0.9781	0.9994
9°	0.1564	0.3256	0.4848	0.9293	0.7547	0.8572	0.9336	0.9816	0.9998

我们需要熟记以下两个特殊角的正弦值：$\sin 30^\circ = \dfrac{1}{2}$，$\sin 90^\circ = 1$。

$\sin 90^\circ = 1$ 的几何意义：夹角等于 90° 的单位菱形的面积。显然，它的面积是 1。

练习

（1）利用科学计算器或正弦表，确定以下正弦值，并说明其几何意义：

$\sin 17^\circ$，$\sin 54^\circ$，$\sin 8^\circ$，$\sin 84^\circ$，$\sin 39^\circ$。

【思考】图 4-14 是由若干个单位菱形“地砖”铺设而成的，根据图中的条件，如何确定它的面积？图 4-15 是已知两边分别为 3、夹角是 32° 的平行四边形，如何确定它的面积？它们的面积分别是多少？

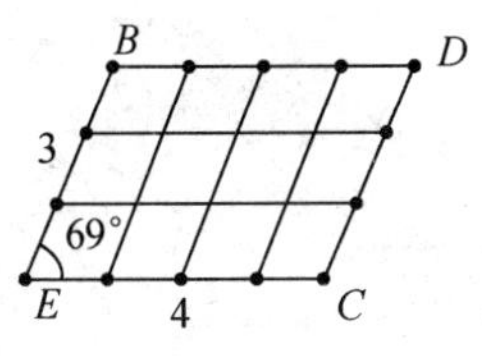

图 4-14

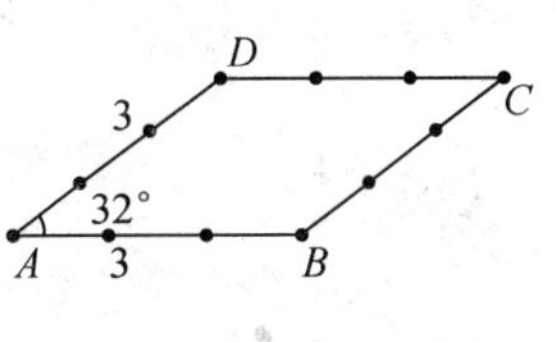

图 4-15

【思考】如图 4-16 所示，已知$\triangle ABC$的两边长分别是 4、5，以及夹角的度数，试求$\triangle ABC$的面积（精确到0.001）。

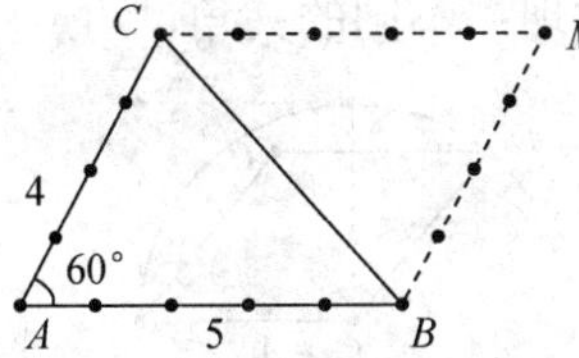

C M 4 45° A 5 B

图 4-16

为了深入研究，我们定义：如图 4-17 所示，设$\angle A$是单位菱形 $ABCD$ 的一个内角，单位菱形的面积叫作$\angle A$的正弦。记作$\sin\angle A$或$\sin A$，或$\sin m^\circ$。

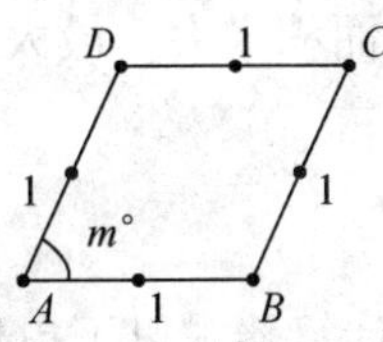

图 4-17

（2）如图 4-18 所示，已知$\triangle ABC$的两边边长，以及夹角的度数，试求$\triangle ABC$的面积。

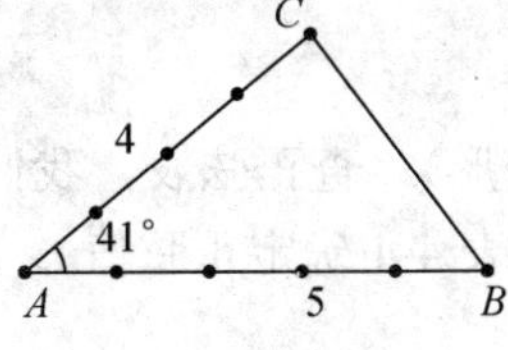

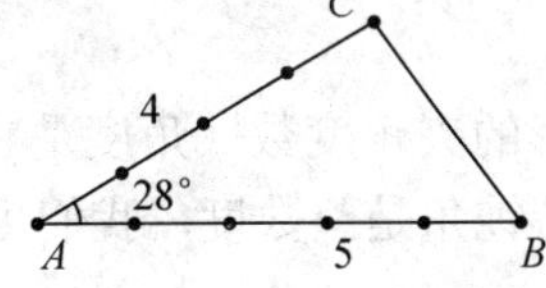

图 4-18

基于以上的面积计算，我们总结出以下公式（图 4-19）。

$$S_{\triangle ABC}=\frac{1}{2}bc\sin n^\circ \text{或} S_{\triangle ABC}=\frac{1}{2}bc\sin\angle A$$

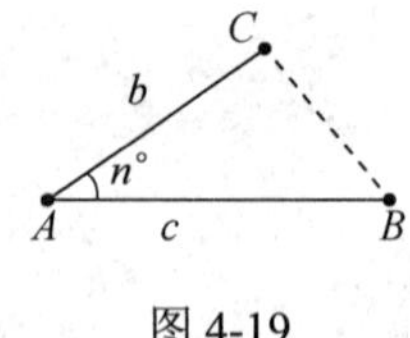

图 4-19

正弦三角形面积公式：三角形的面积等于两边的乘积，再乘以夹角正弦的一半。

实验

如图 4-20 所示，作一个边长为 1 的单位菱形 $ABCD$，我们可以测量它的一个夹角 $\angle A$ 与单位菱形的面积。拖动课件中动点 D，我们发现：不同的夹角，对应不同的面积。

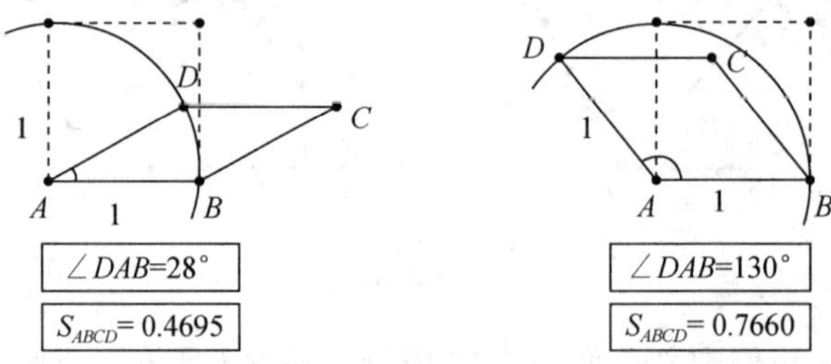

图 4-20

当夹角 $\angle A$ 是直角时，单位菱形面积最大，最大面积是 1。当夹角 $\angle A$ 是锐角或钝角时，单位菱形的面积小于 1。

练习

（1）如图 4-21 所示，利用科学计算器求以下单位菱形的面积。

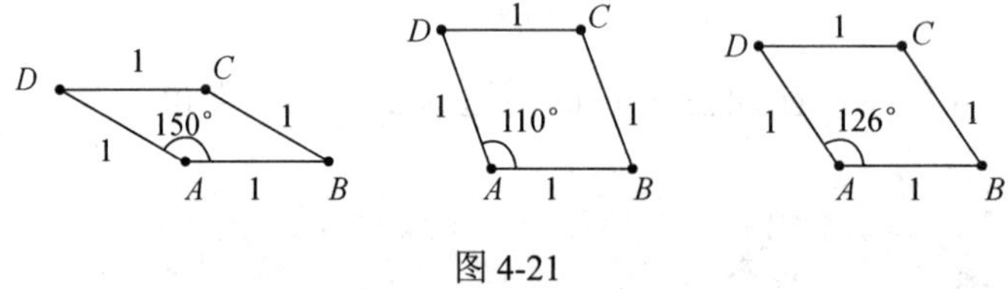

图 4-21

已知单位菱形的夹角度数（角度是整数的情形），查正弦表，我们也可找到对应的单位菱形面积。若钝角是整数度，我们可以通过表 4-4 确定正弦值。

表 4-4　直角、钝角的正弦

$\sin(\alpha_1+\alpha_2)$ (α_1 \ α_2)	90°	100°	110°	120°	130°	140°	150°	160°	170°
0°	1	0.9848	0.9397	0.8660	0.7660	0.6428	0.5	0.3420	0.1736
1°	0.9998	0.9816	0.9336	0.8572	0.7547	0.6293	0.4848	0.3256	0.1564

续表

α_1 / $\sin(\alpha_1+\alpha_2)$ / α_2	90°	100°	110°	120°	130°	140°	150°	160°	170°
2°	0.9994	0.9781	0.9272	0.8480	0.7431	0.6157	0.4695	0.3090	0.1392
3°	0.9986	0.9744	0.9205	0.8387	0.7314	0.6018	0.4540	0.2924	0.1219
4°	0.9976	0.9703	0.9135	0.8290	0.7193	0.5878	0.4384	0.2756	0.1045
5°	0.9962	0.9659	0.9063	0.8192	0.7071	0.5736	0.4226	0.2588	0.0872
6°	0.9945	0.9613	0.8988	0.9080	0.6947	0.5592	0.4067	0.2419	0.0698
7°	0.9925	0.9563	0.8910	0.7986	0.6820	0.5446	0.3907	0.2250	0.0523
8°	0.9903	0.9511	0.8829	0.7880	0.6691	0.5259	0.3746	0.2079	0.0349
9°	0.9877	0.9455	0.8746	0.7771	0.6561	0.5150	0.3584	0.1908	0.0175

（2）试利用正弦表，求以下正弦值，并说明其几何意义：sin153°，sin134°，sin166°，sin102°。

同前面的方法一样，已知平行四边形两边长及其夹角的度数，可以求出这个平行四边形的面积。如图 4-22 所示，若平行四边形的边长是整数，我们可以分割出若干个相同的单位菱形，单位菱形的面积就是夹角的正弦。

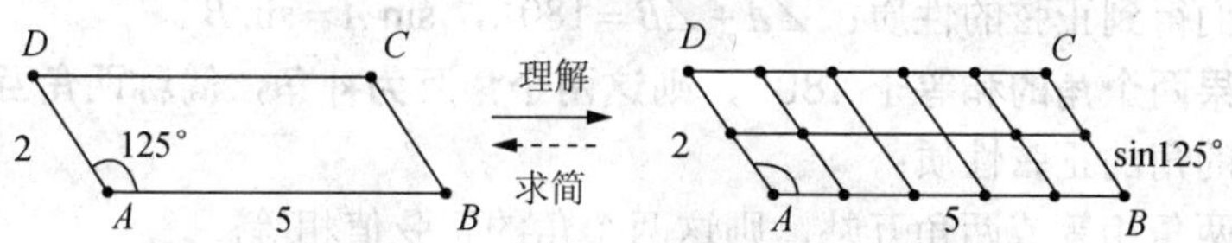

图 4-22

探索公式，我们可以采用分割的方法进行直观理解。提炼、应用公式时，我们直接采用乘积的形式：图 4-22 中，$S_{平行四边形ABCD}=AB\cdot AD\cdot\sin A=5\times2\times\sin125^\circ\approx8.192$。

若平行四边形的边长不是整数，仍然存在以下公式：平行四边形的面积等于两邻边的乘积，再乘以夹角的正弦。

（3）如图 4-23 所示，已知△*ABC* 的两边长，以及夹角的度数，试求△*ABC* 的面积。

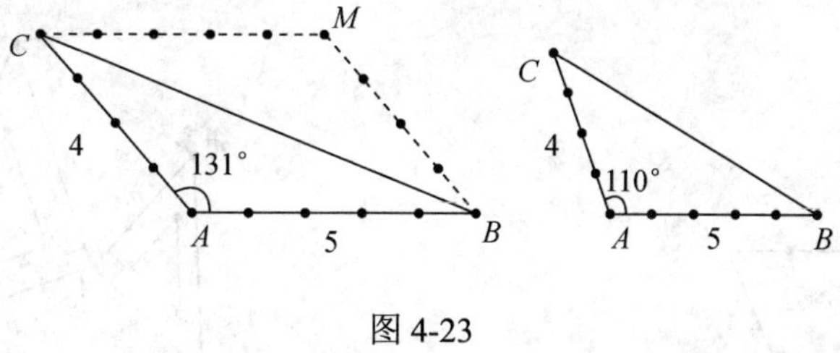

图 4-23

由此，我们总结如下：三角形的面积等于两边及其夹角正弦的乘积的一半（正弦三角形面积公式）。

如图 4-24 所示，$S_{\triangle ABC}=\frac{1}{2}bc\sin A=\frac{1}{2}ac\sin B=\frac{1}{2}ab\sin C$。

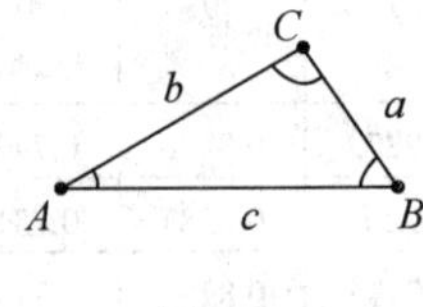

图 4-24

3. 正弦的性质与共角定理

练习

求以下正弦值，你发现了什么？为什么？

①$\sin 40^\circ$，$\sin 140^\circ$；②$\sin 110^\circ$，$\sin 70^\circ$；③$\sin 54^\circ$，$\sin 126^\circ$。

有了以上计算与认识，我们进行以下猜想：$\angle\theta+\angle\beta=180^\circ \Rightarrow \sin\theta=\sin\beta$。

制作活动的单位菱形木框，尽管夹角在不断变化，但相邻的两个角的和是180°。$\sin\theta$、$\sin\beta$ 都是指同一个图形的面积。

如图 4-25 所示，单位菱形面积有四种表示方法：$\sin\angle A$、$\sin\angle B$、$\sin\angle C$、$\sin\angle D$。借助图形，我们得到正弦的性质：$\angle A+\angle B=180^\circ$，$\sin A=\sin B$。

定义：如果两个角的和等于 180°，则这两个角互为补角，简称两角互补。

小于平角的角的正弦性质：

（1）如果两角相等或两角互补，则这两个角的正弦值相等。

（2）如果两个角的正弦值相等，则这两个角相等或互补。

在今后的学习中，我们会常常用到正弦的以上性质。

【思考】如图 4-26 所示，将两个大小不同的等腰三角板的直角顶点重合在一起，连接 BD 与 CE。为何 $S_{\triangle ABD}=S_{\triangle ACE}$？

在学生熟练掌握了正弦的性质后，稍后可利用正弦三角形面积公式推导共角定理。在“四弦”方案中，我们以正弦三角形面积公式作为最基本的解题工具，对共角定理“着墨”不要太多，简单理解即可。

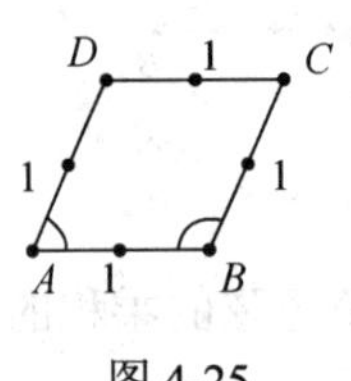

图 4-25

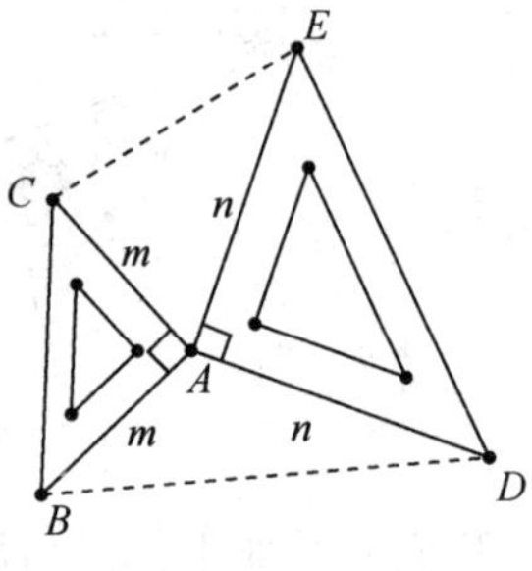

图 4-26

共角定理 1：如果两个三角形有一组角相等，那么这两个三角形的面积比等于两边的乘积之比（图 4-27）。

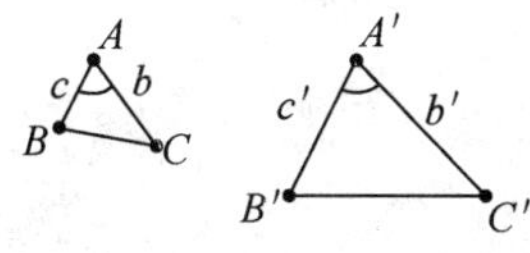

图 4-27

共角定理 2：如果两个三角形有一组角互补，那么互补角两边的乘积之比等于这两个三角形的面积之比（图 4-28）。

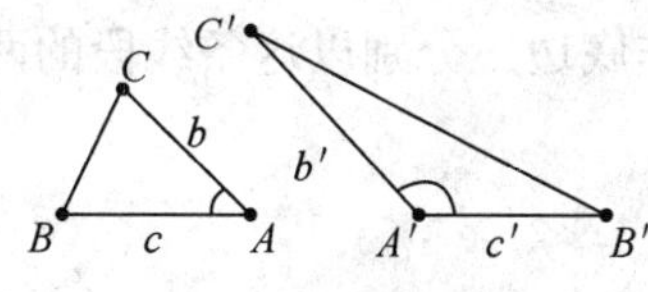

图 4-28

练习

已知：如图 4-28 所示，$\triangle ABC$ 与 $\triangle A'B'C'$ 中，$\angle A+\angle A'=180^\circ$。

求证：$\dfrac{S_{\triangle ABC}}{S_{\triangle A'B'C'}}=\dfrac{bc}{b'c'}$。

因为 $\angle A+\angle A'=180^\circ$，所以 $\sin A=\sin A'$，$\dfrac{S_{\triangle ABC}}{S_{\triangle A'B'C'}}=\dfrac{\frac{1}{2}bc\sin A}{\frac{1}{2}b'c'\sin A'}=\dfrac{bc}{b'c'}$。

4. 等腰三角形的判定定理与性质定理

学好几何，离不开作图或画图。作图或画图，是学习几何的基本功。按某个条件画出图形，我们常常能猜出这个图形的性质。学习几何，也要讲道理。用较少的正确知识，判定我们的猜想是否正确。我们刚刚学习了三角形正弦面积公式，它是我们今后进行推理的主要依据。

学习几何推理，我们可以先从小学熟知的以下知识开始。

三边两两不等的三角形，叫作不等边三角形；两条边相等的三角形叫作等腰三角形。

三条边都相等的三角形叫作等边三角形，又叫正三角形。

如图 4-29 所示，等腰三角形中，相等的两条边叫作腰，另一条边叫作底边。两腰的夹角叫作顶角，底边上的两个角叫作底角。

等腰三角形的知识广泛应用于尺规作图之中，也是我们今后学习菱形、矩形和圆的基础。

用直尺与圆规作等腰三角形，有以下两种基本的方法。

（1）如图 4-30 所示，先作一个角，再在这个角的两边上截取相等的线段。

图 4-29　　图 4-30

（2）如图 4-31 所示，先作底边。分别以这条线段的两个端点为圆心，定长为半径画弧。

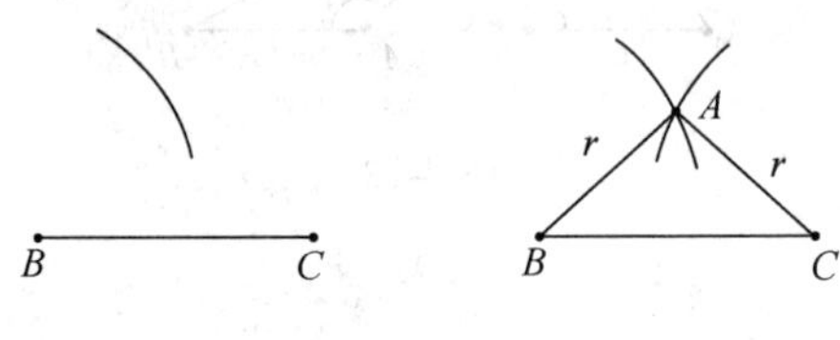

图 4-31

利用正弦定理，我们可以简洁地证明等腰三角形的性质定理。

已知：如图 4-32 所示，$\triangle ABC$ 中，$b=c$。

求证：$\angle B=\angle C$。

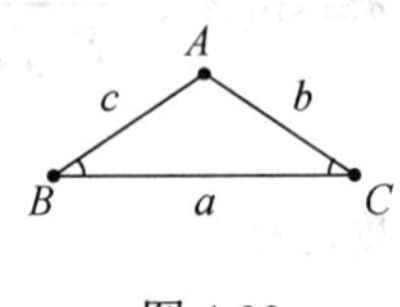

图 4-32

证明：由面积公式，得 $S_{\triangle ABC}=\dfrac{1}{2}ac\sin B=\dfrac{1}{2}ab\sin C$。

因为$b=c$，所以$\sin B=\sin C$，$\angle B=\angle C$。

注意：在上面的证明过程中，我们应用到的结论是，在同一三角形中，如果两个角的正弦值相等，则这两个角也相等。

由前面“单位菱形面积定义正弦”及正弦表可知，若两个角的正弦值相等，这两个角有两种可能：两角相等或两角的和为 180°。

在$\triangle ABC$中，若$\sin B=\sin C$，$\angle B$与$\angle C$的和可能等于 180° 吗？显然不可能，否则与三角形内角和定理——$\angle A+\angle B+\angle C=180^\circ$矛盾。

等腰三角形的基本性质：等腰三角形的两底角相等（在同一三角形中，等边对等角）。

用一个锐角硬纸板，我们也很容易画出有两个等角的三角形，这个三角形是等腰三角形吗？为什么？

已知：如图 4-32 所示，$\triangle ABC$ 中，$\angle B=\angle C$。

求证：$b=c$。

证明：因为$\angle B=\angle C$，所以$\sin B=\sin C$。

由面积公式，得$S_{\triangle ABC}=\frac{1}{2}ac\sin B=\frac{1}{2}ab\sin C$。所以$ac=ab$，$c=b$。

等腰三角形判定定理：如果一个三角形有两个角相等，那么这两个角所对的边也相等（在同一三角形中，等角对等边）。

利用正弦三角形面积公式或以上两个基本定理，我们可以证明以下等边三角形的判定定理或性质定理。

① 等边三角形的三个内角都相等，并且每一个内角都等于 60°；

② 三个角都相等的三角形是等边三角形；

③ 有一个角是 60° 的等腰三角形是等边三角形。

5. 角边角定理、角角边定理

对于三角形全等判定定理——角边角定理、角角边定理，我们既可以采用尺规作图，又可以使用剪纸重合的方法，先直观、猜想定理，再考虑严密证明。

对于定理的证明，也可以先画出满足角边角条件的两个三角形。剪下其中的一个三角形，它与另一个三角形重合。提出猜想，再探索定理的证明。

已知：如图 4-33 所示，$\triangle ABC$ 与$\triangle A'B'C'$中，$\angle A=\angle A'$，$c=c'$，$\angle B=\angle B'$。

求证：$\triangle ABC\cong\triangle A'B'C'$。

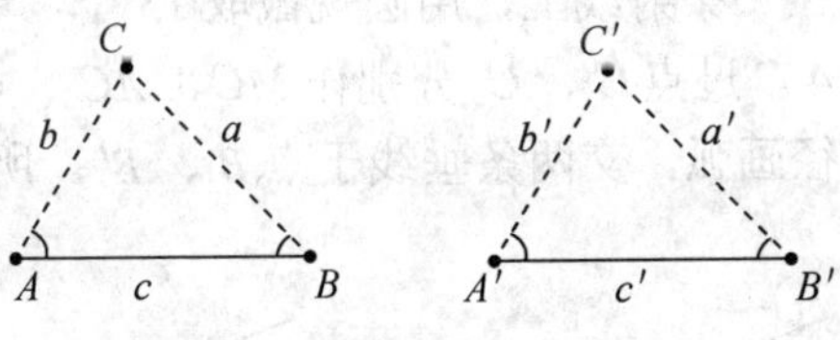

图 4-33

证明：因为$\angle A=\angle A'$，$\angle B=\angle B'$。由三角形内角和定理，得$\angle C=\angle C'$。

因为$\frac{S_{\triangle ABC}}{S_{\triangle A'B'C'}}=\frac{\frac{1}{2}ab\sin C}{\frac{1}{2}a'b'\sin C'}=\frac{\frac{1}{2}bc\sin A}{\frac{1}{2}b'c'\sin A'}=\frac{\frac{1}{2}ac\sin B}{\frac{1}{2}a'c'\sin B'}$，所以$\frac{ab}{a'b'}=\frac{bc}{b'c'}=\frac{ac}{a'c'}$，$\frac{a}{a'}\times\frac{b}{b'}=\frac{b}{b'}\times\frac{c}{c'}=\frac{a}{a'}\times\frac{c}{c'}$，$\frac{a}{a'}=\frac{c}{c'}$，$\frac{b}{b'}=\frac{a}{a'}$，$\frac{a}{a'}=\frac{b}{b'}=\frac{c}{c'}$。因为$c=c'$，$a=a'$，$b=b'$。所以$\triangle ABC\cong\triangle A'B'C'$。

对于角边角定理，过去直接作为公理使用。现在利用正弦三角形面积公式或共角定理，我们可以严密证明角边角定理、角角边定理，这样既可以遵循传统作图方法发现、猜想定理，也可以严密证明，将“猜”与“证”完美结合起来。

练习

如图 4-34 所示，将一个等腰直角三角板（$\triangle ABC$）的直角顶点放置在一条直线上。过 A、C 两点向直线作垂线，$AM\perp MN$，垂足是 M；$CN\perp MN$，垂足是 N。直角三角板可以绕点 B 旋转。试找出图中相等的角，并进行证明。你还发现了什么？试提出你的猜想。

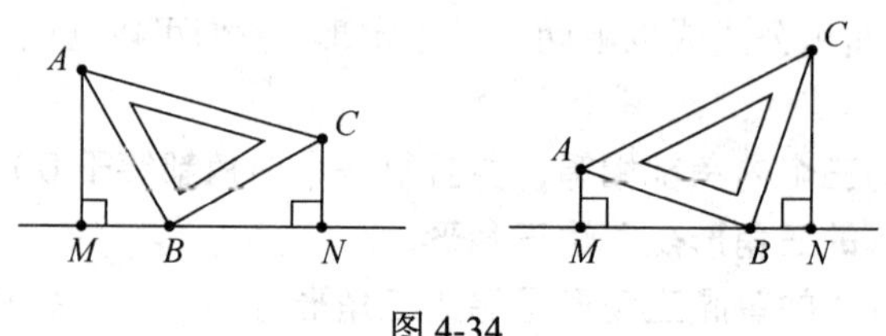

图 4-34

6. 锐角的正弦定义及其应用

锐角的正弦定义：在直角三角形中，锐角的正弦等于它的对边与斜边之比。

锐角的正弦定义虽产生于三角形面积公式，但它也有自己独特的本领。用它来解释某些数学的新知识，有时更简洁、方便。原本九年级才学习锐角正弦定义，在新体系下，我们将面积公式稍一变形，即可得到该定义。

实验

（1）如图 4-35 所示，在一条射线上，用圆规截取 13 个“单位”的线段。在这条射线上截取 $AC=4$、$A'C'=4$。过点 C、C' 分别作 $MC\perp AC$、$C'T\perp A'C'$。分别以 A、A' 为圆心，以单位 6 为半径画弧，交两条垂线于点 B、B'。所画的 $\triangle ABC$ 与 $\triangle A'B'C'$ 全等吗？为什么？

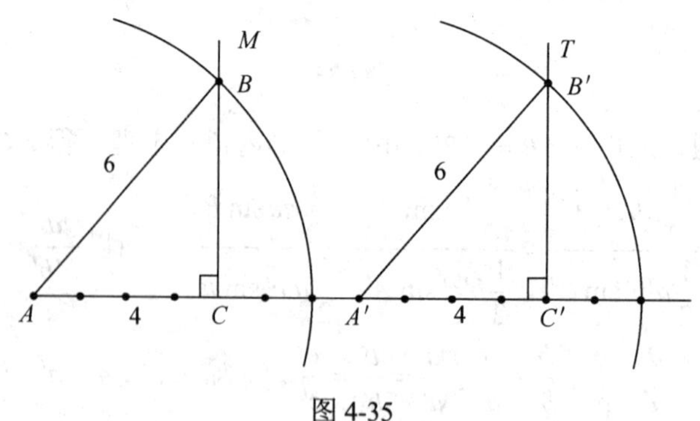

图 4-35

斜边、直角边定理：有斜边和一条直角边对应相等的两个直角三角形全等。

已知：如图 4-36 所示，在$\triangle ABC$与$\triangle A'B'C'$中，$\angle C=\angle C'=90^\circ$，$b=b'$，$c=c'$。

求证：$\triangle ABC\cong\triangle A'B'C'$。

证明：由锐角的正弦定义，得$\sin B=\dfrac{b}{c}$，$\sin B'=\dfrac{b'}{c'}$。因为$c=c'$，$b=b'$，所以$\sin B=\sin B'$，$\angle B=\angle B'$，$\triangle ABC\cong\triangle A'B'C'$（AAS）。

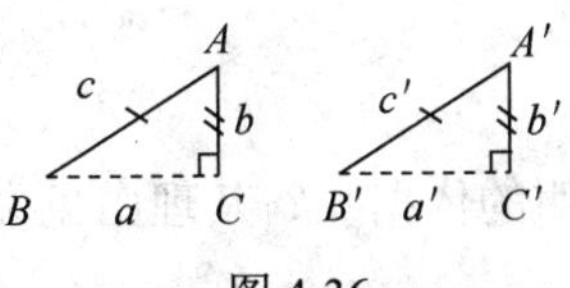

图 4-36

（2）用直角三角板，我们可以画出含 30°的直角三角形。如图 4-37 所示，利用圆规，以最短直角边长度为半径，去“度量”斜边。你有什么发现？如何总结你的发现？为什么有这样的结论？

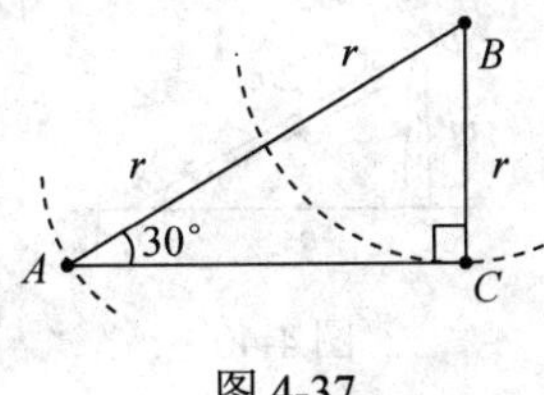

图 4-37

如图 4-38 所示，用两个一样大的直角三角板，我们可以拼出一个等边三角形。

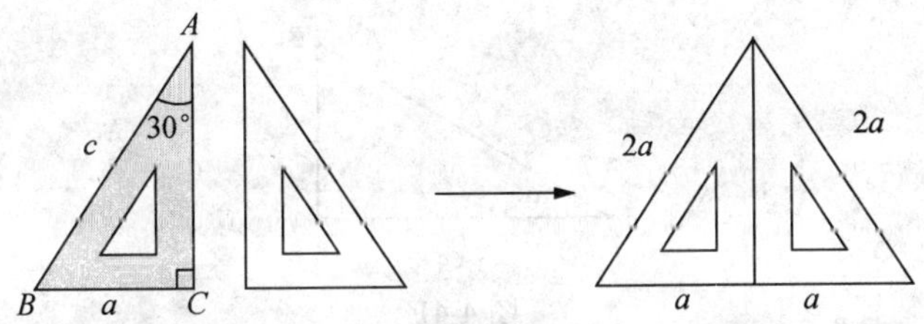

图 4-38

通过画图或拼图，我们可以直观地得到以下定理：在直角三角形中，如果有一个角等于 30°，那么它所对的直角边等于斜边的一半。

已知：如图 4-39 所示，Rt$\triangle ABC$中，$\angle C=90^\circ$，$\angle A=30^\circ$。

求证：$a=\dfrac{1}{2}c$。

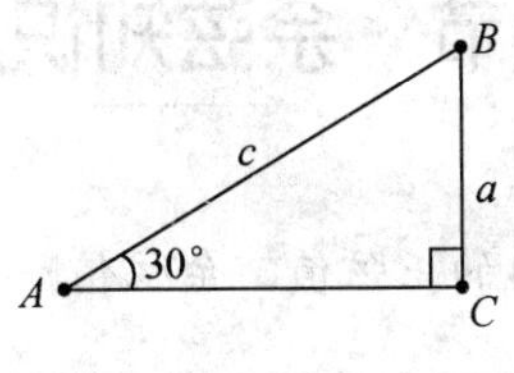

图 4-39

证明：由锐角的正弦定义可得$\sin A=\frac{a}{c}$。查科学计算器或正弦表，得$\sin 30^\circ=\frac{1}{2}$。所以$\sin A=\frac{a}{c}=\frac{1}{2}$，$a=\frac{1}{2}c$。

在研究特殊直角三角板的边角时，我们需要熟练记住两个特殊角的正弦值：$\sin 30^\circ=\frac{1}{2}$，$\sin 90^\circ=1$。

为何$\sin 30^\circ=\frac{1}{2}$在这里作证明的依据呢？其理由见本章第 9 节，由正弦和角公式可以严密推出。

问题：如图 4-40 所示，一棵大树垂直于地面，在三等分处被大风折断。为何$\angle A=30^\circ$？

由实验我们可以直观地得到以下重要定理：在直角三角形中，如果一条直角边等于斜边的一半，那么这条直角边所对的角等于30°。

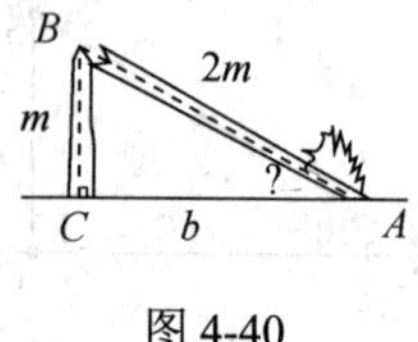

图 4-40

已知：如图 4-41 所示，Rt△ABC中，$\angle C=90^\circ$，$a=\frac{1}{2}c$。

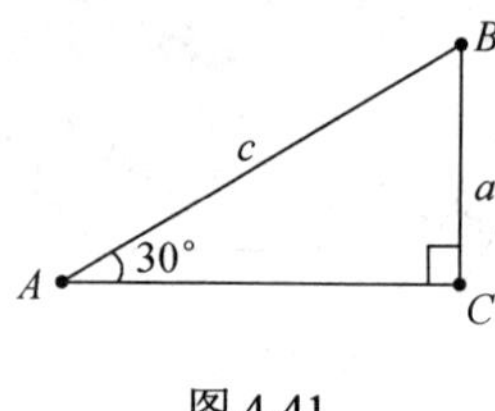

图 4-41

求证：$\angle A=30^\circ$。

证明：由锐角的正弦定义可得$\sin A=\frac{a}{c}=\frac{1}{2}$。查科学计算器或正弦表，得$\sin 30^\circ=\frac{1}{2}$。所以$\angle A=30^\circ$。

第 2 节　余弦知识入门

1. 锐角的余弦定义与特殊角的正弦值、余弦值

由正弦三角形面积公式，我们推导出锐角的正弦定义。在此基础上，我们探讨锐角

的余弦定义。不妨从实验入手。

实验

如图 4-42 所示，利用超级画板，先作 $\angle A$，在 $\angle A$ 的一边 AM 上任意取一点 B，过 B 向另一边 AN 作垂线 BC，垂足为 C。测量 $\angle A$ 的度数，以及 $\angle A$ 的邻边与斜边长，并计算 $\dfrac{\angle A\text{的邻边}}{\text{斜边}}$。拖动点 B，$\triangle ABC$ 的大小改变，但比值 $\dfrac{\angle A\text{的邻边}}{\text{斜边}}$ 不变。

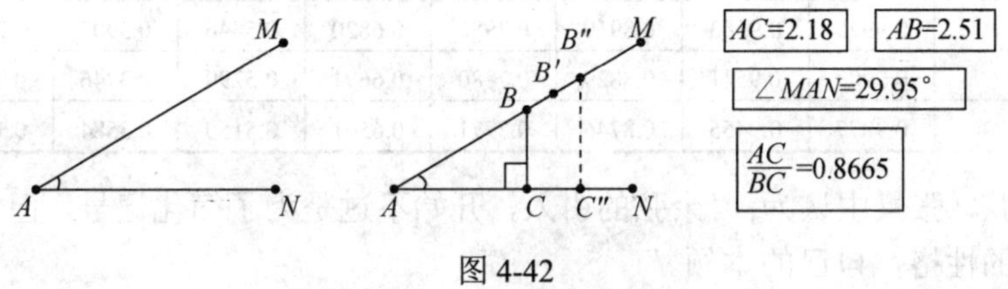

图 4-42

再改变 $\angle A$ 的大小，拖动点 B，观察比值 $\dfrac{\angle A\text{的邻边}}{\text{斜边}}$。

当锐角是一个确定的角度时，它的邻边与斜边的比值是一个确定的值。

在观察、猜想、探究的基础上，我们发现：$\dfrac{\angle A\text{的邻边}}{\text{斜边}}=\dfrac{\angle ABC\text{的对边}}{\text{斜边}}=\sin\angle ABC$。

锐角的余弦，我们可以有以下两种定义。

（1）一个锐角的余角的正弦，叫作这个锐角的余弦。

（2）在直角三角形中，一个锐角的邻边与斜边的比值，叫作这个角的余弦。

如图 4-43 所示，$\sin A=\dfrac{\angle A\text{的对边}}{\text{斜边}}$，$\cos A=\dfrac{\angle A\text{的邻边}}{\text{斜边}}$。

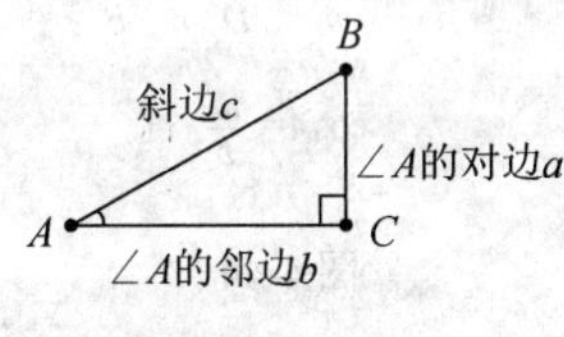

图 4-43

已知角度是整数度的锐角的余弦如表 4-5 所示。

表 4-5 锐角的余弦

α_2 \ $\cos(\alpha_1+\alpha_2)$ \ α_1	0°	10°	20°	30°	40°	50°	60°	70°	80°
0°	1	0.9848	0.9397	0.8660	0.7660	0.6428	0.5	0.3420	0.1736
1°	0.9998	0.9816	0.9336	0.872	0.7547	0.6293	0.4848	0.3256	0.1564
2°	0.9994	0.9781	0.9272	0.8480	0.7431	0.6157	0.4695	0.3090	0.1392

续表

$\cos(\alpha_1+\alpha_2)$ α_1 / α_2	0°	10°	20°	30°	40°	50°	60°	70°	80°
3°	0.9986	0.9744	0.9208	0.8387	0.7314	0.6018	0.4540	0.2924	0.1219
4°	0.9976	0.9703	0.9135	0.8290	0.7193	0.5878	0.4384	0.2756	0.1045
5°	0.9962	0.9659	0.9063	0.8192	0.7071	0.5736	0.4226	0.2588	0.0872
6°	0.9945	0.9613	0.8988	0.8090	0.6947	0.5592	0.4047	0.2419	0.0698
7°	0.9925	0.9563	0.8910	0.7986	0.6820	0.5446	0.3907	0.2250	0.0523
8°	0.9903	0.9511	0.8829	0.7880	0.6691	0.5299	0.3746	0.2079	0.0349
9°	0.9877	0.9455	0.8746	0.7771	0.6561	0.5150	0.3584	0.1908	0.0175

对于余弦，张景中认为：“余弦的引入，开始不过是为了简化记号，但它一旦出现，便会有自己的性格，自己的本领。”

勾股定理的证明如下。

利用余弦的定义，作任意直角三角形斜边上的高。如图 4-44 所示，由余弦的定义，我们得

$$\cos A=\frac{b}{c}=\frac{m}{b}\Rightarrow b^2=mc$$

$$\cos B=\frac{a}{c}=\frac{n}{a}\Rightarrow a^2=nc$$

所以
$$b^2+a^2=mc+nc=c(m+n)=c^2$$

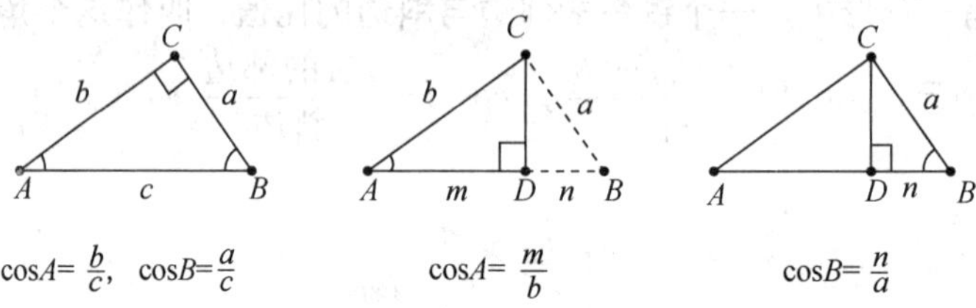

图 4-44

从余弦定义证明射影定理 $a^2=nc$、$b^2=mc$ 与勾股定理 $b^2+a^2=c^2$，显然要简明易理解一些。学习数学，要注意“顺藤摸瓜”。在这里，我们利用锐角的余弦定义，既证明了勾股定理，也顺势带出了射影定理。证明射影定理，传统方法是利用三角形相似，稍难理解一些。现在，射影定理已不是课本必学内容，但为了后继学习需要，不少老师也会作补充。难与易是相对的，绕开相似知识，直接利用三角知识来求证，射影定理何难之有？

在图 4-45 中，利用特殊直角三角形的边边关系，以及锐角的正弦、余弦定义，我们得到：$\sin 30°=\frac{1}{2}$、$\sin 45°=\frac{\sqrt{2}}{2}$、$\sin 60°=\frac{\sqrt{3}}{2}$、$\cos 30°=\frac{\sqrt{3}}{2}$、$\cos 45°=\frac{\sqrt{2}}{2}$、

$\cos 60^\circ = \dfrac{1}{2}$。

对于这些特殊锐角的正弦值和余弦值，以后会常常用到，要熟记。在教育数学“重建三角”方案中，常常采用正弦的和角公式推导特殊锐角的三角正弦值。

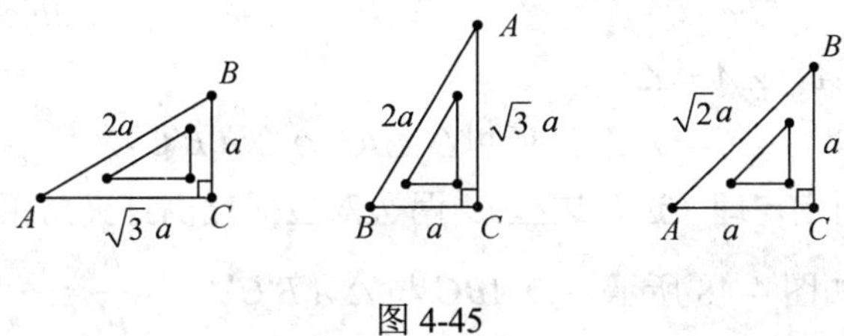

图 4-45

2. *应用广泛的余弦定理*

【思考】如图 4-46 所示，用直尺与圆规，我们作出三边对应成比例的三角形。试利用余弦定理证明$\angle C = \angle C'$。

这两个三角形相似吗？

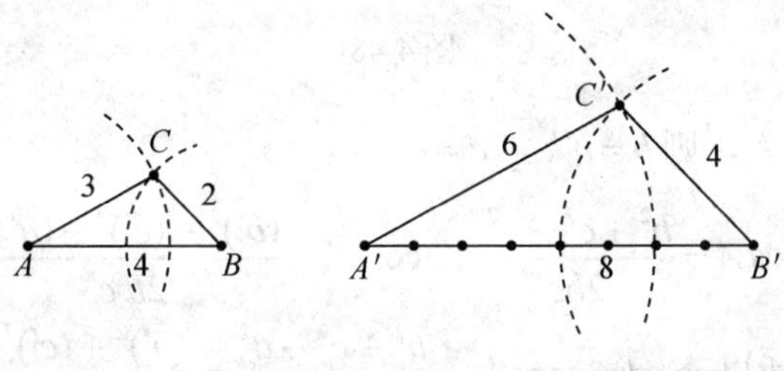

图 4-46

有了余弦定理，可以帮助我们继续学习三角形相似的相关知识。

相似三角形的判定定理（边边边型）：三边对应成比例，两三角形相似。

【例 1】已知：如图 4-47 所示，$\triangle ABC$ 与 $\triangle A'B'C'$ 中，$\dfrac{a}{a'} = \dfrac{b}{b'} = \dfrac{c}{c'}$。

求证：$\triangle ABC \backsim \triangle A'B'C'$。

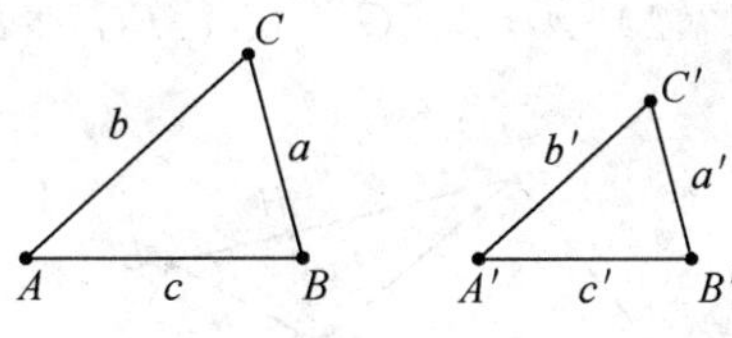

图 4-47

证明：设 $\dfrac{a}{a'} = \dfrac{b}{b'} = \dfrac{c}{c'} = k$，则 $a = a'k$，$b = b'k$，$c = c'k$。

由余弦定理，得

$$\cos A'=\frac{(b')^2+(c')^2-(a')^2}{2b'c'}$$

$$\cos A=\frac{b^2+c^2-a^2}{2bc}=\frac{(b'k)^2+(c'k)^2-(a^2k^2)}{2b'kc'k}=\frac{(b')^2+(c')^2-(a')^2}{2b'c'}$$

所以 $\cos A=\cos A'$，$\angle A=\angle A'$。

同理：$\angle B=\angle B'$，$\angle C=\angle C'$。所以$\triangle ABC\backsim\triangle A'B'C'$。

相似三角形的判定定理（边角边型）：两边对应成比例且夹角相等，两三角形相似。

【例 2】已知：如图 4-48 所示，$\triangle ABC$ 与$\triangle A'B'C'$中，$\frac{b}{b'}=\frac{c}{c'}$，$\angle A=\angle A'$。

求证：$\triangle ABC\backsim\triangle A'B'C'$。

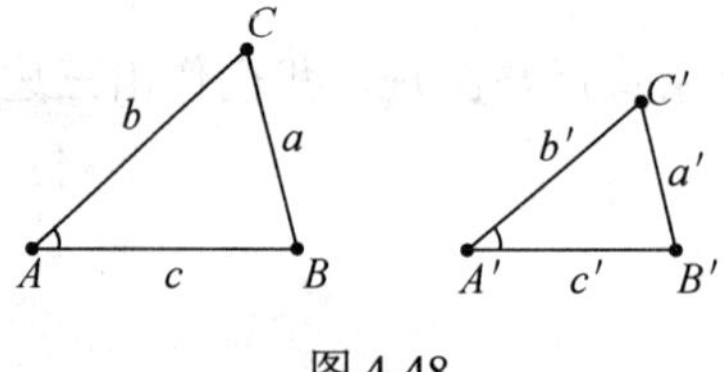

图 4-48

证明：设 $\frac{b}{b'}=\frac{c}{c'}=k$，则 $b=b'k$，$c=c'k$。

由余弦定理，得 $\cos A=\frac{b^2+c^2-a^2}{2bc}$，$\cos A'=\frac{(b')^2+(c')^2-(a')^2}{2b'c'}$。

因为$\angle A=\angle A'$，所以$\cos A=\cos A'$，$\frac{b^2+c^2-a^2}{2bc}=\frac{(b')^2+(c')^2-(a')^2}{2b'c'}$。

所以$\frac{(b'k)^2+(c'k)^2-a^2}{2b'k\times c'k}=\frac{(b')^2+(c')^2-(a')^2}{2b'c'}$，$a=a'k$，$\frac{a}{a'}=\frac{b}{b'}=\frac{c}{c'}=k$。

所以$\triangle ABC\backsim\triangle A'B'C'$。

【例 3】（2016 年希望杯数学邀请赛初二试题）已知：如图 4-49 所示，四边形 $ABDE$ 和 $ACFG$ 都是正方形，M 是 BC 的中点，延长 MA 交 EG 于点 H。

求证：（1）$AM=\frac{1}{2}EG$；（2）$AH\perp EG$；（3）$EG^2+BC^2=2(AB^2+AC^2)$。

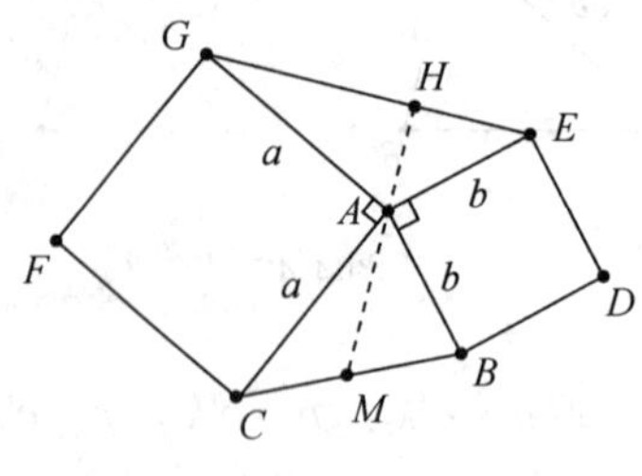

图 4-49

解析 对于（1）、（2）问题，关键是延长 AM 至点 M'，使 $MM' = AM$。利用条件，证明 $\triangle ACM' \cong \triangle GAE$。

对于（3）问，传统方法是添加辅助线，利用勾股定理证明，异常烦琐。其实，利用余弦定理，可以获得简洁证明。

设 $AG = AC = a$，$AE = AB = b$。$\angle CAB + \angle GAE = 180^\circ \Rightarrow \cos\angle CAB + \cos\angle GAE = 0$。

由余弦定理，得 $EG^2 + BC^2 = a^2 + b^2 - 2ab\cos\angle GAE + a^2 + b^2 - 2ab\cos\angle CAB$。所以 $EG^2 + BC^2 = 2a^2 + 2b^2 - 2ab(\cos\angle GAE + \cos\angle CAB) = 2a^2 + 2b^2$。

借鉴此题解题方法，也可以证明以下著名定理。

三角形中线定理：三角形一条中线的两侧两边的平方和，等于底边一半的平方与该边中线的平方和的 2 倍。

已知：如图 4-50 所示，AD 是 $\triangle ABC$ 的中线。设 $\triangle ABC$ 的三边分别是 a、b、c，$AD = m$。

求证：$c^2 + b^2 = 2m^2 + 2 \times DC^2$。

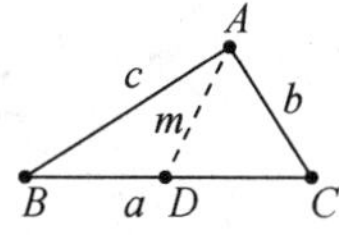

图 4-50

【例 4】如图 4-51 所示，在$\triangle ABC$ 中，$AB=AC$，$AB \perp AC$，点 D 为 AC 的中点，连接 BD，过点 A 作 $AE \perp BD$，交 BC 于 E。连接 DE。

求证：$BD=AE+DE$。

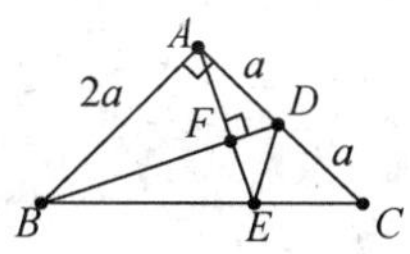

图 4-51

解析 这是学习三角形全等知识比较经典的习题。证明线段的和差问题，难在添加辅助线，常常令人头痛。余弦定理有“机械化”特点，只要熟悉定理，机械计算，常常可得结论。

设 $AD = DC = a$。利用勾股定理、余弦定理等知识，用含 a 的代数式表示三条线段，自然得解。其中，$DE = \dfrac{\sqrt{5}}{3}a$，$AE = \dfrac{2\sqrt{5}}{3}a$，$BD = \sqrt{5}a$。

第 3 节　三角公式（定理）的综合应用

1. 应用广泛的正弦定理

实验

如图 4-52 所示，利用超级画板，我们可以直接测量所画三角形的三边及其三个单位菱形的面积。分别计算每条边与所对单位菱形的面积之比，你发现了什么？改变三角形的大小，所发现的规律仍然存在吗？如何描述你的发现？

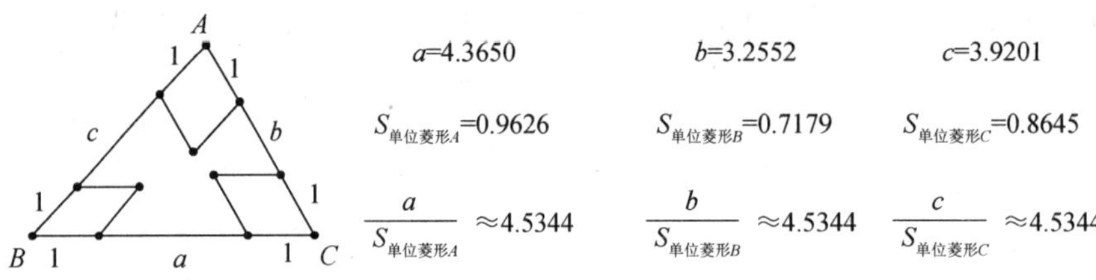

图 4-52

通过实验，我们发现：边与对角所在的单位菱形面积之比相等！每个三角形内都作单位菱形，比较麻烦。用正弦符号代替，简单便捷！

正弦定理：任意三角形的各边和它所对角的正弦的比值相等。

已知：如图 4-53 所示，a、b、c 分别是$\triangle ABC$ 的三边。

求证：$\dfrac{a}{\sin A}=\dfrac{b}{\sin B}=\dfrac{c}{\sin C}$。

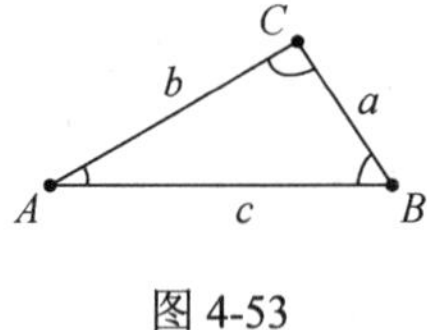

图 4-53

证明：由三角形的面积公式，可得 $S_{\triangle ABC}=\dfrac{1}{2}ab\sin C=\dfrac{1}{2}ac\sin B=\dfrac{1}{2}bc\sin A$。

将等式两边同时乘以 2，得 $ab\sin C=ac\sin B=bc\sin A$。

将等式两边同时除以 abc，得 $\dfrac{ab\sin C}{abc}=\dfrac{ac\sin B}{abc}=\dfrac{bc\sin A}{abc}$。

上下约分，得 $\dfrac{\sin C}{c}=\dfrac{\sin B}{b}=\dfrac{\sin A}{a}$，所以 $\dfrac{a}{\sin A}=\dfrac{b}{\sin B}=\dfrac{c}{\sin C}$。

利用正弦定理，证明某些等腰三角形或等边三角形的判定定理及性质定理，比较方便。例如，三个角都相等的三角形是等边三角形。

已知：如图 4-54 所示，$\triangle ABC$ 中，$\angle A=\angle B=\angle C$。

求证：$AB=BC=AC$。

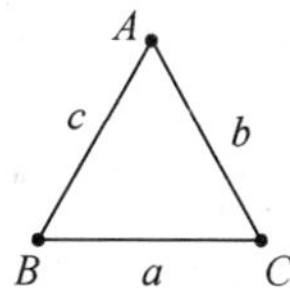

图 4-54

证明：由正弦定理，得$\dfrac{a}{\sin A}=\dfrac{b}{\sin B}=\dfrac{c}{\sin C}$。

因为$\angle A=\angle B=\angle C$，所以$\sin A=\sin B=\sin C$，$a=b=c$。

在三角形全等章节，会遇一些几何难题。若出现线段的中点问题，可以巧用中点构造三角形全等，利用等腰三角形的性质求解。学会正弦定理，“无辅”也可求证。

已知：如图 4-55 所示，点 D 是线段 BC 的中点，点 E 在线段 AD 上，且 $BE=AC$。

求证：$\angle A=\angle BED$。

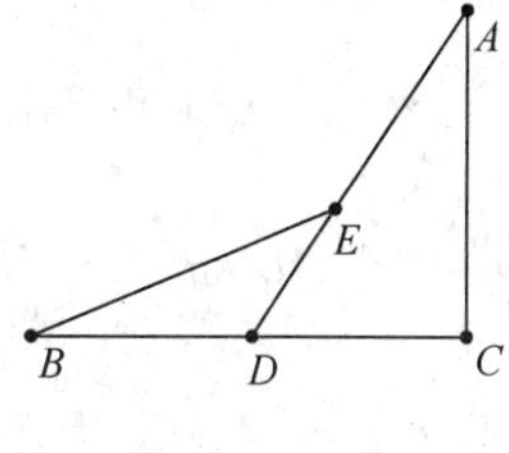

图 4-55

证明：$\angle BDE+\angle ADC=180^\circ \Rightarrow \sin\angle BDE=\sin\angle ADC$。

$$\left.\begin{array}{l} BD=DC \\ BE=AC \\ \dfrac{BD}{BE}=\dfrac{\sin\angle BED}{\sin\angle BDE} \\ \dfrac{DC}{AC}=\dfrac{\sin\angle A}{\sin\angle ADC} \end{array}\right\} \Rightarrow \dfrac{\sin\angle BED}{\sin\angle BDE}=\dfrac{\sin\angle A}{\sin\angle ADC} \Rightarrow \sin\angle BED=\sin\angle A$$

所以$\angle BED=\angle A$。

对于正弦定理的学习，在“圆与正多边形”这一章节还会强化。另外，圆是初中平面几何的最后内容，而且各地中考也特别喜欢考查“$\dfrac{a}{\sin A}=2r$”这一知识。

正弦定理：三角形外接圆的直径，等于它的任一边与对角正弦的比值。

已知：如图 4-56 所示，$\triangle ABC$ 外接于$\odot O$，$\angle A$ 的对边为 a，$\odot O$ 半径为 r。

求证：$\dfrac{a}{\sin A}=2r$ 。

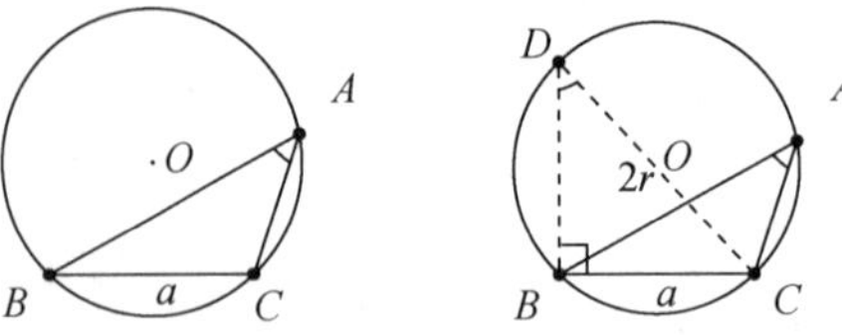

图 4-56

证明：连接CO并延长交⊙O于D，连接DB。

因为DC是直径，所以$\angle DBC=90^\circ$。$\triangle DBC$中，由正弦定义，得$\sin D=\dfrac{BC}{DC}=\dfrac{a}{2r}$。

由同弧所对的圆周角相等，我们得到$\angle A=\angle D$。所以$\sin A=\dfrac{a}{2r}$，$\dfrac{a}{\sin A}=2r$。

2. 正弦和角公式

在初中数学学习中，三角形面积公式$S_{\triangle ABC}=\dfrac{1}{2}bc\sin A=\dfrac{1}{2}ac\sin B=\dfrac{1}{2}ab\sin C$，既是逻辑的起点，也是逻辑的中心。自然地，我们也会联想，三角形面积公式对高中数学后继学习还会有大作用吗？

如图 4-57 所示，设$\angle MAL=\alpha$，$\angle NAL=\beta$，过AL上一点D作AD的垂线分别和直线AB、AC交于B、C。

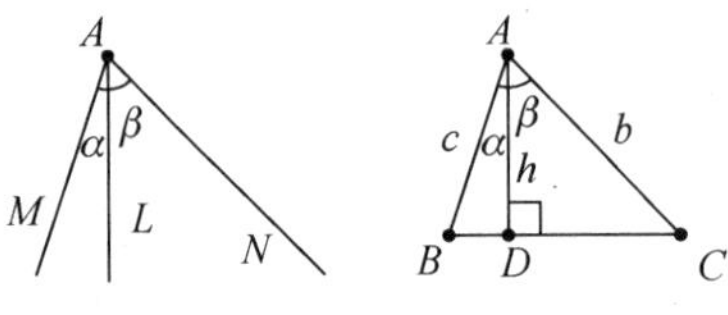

图 4-57

由三角形面积公式可得

$$
\begin{aligned}
S_{\triangle ABC} &= S_{\triangle ABD}+S_{\triangle ACD}\\
&\Rightarrow \frac{1}{2}cb\sin(\alpha+\beta)=\frac{1}{2}ch\sin\alpha+\frac{1}{2}bh\sin\beta\\
&\Rightarrow cb\sin(\alpha+\beta)=ch\sin\alpha+bh\sin\beta\\
&\Rightarrow \sin(\alpha+\beta)=\frac{ch\sin\alpha}{cb}+\frac{bh\sin\beta}{cb}\text{（上下同时除以}cb\text{）}\\
&\Rightarrow \sin(\alpha+\beta)=\frac{h}{b}\sin\alpha+\frac{h}{c}\sin\beta
\end{aligned}
$$

在 Rt△ABD 中，$\cos\alpha=\frac{h}{c}$；在 Rt△ACD 中，$\cos\beta=\frac{h}{b}$。将这两个式子代入上式，得 $\sin(\alpha+\beta)=\cos\beta\cdot\sin\alpha+\cos\alpha\cdot\sin\beta$。

正弦和角公式：$\sin(\alpha+\beta)=\sin\alpha\cdot\cos\beta+\cos\alpha\cdot\sin\beta$。

正弦和角公式，也是张景中院士教育数学的重要逻辑起点。尽管勾股定理的证明有数百种之多，但几乎都要添加辅助线。有了正弦和角公式，我们不添加辅助线，也能证明勾股定理。若作斜边上的高，也可以利用正弦和角公式证明。

已知：如图 4-58 所示，Rt△ABC中，$\angle C=90^\circ$。

求证：$a^2+b^2=c^2$。

证明：如图 4-59 所示，作$CD\perp AB$，垂足为D，由题意，可证$\angle B=\angle\alpha$，$\angle A=\angle\beta$。

由正弦和角公式，得 $\sin(\alpha+\beta)=\sin\alpha\cdot\cos\beta+\cos\alpha\cdot\sin\beta$。因为$\angle\alpha+\angle\beta=90^\circ$，所以$\cos\alpha=\sin\beta$，$\cos\beta=\sin\alpha$。

所以$\sin(\alpha+\beta)=\sin\alpha\cdot\sin\alpha+\sin\beta\cdot\sin\beta$，$\sin 90^\circ=\sin^2\alpha+\sin^2\beta$，因为$\sin 90^\circ=1$，所以$\sin^2\alpha+\sin^2\beta=1$。

将$\sin\alpha=\sin B=\frac{b}{c}$，$\sin\beta=\sin A=\frac{a}{c}$代入上式，得$\left(\frac{b}{c}\right)^2+\left(\frac{a}{c}\right)^2=1$。

所以$\frac{b^2}{c^2}+\frac{a^2}{c^2}=1$，两边同乘以$c^2$，得$a^2+b^2=c^2$。

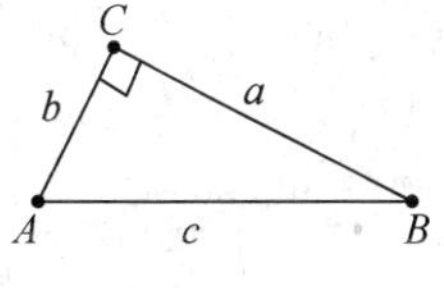

图 4-58

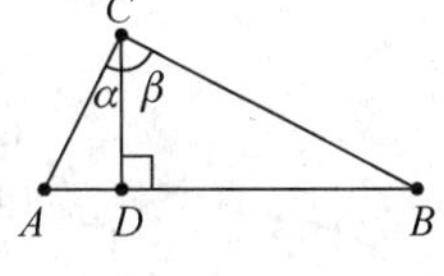

图 4-59

利用正弦和角公式，可以求$\sin 30^\circ$的值：$\sin 30^\circ=\frac{1}{2}$。

在正弦和角公式$\sin(\alpha+\beta)=\sin\alpha\cdot\cos\beta+\cos\alpha\cdot\sin\beta$中，分别给$\alpha$和$\beta$以特殊值$\alpha=\beta=30^\circ$，得到：$\sin 60^\circ=\sin(30^\circ+30^\circ)=\sin 30^\circ\times\cos 30^\circ+\cos 30^\circ\times\sin 30^\circ$。

因为$\cos 30^\circ=\sin 60^\circ$，所以$\sin 60^\circ=\sin 30^\circ\cdot\sin 60^\circ+\sin 60^\circ\times\sin 30^\circ$，等式两边同时除以$\sin 60^\circ$，得$1=\sin 30^\circ+\sin 30^\circ$，即$1=2\sin 30^\circ$，$\sin 30^\circ=\frac{1}{2}$。

3. 相似形基本定理

如图 4-60 所示，制作一个任意三角形硬纸片，我们也可以画出△ABC 与△$A'B'C'$，这两个三角形有两角对应相等，它们大小不同，但形状相同。

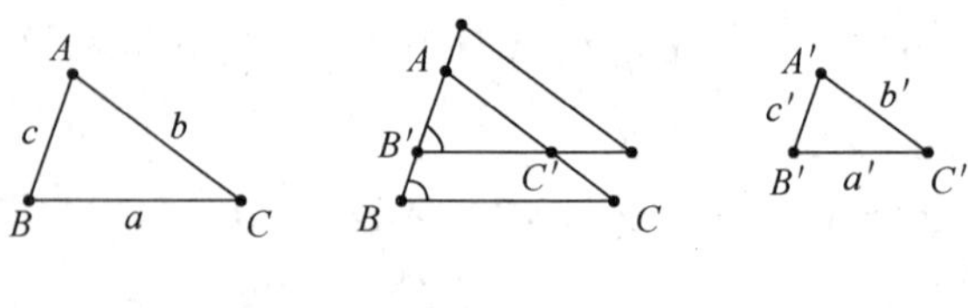

图 4-60

如果两个三角形有两角对应相等，它们的第三个角有何特点？由三角形内角和等于180°，我们很容易证明这两个三角形的第三个角也对应相等。它们的三条对应边有怎样的关系？

相似形基本定理：有两角对应相等的两个三角形，三边对应成比例。

著名数学家项武义先生十分重视这一定理。张景中院士在《从数学教育到教育数学》一书中指出："项武义教授在《几何学的源起与演进》一书中称它为'相似形基本定理'，用若干页的篇幅阐述了这一定理的传统证法。"

已知：如图 4-61 所示，$\triangle ABC$ 与 $\triangle A'B'C'$ 中，$\angle B=\angle B'$，$\angle C=\angle C'$。

求证：$\dfrac{a}{a'}=\dfrac{b}{b'}=\dfrac{c}{c'}$。

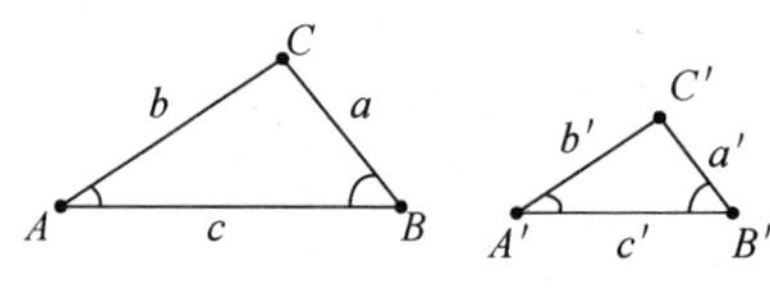

图 4-61

在前面，我们利用正弦三角形面积公式，证明了这一定理。利用正弦定理，我们也可以证明这一定理。

证明：由三角形内角和定理，得 $\angle A=\angle A'$。所以 $\sin B=\sin B'$，$\sin C=\sin C'$，$\sin A=\sin A'$。

$\triangle ABC$ 中，由正弦定理得 $\dfrac{a}{\sin A}=\dfrac{b}{\sin B}=\dfrac{c}{\sin C}$；$\triangle A'B'C'$ 中，由正弦定理得 $\dfrac{\sin A'}{a'}=\dfrac{\sin B'}{b'}=\dfrac{\sin C'}{c'}$。

所以 $\dfrac{a}{\sin A}\times\dfrac{\sin A'}{a'}=\dfrac{b}{\sin B}\times\dfrac{\sin B'}{b'}=\dfrac{c}{\sin C}\times\dfrac{\sin C'}{c'}$，$\dfrac{a}{a'}=\dfrac{b}{b'}=\dfrac{c}{c'}$。

在传统几何学习中，相似形基本定理是导出锐角的正弦、余弦、正切定义，也是证明众多几何定理的枢纽，如射影定理、相交弦定理、切割线定理等。因此，这一定理是初中数学的核心定理之一。抓住相似形基本定理，也就抓住了几何学习的关键。在"重建三角"实验方案中，只需要两三步推理，即可证明这一核心定理。这是新概念几何的优势。

另外，传统几何教学，要先用一节课的时间讲三角形相似的概念，而概念常常是课本的一种规定，无探索的空间。在新体系下，先讲相似形基本定理，再进行拓展下定义：三角对应相等，三边对应成比例的两个三角形叫作相似三角形。这样安排，概念是被发现的，自然而然。

传统课本，是先讲平行线分线段成比例定理，并将此作为三角形相似教学的基石。其实，在“重建三角”实验中，我们完全可以倒过来安排，将三角形相似章节进行知识结构重组。其主要思路是，正弦三角形面积公式→相似形基本定理→相似三角形概念→平分线分线段成比例定理→……

在三角形相似一节中，我们常常要补充以下两个定理。利用正弦三角形面积公式或正弦定理，可以不添加辅助线证明。

三角形内角平分线性质定理：三角形的内角平分线分对边所得的两条线段和这个角的两边对应成比例。

已知：如图 4-62 所示，$\triangle ABC$ 中，$\angle 1=\angle 2$。

求证：$\dfrac{BD}{DC}=\dfrac{AB}{AC}$。

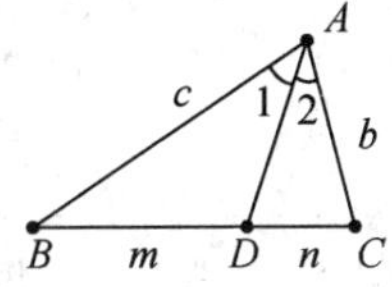

图 4-62

证明：由共高定理，得 $\dfrac{S_{\triangle ABD}}{S_{\triangle ACD}}=\dfrac{m}{n}$。由正弦面积公式，得 $\dfrac{S_{\triangle ABD}}{S_{\triangle ACD}}=\dfrac{\frac{1}{2}c\cdot AD\cdot\sin\angle 1}{\frac{1}{2}b\cdot AD\cdot\sin\angle 2}=\dfrac{c}{b}$。

所以 $\dfrac{m}{n}=\dfrac{c}{b}$，即 $\dfrac{BD}{DC}=\dfrac{AB}{AC}$。

三角形外角平分线性质定理：三角形的外角平分线外分对边所成的两条线段和相邻两边对应成比例。

已知：如图 4-63 所示，$\triangle ABC$ 中，$\angle 1=\angle 2$。

求证：$\dfrac{BD}{DC}=\dfrac{AB}{AC}$。

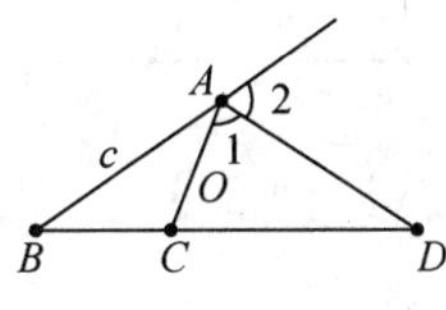

图 4-63

证明：由共高定理，得$\dfrac{S_{\triangle ABD}}{S_{\triangle ACD}}=\dfrac{BD}{DC}$。

$$\left.\begin{array}{l}\angle 1=\angle 2\\ \angle 2+\angle BAD=180^\circ\end{array}\right\}\Rightarrow \angle 1+\angle BAD=180^\circ \Rightarrow \sin\angle 1=\sin\angle BAD$$

由正弦面积公式，得$\dfrac{S_{\triangle ABD}}{S_{\triangle ACD}}=\dfrac{\frac{1}{2}c\cdot AD\cdot\sin\angle BAD}{\frac{1}{2}b\cdot AD\cdot\sin\angle 1}=\dfrac{c}{b}$。所以$\dfrac{BD}{DC}=\dfrac{c}{b}$，即$\dfrac{BD}{DC}=\dfrac{AB}{AC}$。

4. 正弦面积公式、正弦定理、余弦定理综合应用

我们应用四弦定理（公式），最主要的目的是进行初等数学结构的改造。招数虽少，作用巨大。另外，要让学生熟悉、熟练掌握四弦定理（公式），需要进行一定习题的练习。这就需要关注此类习题的收集与整理。

【例 5】（2016 年希望杯数学邀请赛初二试题）如图 4-64 所示，等边△ABE 的顶点 E 在正方形 $ABCD$ 内，AC 和 BE 交于点 F，若 $BA=\sqrt{1+\sqrt{3}}$，则△ABF 的面积是（　　）。

A. $\dfrac{\sqrt{3}}{2}$　　B. $\dfrac{\sqrt{6}}{2}$　　C. $4-2\sqrt{3}$　　D. $\dfrac{1}{2}+\dfrac{3}{4}$

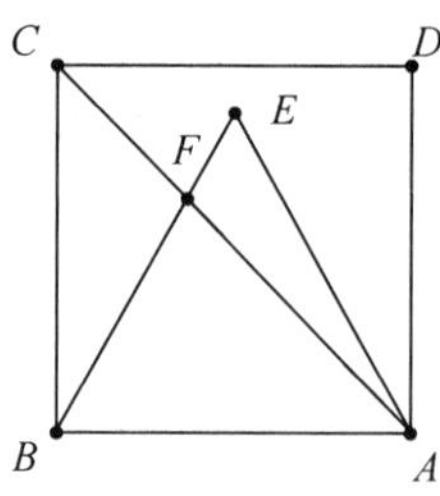

图 4-64

解法 1：如图 4-65 所示，设 $S_{\triangle BAF}=S_1$，$S_{\triangle BCF}=S_2$。

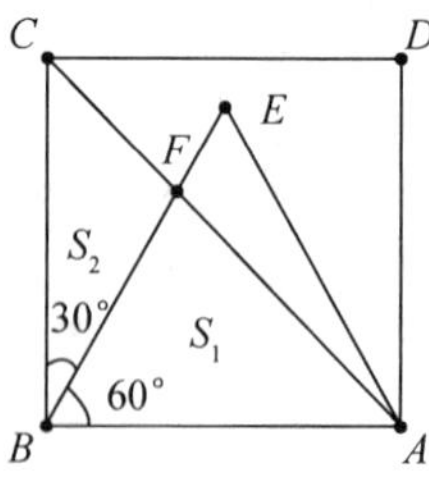

图 4-65

$$\frac{S_1}{S_2}=\frac{AF}{CF}=\frac{\frac{1}{2}AB\cdot BF\cdot\sin 60^\circ}{\frac{1}{2}BC\cdot BF\cdot\sin 30^\circ}=\frac{\sin 60^\circ}{\sin 30^\circ}=\sqrt{3}\Rightarrow\frac{AF}{AC}=\frac{\sqrt{3}}{1+\sqrt{3}}$$

$$S_{\triangle BAC}=\frac{1}{2}\cdot BA\cdot BC=\frac{1}{2}\left(\sqrt{1+\sqrt{3}}\right)^2=\frac{1+\sqrt{3}}{2}$$

$$\frac{S_{\triangle ABF}}{S_{\triangle ABC}}=\frac{AF}{AC}=\frac{\sqrt{3}}{1+\sqrt{3}}\Rightarrow S_{\triangle ABF}=\frac{\sqrt{3}}{1+\sqrt{3}}\times\frac{1+\sqrt{3}}{2}=\frac{\sqrt{3}}{2}$$

解法 2：如图 4-66 所示，应用 $\sin 75^\circ=\frac{\sqrt{6}+\sqrt{2}}{4}=\frac{\sqrt{2}(\sqrt{3}+1)}{4}$。

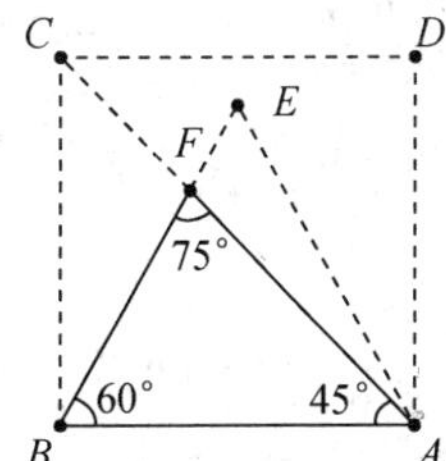

图 4-66

由正弦定理，得 $\frac{BA}{\sin 75^\circ}=\frac{AF}{\sin 60^\circ}$， $AF=\frac{\sqrt{1+\sqrt{3}}}{\sin 75^\circ}\times\sin 60^\circ=\sqrt{1+\sqrt{3}}\times\frac{4}{\sqrt{2}(1+\sqrt{3})}\times\frac{\sqrt{3}}{2}$。

$$S_{\triangle BAF}=\frac{1}{2}AB\cdot AF\cdot\sin 45^\circ=\frac{1}{2}\times\sqrt{1+\sqrt{3}}\times\sqrt{1+\sqrt{3}}\times\frac{4}{\sqrt{2(1+\sqrt{3})}}\times\frac{\sqrt{3}}{3}\times\frac{\sqrt{2}}{2}=\frac{\sqrt{3}}{2}$$

解法 3：如图 4-67 所示，作 $FK\perp BA$，垂足为点 K。设 $FK=h$。求 $\triangle ABF$ 的面积，关键是求 h。由勾股定理，我们很容易得 $BK=\frac{\sqrt{3}}{3}h$， $AK=h$。

由 $BA=\sqrt{1+\sqrt{3}}=\frac{\sqrt{3}}{3}h+h$，则 $h=\frac{\sqrt{3}}{\sqrt{1+\sqrt{3}}}$。

$$S_{\triangle BAF}=\frac{1}{2}AB\times h=\frac{1}{2}\sqrt{1+\sqrt{3}}\times\frac{\sqrt{3}}{\sqrt{1+3}}=\frac{\sqrt{3}}{2}$$

【例 6】如图 4-68 所示，已知在 $\triangle ABC$ 中， $AB=AC=8$， $\angle BAC=30^\circ$。将 $\triangle ABC$ 绕点 A 旋转，使点 B 落在原 $\triangle ABC$ 的点 C 处，此时点 C 落在点 D 处。延长线段 AD，交原 $\triangle ABC$ 的边 BC 的延长线于点 E，那么线段 DE 的长等于__________。（2015 年上海市中考）

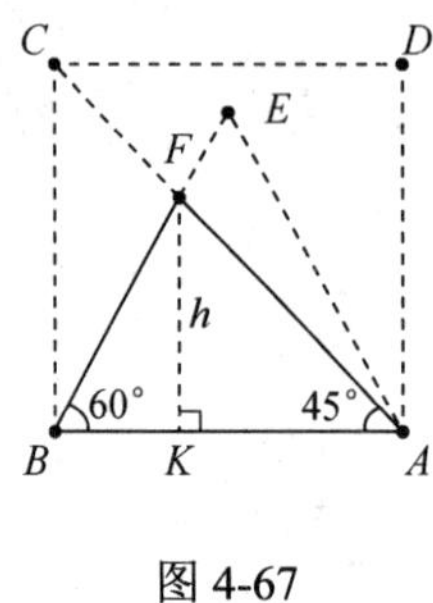

图 4-67

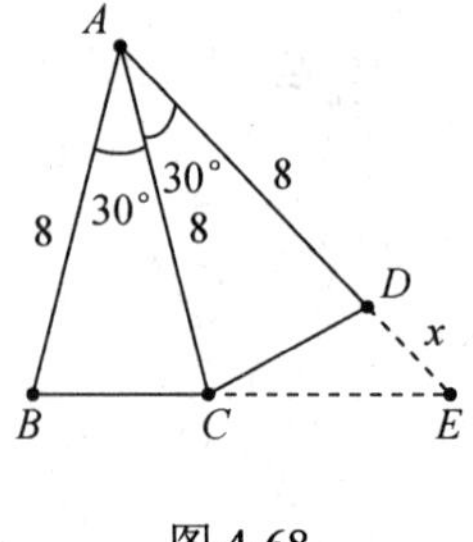

图 4-68

解析　本题是中考最后一道填空题，为了增加难度，原题无图。解法众多，常常添加辅助线。若用面积关系解题，简单而自然。

因为

$$S_{\triangle ABE}=S_{\triangle ABC}+S_{\triangle ACE}$$

所以

$$\frac{1}{2}\times 8\times(8+x)\times\sin 60^\circ=\frac{1}{2}\times 8\times 8\times\sin 30^\circ+\frac{1}{2}\times 8\times(8+x)\times\sin 30^\circ$$

$$(8+x)\times\sin 60^\circ=8\times\sin 30^\circ+(8+x)\times\sin 30^\circ$$

$$(8+x)\times\frac{\sqrt{3}}{2}=8\times\frac{1}{2}+(8+x)\times\frac{1}{2}$$

$$\sqrt{3}(8+x)=8+(8+x)$$

$$x=4\sqrt{3}-4$$

【例 7】在等腰 Rt$\triangle ABC$ 中，$\angle C=90^\circ$，$AC=1$，过点 C 作直线 $l\,/\!/\,AB$，F 是 l 上的一点，且 $AB=AF$，则点 F 到直线 BC 的距离为__________。

解析　原题无图，是为了增加难度，考查分类讨论的思想。本题常常考虑添加辅助线求解，有了四弦公式或定理，可以无辅求解。

由勾股定理，得

$$AB=\sqrt{AC^2+BC^2}=\sqrt{1^2+1^2}=\sqrt{2}$$

$$l\,/\!/\,AB\Rightarrow S_{\triangle ABF}=S_{\triangle ABC}=\frac{1}{2}\cdot AC\cdot BC=\frac{1}{2}\times 1\times 1=\frac{1}{2}$$

$$S_{\triangle ABF}=\frac{1}{2}\cdot AB\cdot AF\cdot\sin\angle FAB=\frac{1}{2}\times\sqrt{2}\times\sqrt{2}\times\sin\angle FAB=\frac{1}{2}$$

$$\sin\angle FAB=\frac{1}{2}\Rightarrow\angle FAB=30^\circ\text{或}150^\circ$$

（1）如图 4-69 所示，当 $\angle FAB=30^\circ$ 时，由余弦定理，得

$$BF^2=AF^2+AB^2-2AF\times AB\times\cos\angle FAB=(\sqrt{2})^2+(\sqrt{2})^2-2(\sqrt{2})^2\times\frac{\sqrt{3}}{2}=4-2\sqrt{3}$$

所以$BF=\sqrt{3}-1$。由题意知，$\angle FBH=30^\circ$，所以$FH=\frac{1}{2}BF=\frac{\sqrt{3}-1}{2}$。

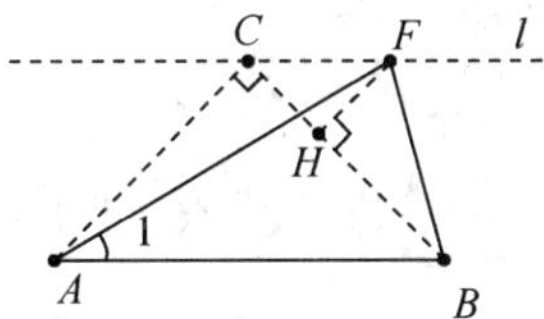

图 4-69

（2）如图 4-70 所示，当$\angle FAB=150^\circ$时，由余弦定理，得

$$BF^2=AF^2+AB^2-2AF\cdot AB\cdot\cos\angle FAB=(\sqrt{2})^2+(\sqrt{2})^2-2(\sqrt{2})^2\times\left(-\frac{\sqrt{3}}{2}\right)=4+2\sqrt{3}$$

所以$BF=\sqrt{3}+1$。由题意知，$\angle FBH=30^\circ$，所以$FH=\frac{1}{2}BF=\frac{\sqrt{3}+1}{2}$。

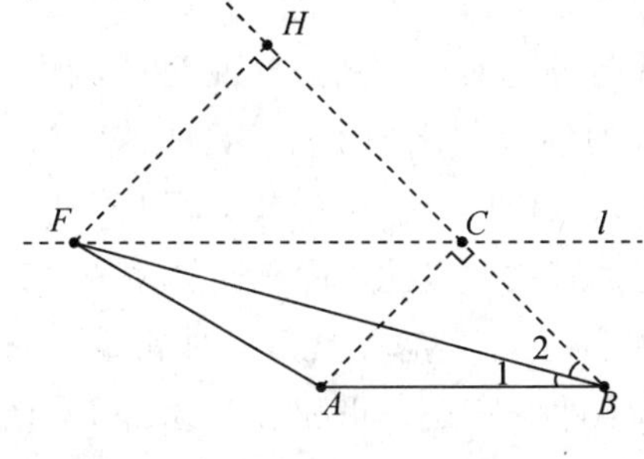

图 4-70

参考文献

阿达玛，2011．几何学教程（立体几何卷）[M]．朱德祥，朱维宗，译．哈尔滨：哈尔滨工业大学出版社．

赖虎强，2014．妙用正弦学数学[M]．成都：四川科学技术出版社．

项武义，2004．基础几何学[M]．北京：人民教育出版社．

张奠宙，2006．让我们来重新认识“三角”：兼谈数学教育要在数学上下功夫[J]．数学教学，(10)：5-6．

张景中，2006．重建三角，全局皆活：初中数学课程结构性改革的一个建议[J]．数学教学，(10)：1-4．

张景中，2015．一线串通的初等数学[M]．2 版．北京：科学出版社．

张景中，曹培生，2011．从数学教育到教育数学[M]．北京：中国少年儿童出版社．

第5章 三共实验方案

教育数学倡导“低起点，高观点”，从小学面积公式出发，从小学生都熟知的知识出发，这是教育数学的一个特色。

三共定理可以看作是由小学三角形面积公式推导而来的。其中，共高定理是三共方案之中最基础的定理，也广为中学数学老师所熟知，初中三年都有应用。共角定理与共边定理，皆可看作是由共高定理推导而来。

三共定理，宜从七年级开始学习。用“比”的眼光学数学，远比用线段相等重要得多。若用一个字概括初中代数、几何、三角的共性，非“比”莫属。传统几何数学，在线段相等领域着力过多，而对线段之比的研究“姗姗来迟”。例如，在七、八年级的几何学习中，将大量时间用于以三角形全等定理或等腰三角形、平行四边形等知识为解题工具，去研究线段相等问题。有关线段比、面积比的系统研究，要等到八年级下册或九年级上册三角形相似部分才学习。其实，“比”是非常重要的学习领域，也是初中几何教学难点所在。由于几何难点集中在三角形相似部分，极易造成学生八年级数学成绩分化。我们有必要提倡：重心下移，在七、八年级渗透“比”的相关几何知识。

教育数学有一个特点，喜欢“比来比去”，重视“面积比”与“线段比”之间的转换。在七年级渗透共高定理、共角定理、共边定理时，我们可以顺势将比例的基本性质，如更比性质、反比性质、等比性质、合比性质等内容逐步下移下来。

共角定理有两个重要作用：一是可以导出勾股定理，将勾股定理与二次根式的运算尝试融合；二是可以导出正弦三角形面积公式。在一线串通众多几何定理中，共角定理扮演了非常重要的角色。

从共高定理到共边定理，只一步之遥，直到20世纪70年代才被张景中发现并命名为共边定理。由于共边定理处处存在，它在解平面几何定理方面如同一把利剑，使许多几何问题迎刃而解。

三共实验方案的内容并不多，难在对定理的理解与应用。要重视这三个定理的猜想过程、提出过程、证明过程，一经掌握，受益无穷。在本章将重点介绍三共定理的入门课设计。

第 1 节　三共定理入门

1. 从小学面积公式出发

正方形是两邻边相等的特殊矩形。在小学，我们最熟悉、最重要的面积公式，就是矩形面积公式。为什么矩形的面积等于长乘以宽？

边长是 1 的正方形叫作单位正方形，它的面积是单位 1。单位正方形是度量平面图形面积的标准。如图 5-1 所示，若矩形的长 a 、宽 b 都是整数，我们可以分割出 $a\times b$ 个单位正方形，故矩形的面积是 $a\times b$ 。

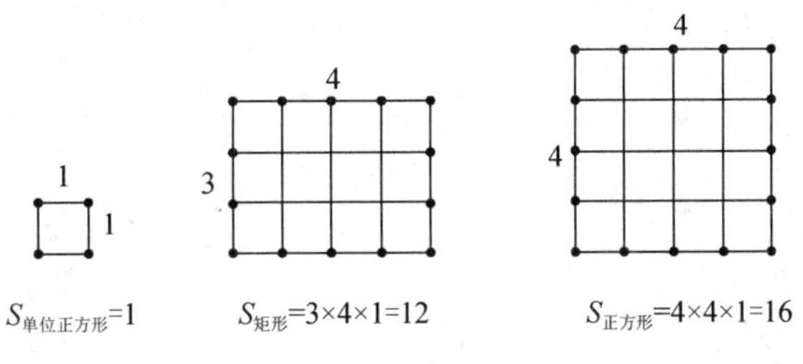

图 5-1

由拼图我们可以归纳出以下面积公式：矩形（长方形）的面积等于长乘以宽；正方形的面积等于边长的平方。

如图 5-2 所示，沿矩形对角线分割，我们就得到两个一样大的直角三角形。因此，我们得到以下推论。

推论 1：直角三角形的面积等于两直角边乘积的一半。

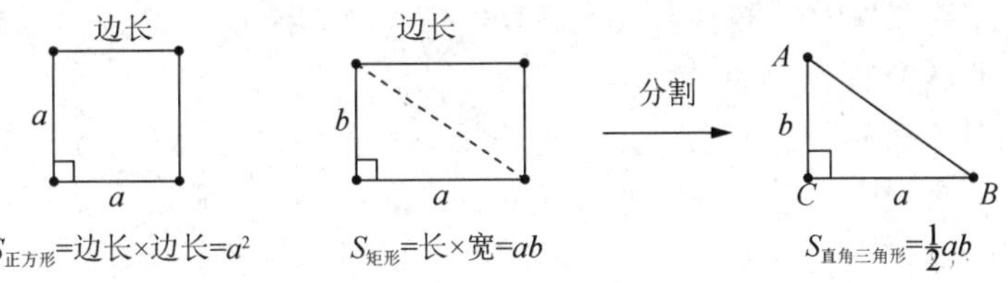

图 5-2

将三角形、平行四边形、梯形进行割补，我们可以将这些图形的面积转化为矩形面积。

如图 5-3 所示，通过面积割补可以得到以下推论。

推论 2：三角形的面积等于底边乘以底边上的高的一半；

平行四边形的面积等于底边与底边上的高的乘积；

梯形的面积等于“上底加下底，乘以高，除以 2”。

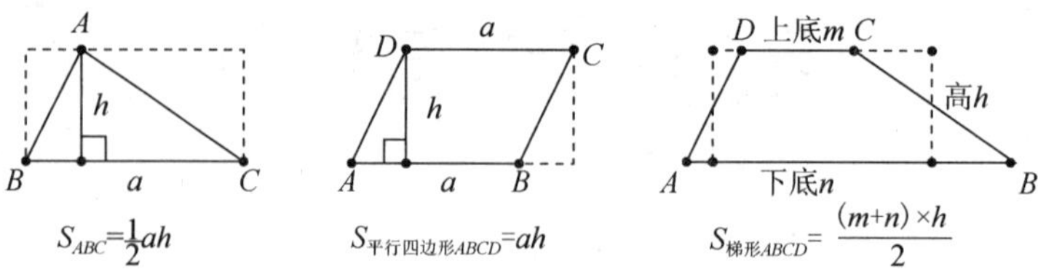

图 5-3

要让学生熟悉面积法，钝角三角形的高是学习的难点，需要在小学阶段或七年级上册进行充分说理。在提出“三角形的高”这一概念之前，宜从如何巧算三角形面积入手。

图 5-4 中的阴影三角形面积，可以看作矩形面积的一半。这里，阴影三角形的底边 AB，就是矩形的长；底边上的高 CD，就是矩形的宽。

图 5-5 中阴影三角形的面积，可以看作两个直角三角形的面积之差。

$$S_{\triangle PMN}=S_{\triangle PEN}-S_{\triangle PEM}=\frac{1}{2}\times 4\times 4-\frac{1}{2}\times 2\times 4=8-4=4$$

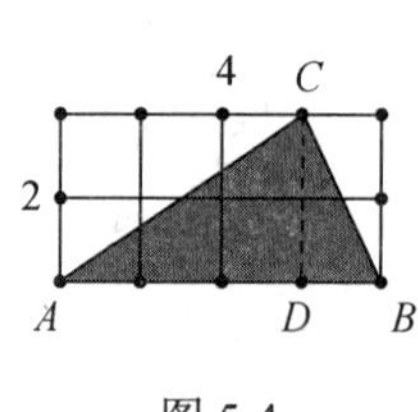

图 5-4

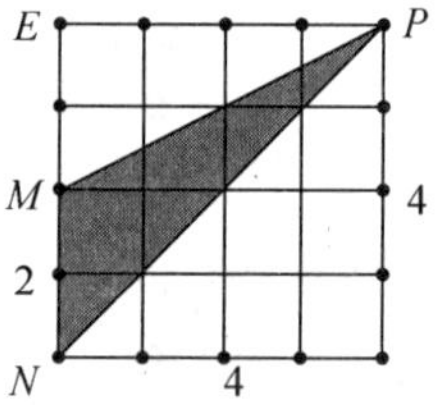

图 5-5

其实，计算钝角三角形的面积，还有更简洁的方法：

$$S_{\triangle PMN}=\frac{1}{2}\times MN\times PE=\frac{1}{2}\times 2\times 4=4$$

在这里，MN 是阴影三角形的底边，PE 是底边上的高。因此，三角形的面积就是底边与底边上的高的乘积的一半。

正是速算三角形面积的需要，我们提出了三角形的高这一概念。

从三角形一个顶点向它的对边作一条垂线，垂线顶点和垂足之间的线段称为三角形在这条边上的高。如图 5-6 所示，三角形的高分以下三种情形。

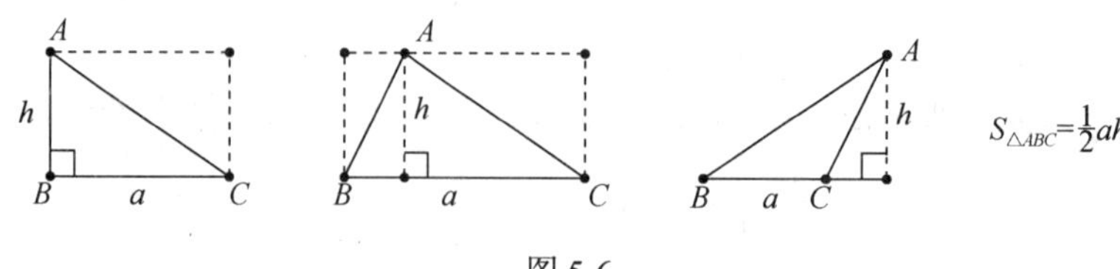

图 5-6

练习

（1）如图 5-7 所示，设网格中小正方形的边长是 1，试求图中三角形 $S_{\triangle ADB}$、$S_{\triangle ADC}$、$S_{\triangle ADM}$ 的面积。

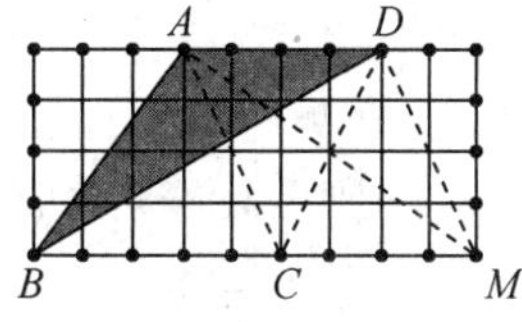

图 5-7

（2）如图 5-8 所示，试找出梯形 $ABCD$ 中的等积（面积相等）三角形。图中两个阴影三角形的面积相等吗？为什么？

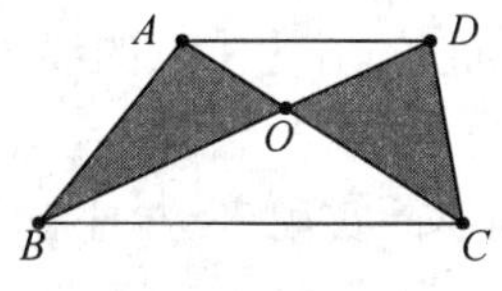

图 5-8

推论 3：共底（等底）等高的两个三角形的面积相等。

在小学阶段总结面积公式或规律，宜从具体的面积计算开始，并有意识地进行渗透说理。

2. 共高定理与比例性质

练习

如图 5-9 所示，设网格中小正方形的边长是 1，试求 $\frac{S_{\triangle ABC}}{S_{\triangle ACM}}$、$\frac{S_{\triangle ABC}}{S_{\triangle ABM}}$ 及 $\frac{S_{\triangle ACM}}{S_{\triangle ABM}}$。

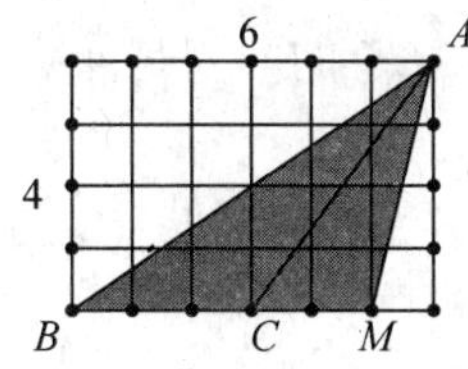

图 5-9

图 5-9 中，存在这样的关系：$\frac{S_{\triangle ABC}}{S_{\triangle ACM}}=\frac{BC}{CM}$，$\frac{S_{\triangle ABC}}{S_{\triangle ABM}}=\frac{BC}{BM}$，$\frac{S_{\triangle ACM}}{S_{\triangle ABM}}=\frac{CM}{BM}$。

从算入手，从具体到抽象，我们进一步总结如下定理。

共高定理：底边在同一直线上，第三个顶点是同一点的两个三角形面积之比，等于它们的底边之比。

如图 5-10 所示，点 M 在 $\triangle ABC$ 的边 AB 上，则有以下结论：$\dfrac{S_{\text{I}}}{S_{\text{II}}}=\dfrac{AM}{MB}$，$\dfrac{S_{\text{I}}}{S_{\triangle ABC}}=\dfrac{AM}{AB}$，$\dfrac{S_{\text{II}}}{S_{\triangle ABC}}=\dfrac{BM}{AB}$。

特别地，若 M 是线段 AB 的中点，则 CM 将 $\triangle ABC$ 的面积二等分（图 5-11）。

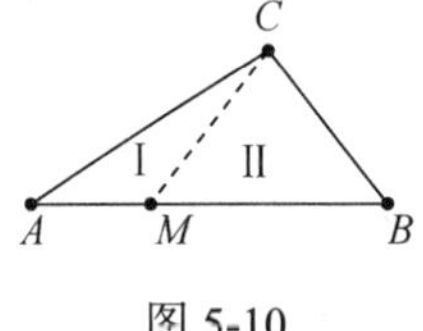

图 5-10

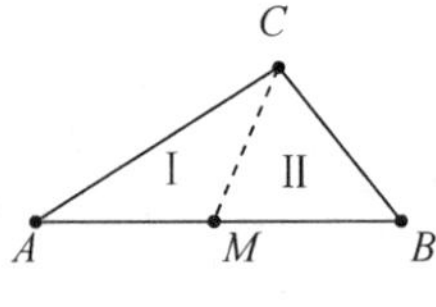

图 5-11

在三角形中，连接一个顶点和它的对边中点的线段叫作三角形的中线。三角形的中线，将三角形的面积两等分。反之亦然。

共高定理有其广泛的应用，简单而实用！不少小学面积难题或七年级几何面积问题，都要应用这一定理。

练习

（1）（第三届小学“希望杯”全国数学邀请赛）将图 5-12 中的$\triangle ABC$ 分成面积相等的四个部分，请给出三种不同的分法。

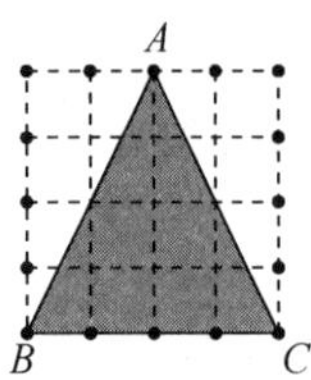

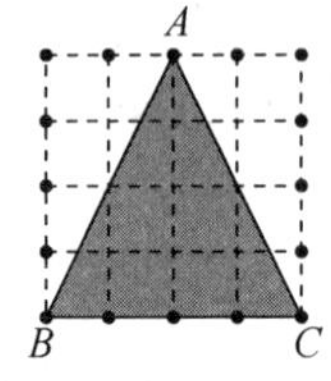

（第三个图同上：A、B、C）

图 5-12

（2）如图 5-13 所示，四边形 $ABCD$ 的面积是 49cm^2，其中两个小三角形的面积分别是 3cm^2 和 4cm^2，求$\triangle ABE$ 的面积。

（3）如图 5-14 所示，D、E 分别是 BC、AC 的中点，阴影部分的面积为 12，则$\triangle ADE$ 的面积是________。

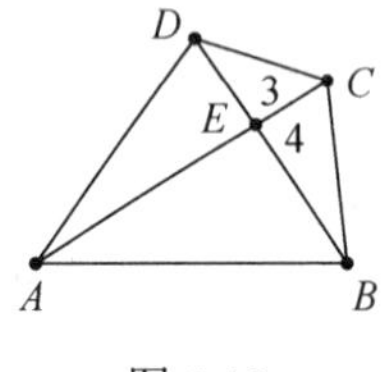

图 5-13

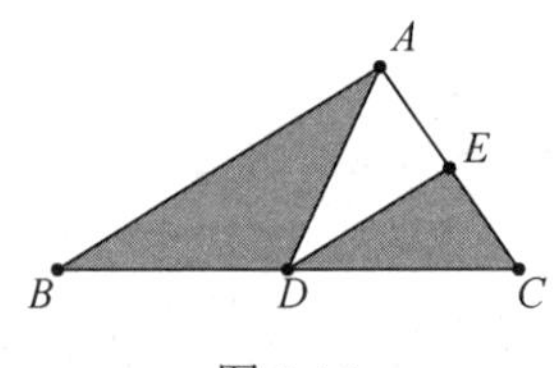

图 5-14

（4）如图 5-15 所示，$AD=DE=EC$，F 是 BC 的中点，G 是 FC 的中点，$S_{\triangle ABC}=24\,\text{cm}^2$。求阴影部分的面积。

（5）如图 5-16 所示，在 $\triangle ABC$ 中，$AB=3AD$，$AC=3CG$，$BE=EF=FC$，且 $\triangle FCG$ 的面积为 1cm^2。求阴影部分的面积。

图 5-15　　　　图 5-16

（6）（北京市第八届“迎春杯”数学竞赛）如图 5-17 所示，$BE=\dfrac{1}{3}BC$，$CD=\dfrac{1}{4}AC$，那么 $\triangle AED$ 的面积是 $\triangle ABC$ 面积的________。

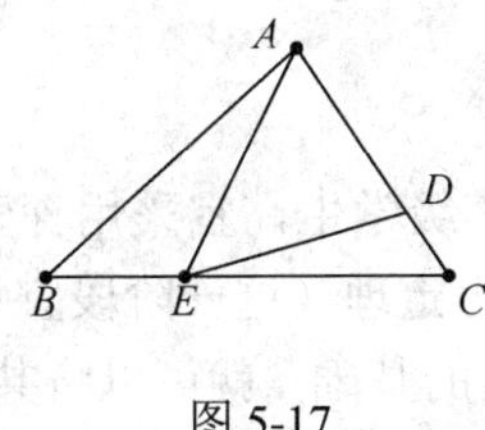

图 5-17

（7）设正方形的面积为 1。图 5-18 中 E、F 分别为 AB、AD 的中点。$GC=\dfrac{1}{3}FC$，则阴影部分的面积为________。

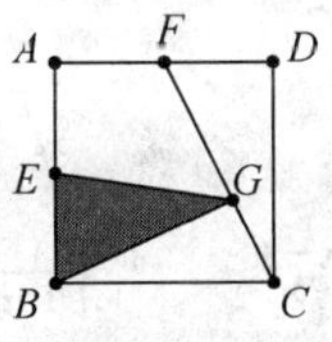

图 5-18

对于共高定理，我们可以在小学高年级或七年级进行深入学习。共高定理在七、八、九年级，皆有广泛应用。在“三共方案”实验中，共高定理是最基础的定理，它是证明共边定理、共角定理的基础。传统几何证明平行线分线段成比例定理，也常常采用共高定理，而平行线分线段成比例定理，被称为相似三角形知识结构的“基石”。

在七年级引入共高定理，我们还可以渗透比例的相关性质。过去，比例的性质要在八年级下册或九年级三角形相似部分出现。“比”是中考数学考查的重点，广泛分布在代数函数面积问题、几何相似、解三角形之中，而大量的数学难点知识集中在九年级，造成学生"消化不良"。三共定理的特点是"比来比去"，是训练比例性质的天然平台。将比例性质适当下移到七年级，有利于难点分散分解，有利于熟能生巧，多层次、多角度、大跨度掌握这些比例性质。

（1）比例的基本性质：$\dfrac{a}{b}=\dfrac{c}{d}\Leftrightarrow ad=bc$。

（2）反比性质：$\dfrac{a}{b}=\dfrac{c}{d}\Leftrightarrow \dfrac{b}{a}=\dfrac{d}{c}$。

（3）更比性质：$\dfrac{a}{b}=\dfrac{c}{d}\Leftrightarrow \dfrac{a}{c}=\dfrac{b}{d}$。

在稍后学习共边定理时，还可以将等比性质下移至七年级。

（4）等比性质：$\dfrac{a}{b}=\dfrac{c}{d}=\cdots=\dfrac{m}{n}(b+d+\cdots+n\neq 0)\Rightarrow \dfrac{a+c+\cdots+m}{b+d+\cdots+n}=\dfrac{a}{b}$。

在小学高年级、七年级奥数面积问题中，有较多关于比例性质的习题。我们可以进行改编，作为导出、应用比例性质的练习题。

3. 探索共角定理

共角定理应用广泛，对于七年级学生，宜采用探索归纳法，通过画图、数（shǔ）数（shù）等直观方法，猜想、提出定理（这一阶段宜慢、细、透），再进一步利用共高定理进行严密证明。有了这些坚实的基础，就可以将共角定理作为导出众多几何知识的平台。

腰长等于单位 1 的等腰三角形，叫作单位等腰三角形。

【思考】如图 5-19 所示，设单位等腰三角形的面积是 S，试求 $S_{\triangle ABC}$。

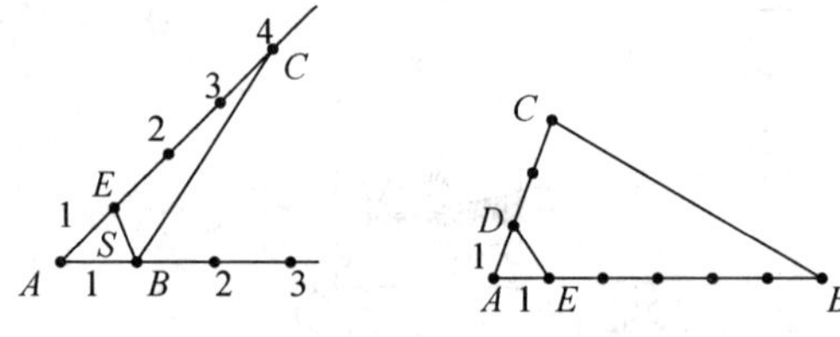

图 5-19

对于图 5-19 中的第二个图，我们可以这样分割（图 5-20）。

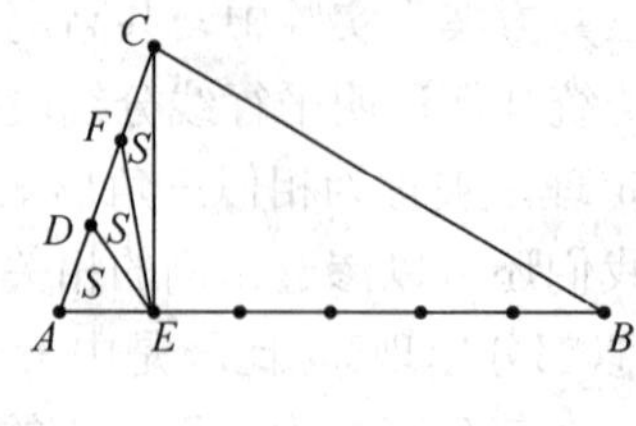

图 5-20

连接 EF，由 $AD=DF=CF$，得 $S_{\triangle ADE}=S_{\triangle DFE}=S_{\triangle CFE}=S$，则 $S_{\triangle ACE}=3S$。再进行如下分割（图 5-21）。

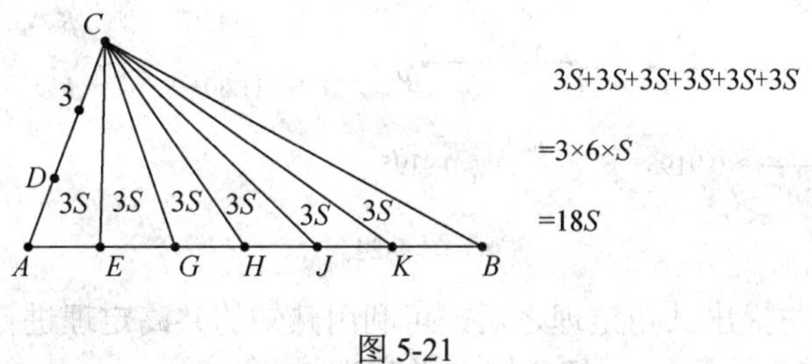

图 5-21

由 $AE=EG=GH=HJ=JK=KB$，得 $S_{\triangle ABC}=3\times6\times S=18S$。

【思考】如图 5-22 所示，设单位等腰三角形的面积是 S，试计算：$\dfrac{S_{\triangle AEF}}{S_{\triangle AMN}}$。

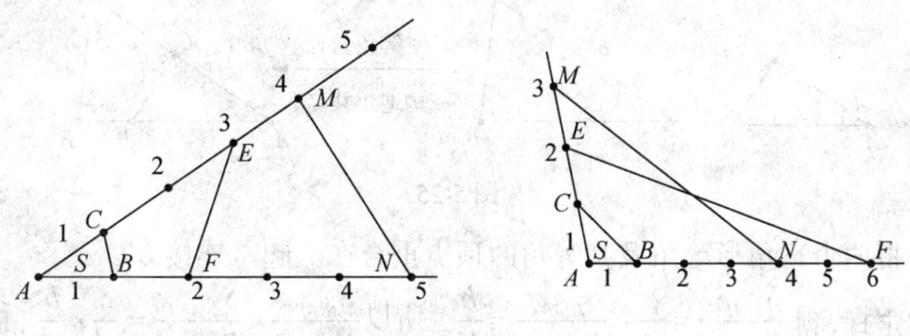

图 5-22

通过上面的探索，我们猜想、提出共角定理。在入门阶段，以下列第一种情形为主。

共角定理 1：如果两个三角形有一组角相等，那么这组等角两边的乘积之比，等于这两个三角形的面积之比。

如图 5-23 所示，若 $\angle A=\angle A'$，则 $\dfrac{S_{\Delta ABC}}{S_{\Delta A'B'C'}}=\dfrac{bc}{b'c'}$。

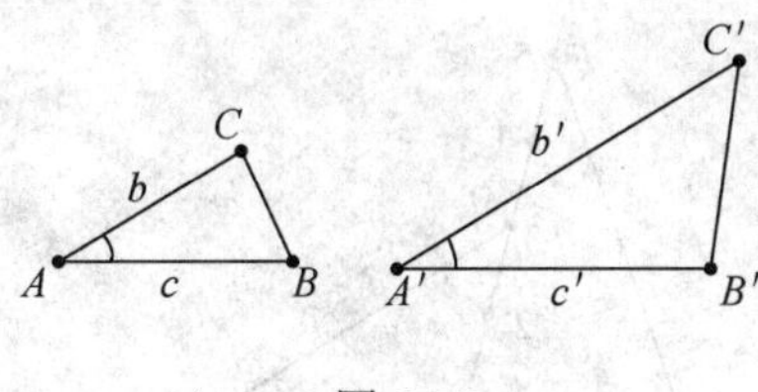

图 5-23

如图 5-24 所示，在提出共角定理的阶段，我们也可利用超级画板、网络画板或几何画板制作动态数学实验，帮助学生理解抽象的共角定理。

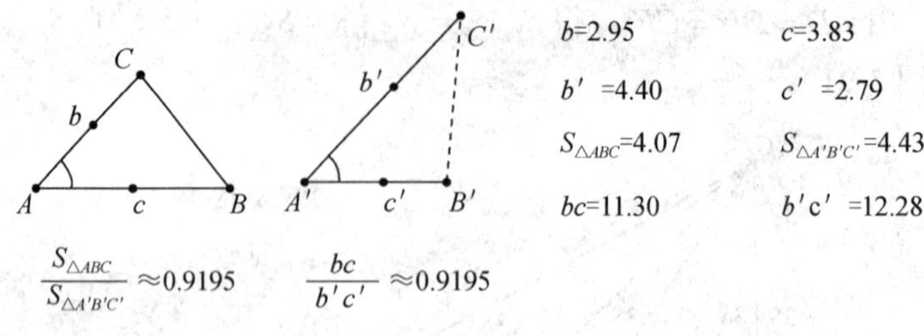

图 5-24

在实验、猜想与提出共角定理之后，可利用熟知的共高定理进行严密证明。

已知：如图 5-25 所示，$\triangle ABC$ 与 $\triangle A'B'C'$ 中，$\angle A=\angle A'$。

求证：$\dfrac{S_{\triangle ABC}}{S_{\triangle A'B'C'}}=\dfrac{bc}{b'c'}$。

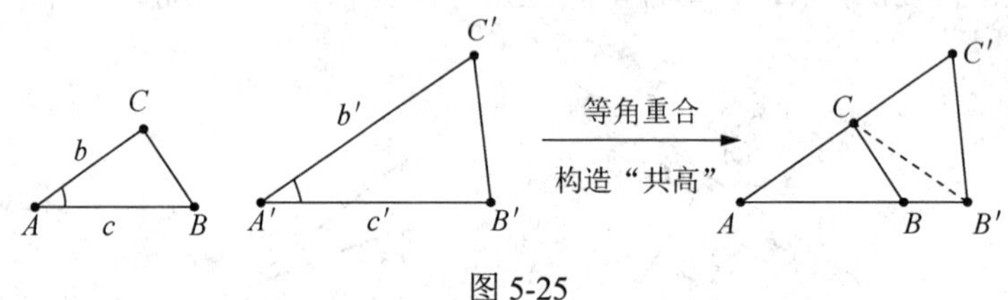

图 5-25

证明：将两个三角形等角及其等角的顶点重合在一起，连接 $B'C$。

由共高定理，得 $\dfrac{S_{\triangle ABC}}{S_{\triangle AB'C}}=\dfrac{c}{c'}$，$\dfrac{S_{\triangle AB'C}}{S_{\triangle AB'C'}}=\dfrac{b}{b'}$。所以 $\dfrac{S_{\triangle ABC}}{S_{\triangle AB'C}}\times\dfrac{S_{\triangle AB'C}}{S_{\triangle AB'C'}}=\dfrac{c}{c'}\times\dfrac{b}{b'}$，即 $\dfrac{S_{\triangle ABC}}{S_{\triangle A'B'C'}}=\dfrac{bc}{b'c'}$。

类似地，对于两角互补的情形，我们也可以先通过画图、数（shǔ）数（shù）等直观方法，猜想、提出共角定理的第二种情形。

【思考】如图 5-26 所示，设单位等腰三角形的面积是 S，试计算：$\dfrac{S_{\triangle AEF}}{S_{\triangle AMN}}$。

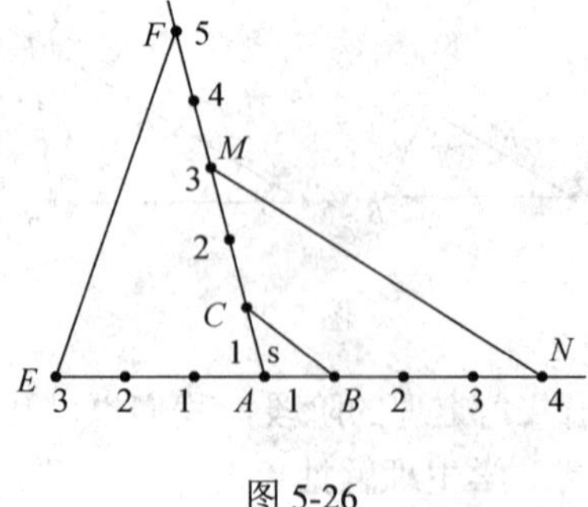

图 5-26

共角定理 2：如果两个三角形有一组角互补，那么这组互补两角的两边乘积之比，

等于这两个三角形的面积之比。

让学生经历实验、思考与提出猜想后，可以引导学生进行严密的证明。

已知：如图 5-27 所示，$\triangle ABC$ 与 $\triangle A'B'C'$ 中，$\angle A+\angle A'=180°$。

求证：$\dfrac{S_{\triangle ABC}}{S_{\triangle A'B'C'}}=\dfrac{bc}{b'c'}$。

证明：如图 5-28 所示，将两个三角形互补两角的顶点重合在一起，拼出平角，连接 BC'。

由共高定理，得 $\dfrac{S_{\triangle ABC}}{S_{\triangle ABC'}}=\dfrac{b}{b'}$，$\dfrac{S_{\triangle ABC'}}{S_{\triangle AB'C}}=\dfrac{c}{c'}$。所以 $\dfrac{S_{\triangle ABC}}{S_{\triangle ABC'}}\times\dfrac{S_{\triangle ABC'}}{S_{\triangle AB'C'}}=\dfrac{b}{b'}\times\dfrac{c}{c'}$，即 $\dfrac{S_{\triangle ABC}}{S_{\triangle A'B'C'}}=\dfrac{bc}{b'c'}$。

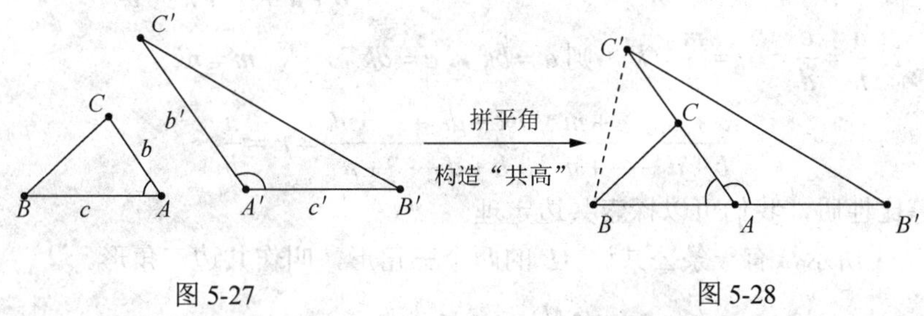

图 5-27　　　　图 5-28

如图 5-29 所示，在提出共角定理第二种情形时，我们也可利用超级画板、网络画板或几何画板制作动态数学实验，帮助学生理解抽象的共角定理。

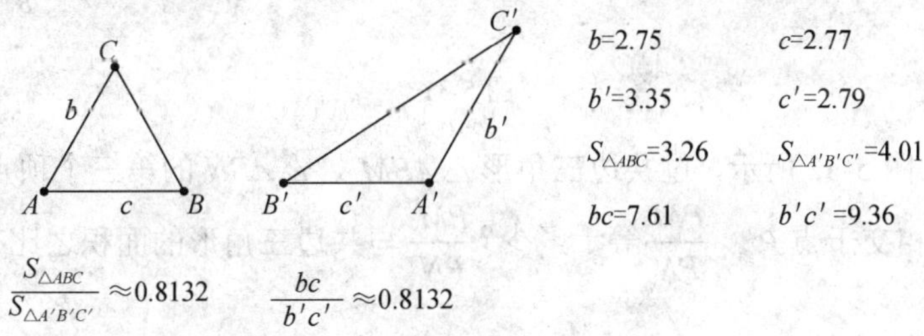

图 5-29

4. 从共高定理到共边定理

在传统课程中，九年级上册学习等比性质。而在新体系中，我们希望在七年级学习这一重要定理，以此作为推导共边定理的依据。如何引入等比性质呢？不妨从特殊三角形入手，先让学生经历猜想、归纳过程，再进行证明。

如图 5-30 所示，利用特殊直角三角形的三边关系，我们可以探索比例的性质。

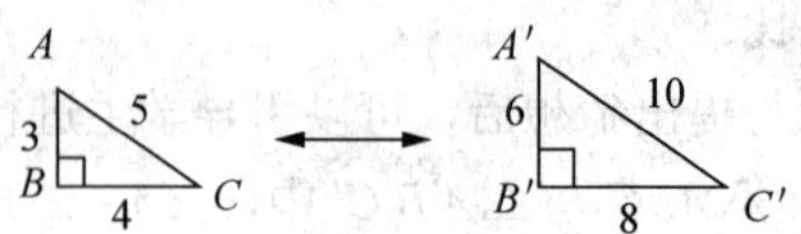

图 5-30

已知：$\frac{3}{6}=\frac{4}{8}=\frac{5}{10}$。

计算：①$\frac{3+4}{6+8}$；②$\frac{3+4+5}{6+8+10}$；③$\frac{5-3}{10-6}$。

通过类似的计算，我们提出以下性质。

等比性质：$\frac{a}{b}=\frac{c}{d}=\cdots=\frac{m}{n}(b+d+\cdots+n\neq 0)\Rightarrow\frac{a+c+\cdots+m}{b+d+\cdots+n}=\frac{a}{b}$。

证明：设$\frac{a}{b}=\frac{c}{d}=\cdots=\frac{m}{n}=k$，则$a=bk$，$c=dk$，…，$m=nk$。

$$\frac{a+c+\cdots+m}{b+d+\cdots+n}=\frac{bk+dk+\cdots+nk}{b+d+\cdots+n}=k=\frac{a}{b}$$

利用等比性质，我们可以探索共边定理。

如图 5-31 所示，有一条公共边 AB 的两个三角形，叫作共边三角形。

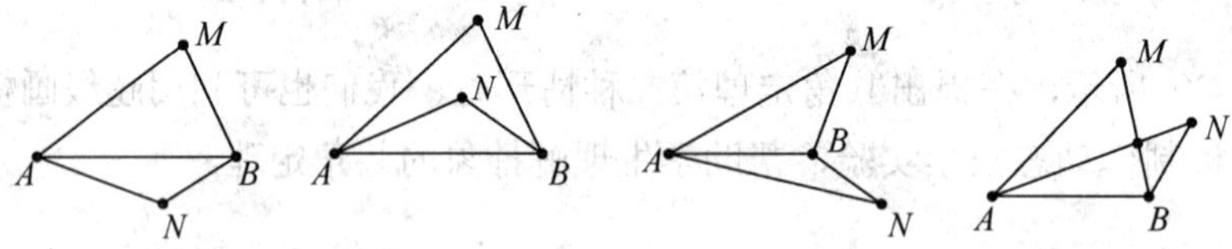

图 5-31

【思考】如图 5-32 所示，过共边三角形$\triangle ABM$、$\triangle ABN$的第三个顶点M、N作直线，与公共边相交于点P。$\frac{PM}{PN}$等于多少？$\frac{PM}{PN}$与共边三角形的面积之比有何关联？

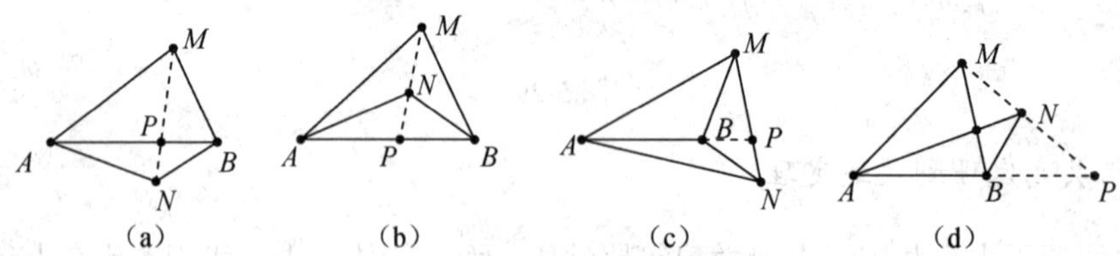

图 5-32

从平凡的图形，平凡的定理——共高定理与等比性质中，我们发现了不平凡的结论：$\frac{S_{\triangle ABM}}{S_{\triangle ABN}}=\frac{PM}{PN}$。张景中院士把这一结论叫作共边定理。它与共角定理，可以证明许多几何难题。

共边定理的证明，除了前面介绍的等面积转化方法外，还可以将等比性质作为导出定理的预备知识。

（1）如图5-32（a）所示。

因为$\frac{PM}{PN}=\frac{S_{\triangle PMA}}{S_{\triangle PNA}}=\frac{S_{\triangle PMB}}{S_{\triangle PNB}}$，所以$\frac{PM}{PN}=\frac{S_{\triangle PMA}+S_{\triangle PMB}}{S_{\triangle PNA}+S_{\triangle PNB}}=\frac{S_{\triangle ABM}}{S_{\triangle ABN}}$（等比性质）。

（2）如图5-32（b）所示。

因为$\frac{PM}{PN}=\frac{S_{\triangle PMA}}{S_{\triangle PNA}}=\frac{S_{\triangle PMB}}{S_{\triangle PNB}}$，所以$\frac{PM}{PN}=\frac{S_{\triangle PMA}+S_{\triangle PMB}}{S_{\triangle PNA}+S_{\triangle PNB}}=\frac{S_{\triangle ABM}}{S_{\triangle ABN}}$（等比性质）。

（3）如图5-32（c）所示。

因为$\frac{PM}{PN}=\frac{S_{\triangle PMA}}{S_{\triangle PNA}}=\frac{S_{\triangle PMB}}{S_{\triangle PNB}}$，所以$\frac{PM}{PN}=\frac{S_{\triangle PMA}+S_{\triangle PMB}}{S_{\triangle PNB}+S_{\triangle PNB}}=\frac{S_{\triangle ABM}}{S_{\triangle ABN}}$（等比性质）。

（4）如图5-32（d）所示。

因为$\frac{PM}{PN}=\frac{S_{\triangle PMA}}{S_{\triangle PNA}}=\frac{S_{\triangle PMB}}{S_{\triangle PNB}}$，所以$\frac{PM}{PN}=\frac{S_{\triangle PMA}+S_{\triangle PMB}}{S_{\triangle PNB}+S_{\triangle PNB}}=\frac{S_{\triangle ABM}}{S_{\triangle ABN}}$（等比性质）。

第2节 应用广泛的共角定理

1. 利用共角定理导出角边角定理、角角边定理

传统几何三角形全等知识的学习，要依赖于尺规作图，于是边边边定理便成了入门定理。在三共定理方案下，我们也可以考虑：先直接学习角边角定理和角角边定理，然后学习边边边定理与尺规作图。

利用直角三角板的特殊角，我们很容易画出满足角边角条件的两个三角形。剪下其中的一个三角形，它与另一三角形重合。

已知：如图5-33所示，$\triangle ABC$与$\triangle A'B'C'$中，$\angle A=\angle A'=60^\circ$，$c=c'$，$\angle B=\angle B'=45^\circ$。

求证：$\triangle ABC\cong\triangle A'B'C'$。

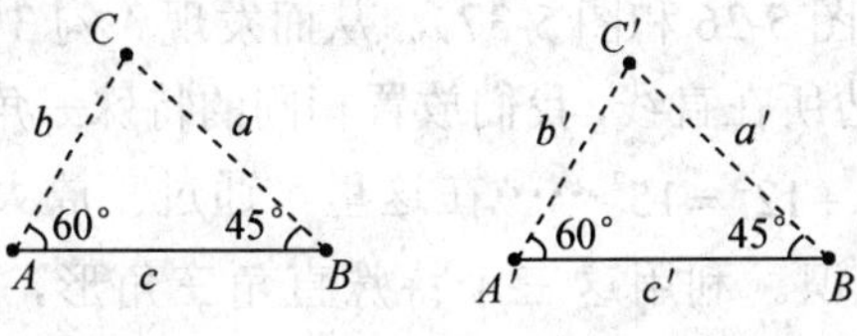

图5-33

证明：因为$\angle A=\angle A'=60^\circ$，$\angle B=\angle B'=45^\circ$，由三角形内角和定理，得$\angle C=\angle C'=75^\circ$。由共角定理，得$\dfrac{S_{\triangle ABC}}{S_{\triangle A'B'C'}}=\dfrac{ab}{a'b'}=\dfrac{bc}{b'c'}=\dfrac{ac}{a'c'}$，所以$\dfrac{a}{a'}\times\dfrac{b}{b'}=\dfrac{b}{b'}\times\dfrac{c}{c'}=\dfrac{a}{a'}\times\dfrac{c}{c'}$，$\dfrac{a}{a'}=\dfrac{c}{c'}$，$\dfrac{b}{b'}=\dfrac{a}{a'}$，$\dfrac{a}{a'}=\dfrac{b}{b'}=\dfrac{c}{c'}$。

因为$c=c'$，所以$a=a'$，$b=b'$，即$\triangle ABC\cong\triangle A'B'C'$。

我们也可以用硬纸片制作两组等角，画出符合角边角定理、角角边条件的两个三角形，再通过重合的方法，直观得到定理。

对于三角形其他全等判定定理，我们暂不急于通过余弦定理、锐角的正弦定义进行证明。

2. 利用共角定理导出勾股定理

对于勾股定理的教学，我们可以先从特殊情形入手。

实验

如图 5-34 所示，用直角三角板先画一个直角，取两直角边分别是3cm、4cm，量一量它的斜边是多少？

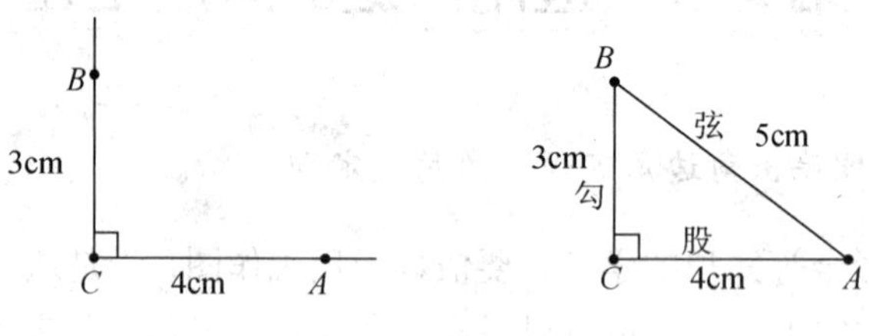

图 5-34

在中国古代，数学家把直角三角形短的直角边叫作“勾”，长的直角边叫作“股”，斜边叫作“弦”。

中国古代数学家较早提出了“勾 3 股 4 弦 5”。这个直角三角形的三边恰好是三个连续的整数。为何是“勾 3 股 4 弦 5”？我们可以这样理解：如图 5-35 所示，设7×7正方形网格中，最小正方形的边长为单位 1。通过两种不同的计算方法，我们得到斜放的正方形 $ABCD$ 的面积是 25（图 5-36 和图 5-37）。从而发现“勾 3 股 4 弦 5”。

如图 5-38 所示，沿斜边所在直线，我们放置相同的特殊三角形，发现：除$3^2+4^2=5^2$外，还有$6^2+8^2=10^2$，$9^2+12^2=15^2$……在这里，通过“放大”的通俗说法，我们已经渗透了三角形相似的知识。利用这三个特殊直角三角形，我们还可提前导出等比性质。

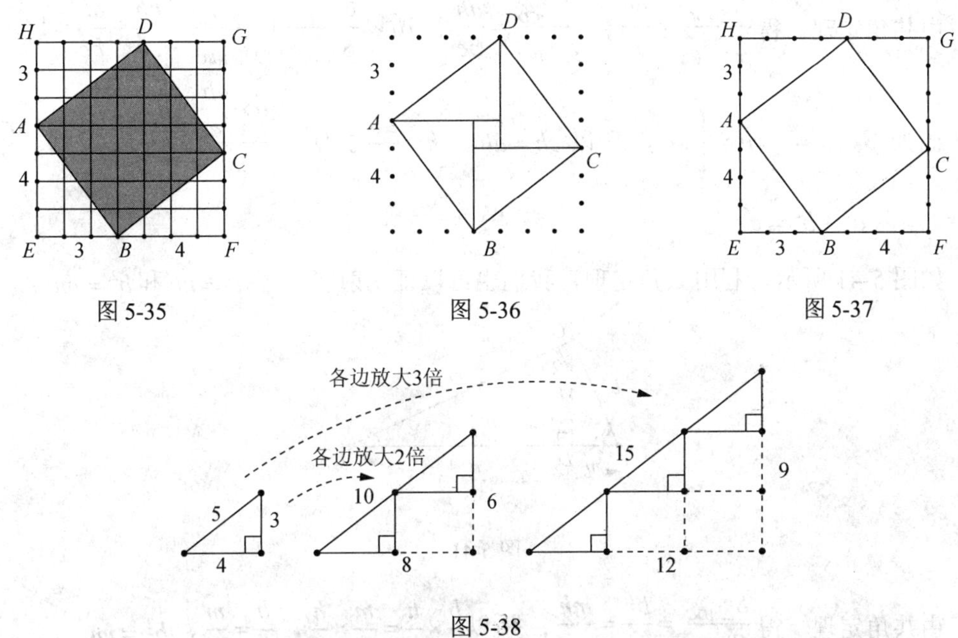

图 5-35　图 5-36　图 5-37

图 5-38

定理教学要重视定理的提出、发现过程，定理的证明过程，以及定理的应用过程。最佳的教学方法，是将定理的发现过程与定理证明过程的结合起来。对于有些定理，初学者同时掌握两个过程是困难的，可以考虑分解的策略。学生明确了定理“是什么”，就要迅速过渡到定理“为什么”“有何用”阶段。

对于师生而言，三角形全等、面积割补方法是我们常见、常用的方法。这与课本、各种资料提供的强大信息有关。除常规方法外，还要强化用共角定理证明勾股定理，为以后广泛采用共角定理解题打下基础。

已知：如图 5-39 所示，Rt$\triangle ABC$中，$\angle C=90^\circ$。

求证：$a^2+b^2=c^2$。

证明：如图 5-40 所示，作$CD\perp AB$，垂足为D。

图 5-39　图 5-40

由“同角的余角相等”，得$\angle B=\angle 1$，$\angle A=\angle 2$。

因为$S_{\triangle ADC}+S_{\triangle BCD}=S_{\triangle ABC}$，所以$\dfrac{S_{\triangle ADC}}{S_{\triangle ABC}}+\dfrac{S_{\triangle BCD}}{S_{\triangle ABC}}=1$。

由共角定理，得$\frac{S_{\triangle ADC}}{S_{\triangle ABC}}=\frac{bh}{ac}$，$\frac{S_{\triangle BCD}}{S_{\triangle ABC}}=\frac{ah}{bc}$，所以$\frac{S_{\triangle ADC}}{S_{\triangle ABC}}+\frac{S_{\triangle BCD}}{S_{\triangle ABC}}=\frac{bh}{ac}+\frac{ah}{bc}=1$。

因为$S_{\triangle ABC}=\frac{1}{2}ch=\frac{1}{2}ab$，所以$ch=ab$，$h=\frac{ab}{c}$。所以$\frac{b\times\frac{ab}{c}}{ac}+\frac{a\times\frac{ab}{c}}{bc}=1$，$\frac{b^2}{c^2}+\frac{a^2}{c^2}=1$，即$a^2+b^2=c^2$。

如图 5-41 所示，利用共角定理，我们也可以证明射影定理$a^2=nc$和$b^2=mc$。

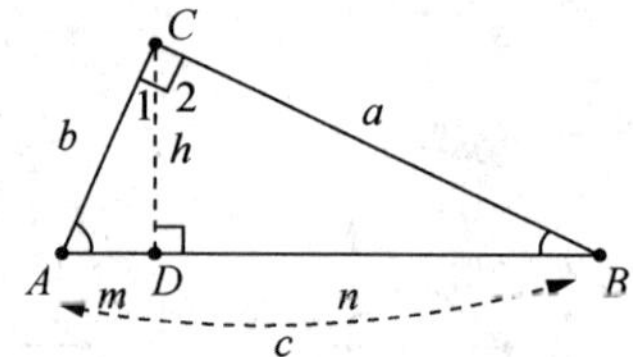

图 5-41

由共角定理，得$\frac{S_{\triangle ADC}}{S_{\triangle ABC}}=\frac{bh}{ac}=\frac{mh}{ab}$，所以$\frac{b}{c}\times\frac{h}{a}=\frac{m}{b}\times\frac{h}{a}$，$\frac{b}{c}=\frac{m}{b}$，$b^2=mc$。

由共角定理，得$\frac{S_{\triangle BCD}}{S_{\triangle ABC}}=\frac{ah}{bc}=\frac{nh}{ab}$，所以$\frac{a}{c}\times\frac{h}{b}=\frac{n}{a}\times\frac{h}{b}$，$\frac{a}{c}=\frac{n}{a}$，$a^2=nc$。$b^2+a^2=mc+nc=c(m+n)=c^2$。

利用射影定理，我们也证明了勾股定理。

3. 用共角定理导出正弦三角形面积公式

四条边都等于 1 的四边形，叫作单位菱形。如图 5-42 所示，利用单位菱形的不稳定性，以及夹角与面积的对应关系，我们可以引出正弦的定义：设$\angle A$是单位菱形$ABCD$的一个内角，单位菱形的面积叫作$\angle A$的正弦。记作$\sin\angle A$，或$\sin A$，或$\sin m^\circ$。

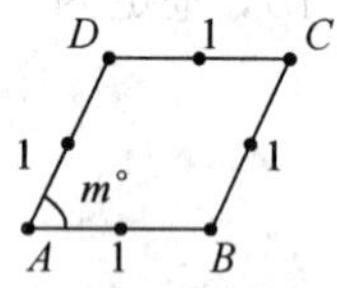

图 5-42

三共定理实验与四弦实验方案是相通的，利用共角定理，我们也可以导出四弦方案的最核心公式——正弦三角形面积公式。

如图 5-43 所示，作单位菱形的对角线，就得到两个面积相等的单位等腰三角形。

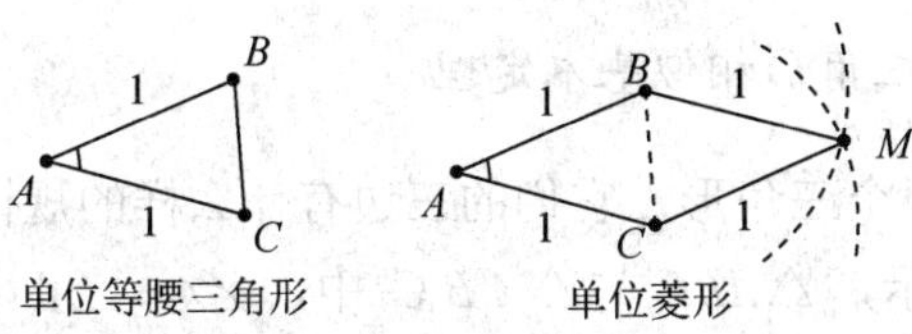

图 5-43

利用单位菱形定义正弦，其优点是形象直观，容易被学生接受。若从更严谨的角度讲，我们也可以采用张景中院士在《一线串通的初等数学》一书的另一定义。

如图 5-44 所示，顶角为 A 的单位等腰三角形的面积和顶角为直角的单位等腰三角形的面积的比，叫作角 A 的正弦，记作 $\sin\angle A$ 或 $\sin A$，即 $\sin\angle CAB=\dfrac{S_{\triangle ABC}}{S_{\triangle ABC'}}$。

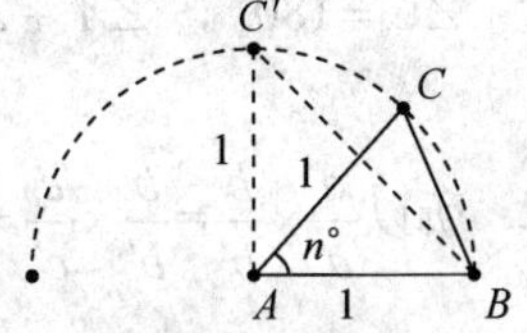

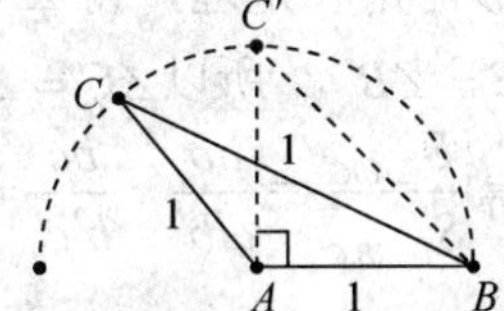

图 5-44

单位等腰三角形的顶角分三种情形，顶角是钝角、直角、锐角。其中，单位等腰三角形是等腰直角三角形时，它的面积是确定的值，即 $S_{等腰直角三角形}=\dfrac{1}{2}$。

由定义知，顶角是 n° 的单位等腰三角形的面积就是 $\dfrac{1}{2}\sin n^\circ$。若单位等腰三角形的顶角是锐角或钝角，则它的面积可以看作是单位等腰直角三角形面积的折扣，即利用共角定理，我们可以证明：任何三角形的面积，都可以看作是两边的乘积，再乘以夹角对应的单位等腰三角形面积。

如图 5-45 所示，设 $\triangle ABC$ 中，$AB=c$，$AC=b$。在 $\angle A$ 两边上，截取 $AM=AN=1$。由共角定理，得 $\dfrac{S_{\triangle AMN}}{S_{\triangle ABC}}=\dfrac{1\times 1}{bc}$。所以 $S_{\triangle ABC}=bc\times S_{\triangle AMN}$。

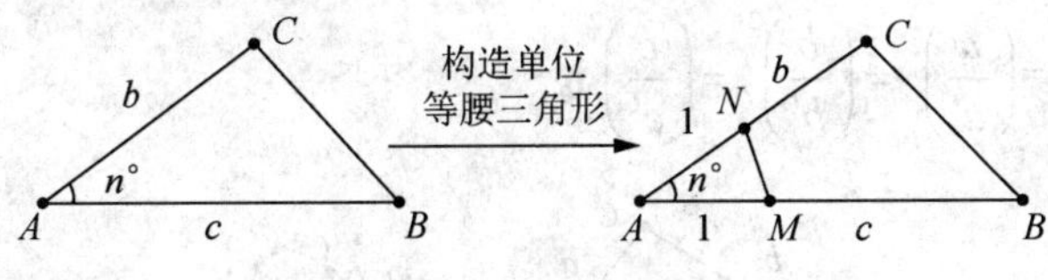

图 5-45

将 $S_{\triangle AMN}$ 换为 $\dfrac{1}{2}\sin n^\circ$，就得到三角形面积的新公式：$S_{\triangle ABC}=bcS_{\triangle AMN}=\dfrac{1}{2}bc\sin n^\circ$。

4. 用共角定理导出三角形相似基本定理

有两角对应相等的两个三角形，它们的三边有什么样的规律呢？

已知：如图 5-46 所示，$\triangle ABC$ 与 $\triangle A'B'C'$ 中，$\angle A=\angle A'$，$\angle B=\angle B'$。

求证：$\dfrac{a}{a'}=\dfrac{b}{b'}=\dfrac{c}{c'}$。

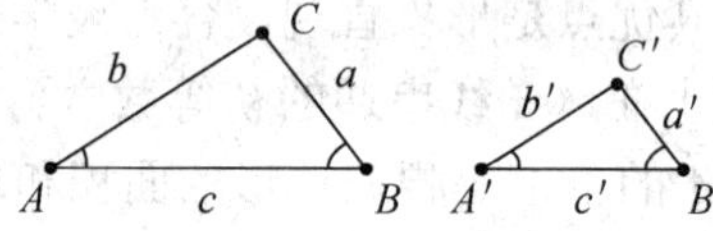

图 5-46

证明：由三角形内角和定理，得 $\angle A+\angle B+\angle C=180°$，$\angle A'+\angle B'+\angle C'=180°$。因为 $\angle A=\angle A'$，$\angle B=\angle B'$，所以 $\angle C=\angle C'$。

由共角定理，得 $\dfrac{S_{\triangle ABC}}{S_{\triangle A'B'C'}}=\dfrac{ab}{a'b'}=\dfrac{bc}{b'c'}=\dfrac{ac}{a'c'}$，所以 $\dfrac{a}{a'}\times\dfrac{b}{b'}=\dfrac{b}{b'}\times\dfrac{c}{c'}=\dfrac{a}{a'}\times\dfrac{c}{c'}$，$\dfrac{a}{a'}=\dfrac{c}{c'}$，$\dfrac{b}{b'}=\dfrac{a}{a'}$，即 $\dfrac{a}{a'}=\dfrac{b}{b'}=\dfrac{c}{c'}$。

数学家项武义在《古典几何学》一书中称这一定理为相似形基本定理，并详细阐述了这一定理的传统证法。而用共角定理，不添加辅助线即可轻松地证明它。在传统几何学习中，为了得到这一重要定理，需要作许多预备知识，如平行四边形的判定与性质定理、梯形的性质定理、平行线等分线段定理、平行线分线段成比例定理。由此可看出数学难学，有时是方法应用不合适而已。

在传统平面几何学习中，这一定理应用广泛。例如，圆的相交弦定理、切割线定理及其推论、射影定理的推导，都要用到它。

由共角定理推导相似形基本定理，我们还可以继续顺藤摸瓜，得到以下结论。

（1）相似三角形的定义：三角对应相等，三边对应成比例的两个三角形相似；

（2）相似三角形的面积比，等于相似比的平方。

已知：如图 5-47 所示，$\triangle ABC$ 与 $\triangle A'B'C'$ 中，$\angle A=\angle A'$，$\angle B=\angle B'$。

求证：$\dfrac{S_{\triangle ABC}}{S_{\triangle A'B'C'}}=\left(\dfrac{a}{a'}\right)^2=\left(\dfrac{b}{b'}\right)^2=\left(\dfrac{c}{c'}\right)^2$。

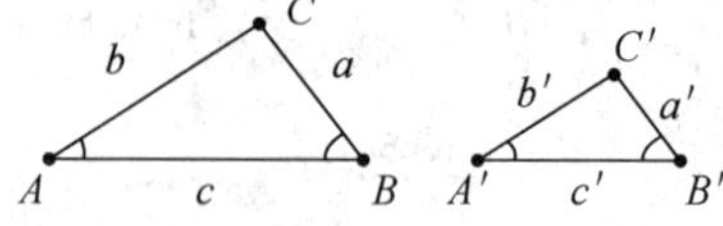

图 5-47

证明：由三角形内角和定理，得$\angle A+\angle B+\angle C=180°$，$\angle A'+\angle B'+\angle C'=180°$。因为$\angle A=\angle A'$，$\angle B=\angle B'$，所以$\angle C=\angle C'$。

$\triangle ABC\backsim\triangle A'B'C'\Rightarrow\frac{a}{a'}=\frac{b}{b'}=\frac{c}{c'}$。由共角定理，得$\frac{S_{\triangle ABC}}{S_{\triangle A'B'C'}}=\frac{ab}{a'b'}=\frac{a}{a'}\times\frac{b}{b'}=\left(\frac{a}{a'}\right)^2=\left(\frac{b}{b'}\right)^2=\left(\frac{c}{c'}\right)^2$。

（3）平行线分线段成比例定理：平行于三角形一边的直线截其他两边，所得的线段对应成比例。

已知：如图 5-48 所示，点E是$\triangle ABC$边AB上的任意一点，作$EF\parallel BC$，交AC于点F。

求证：$\frac{上}{总}=\frac{上'}{总'}$。

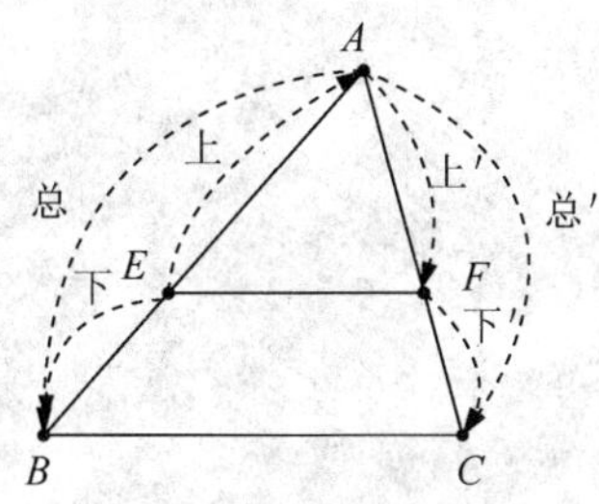

图 5-48

分析：$EF\parallel BC\Rightarrow\angle AEF=\angle B$，$\angle AFE=\angle C$。

由共角定理，得$\frac{S_{\triangle AEF}}{S_{\triangle ABC}}=\frac{AE\times EF}{AB\times BC}=\frac{AF\times EF}{AC\times BC}$，即$\frac{AE}{AB}=\frac{AF}{AC}$。

进行比例式的变形，我们得到：$\frac{上}{总}=\frac{上'}{总'}\Rightarrow\frac{总}{上}=\frac{总'}{上'}\Rightarrow\frac{总}{上}-1=\frac{总'}{上'}-1\Rightarrow\frac{总-上}{上}=\frac{总'-上'}{上'}\Rightarrow\frac{下}{上}=\frac{下'}{上'}$。

反过来，$\frac{上}{下}=\frac{上'}{下'}\Rightarrow\frac{上}{下}+1=\frac{上'}{下'}+1\Rightarrow\frac{总}{下}=\frac{总'}{下'}$。在上面的图形中，三个比例式是等价的：$\frac{上}{总}=\frac{上'}{总'}\Leftrightarrow\frac{上}{下}=\frac{上'}{下'}\Leftrightarrow\frac{下}{总}=\frac{下'}{总'}$。

以上结论，就是大名鼎鼎的“平行线分线段成比例定理”。在传统几何教学中，平行线分线段成比例定理是学习三角形相似知识的“基石”。而在新体系下，这一定理的地位“降低”了，它可以看作共角定理推导的结果。先引入共角定理，可以进行课本结构改革。

第 3 节　三共定理综合应用

1. 平行线的性质与判定

利用共高定理，我们也可以直接证明平行线分线段成比例定理。

已知：如图 5-49 所示，点 E 是 $\triangle ABC$ 一边 AB 上任意一点，作 $EF \parallel BC$，交 AC 于点 F。

求证：$\dfrac{AE}{BE}=\dfrac{AF}{CF}$，$\dfrac{AE}{AB}=\dfrac{AF}{AC}$，$\dfrac{BE}{AB}=\dfrac{CF}{AC}$。

证明：如图 5-50 所示，连接 CE、BF。

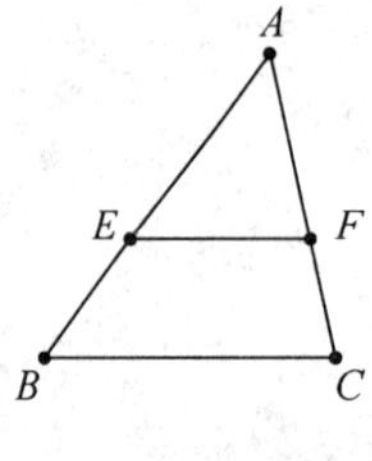

图 5-49

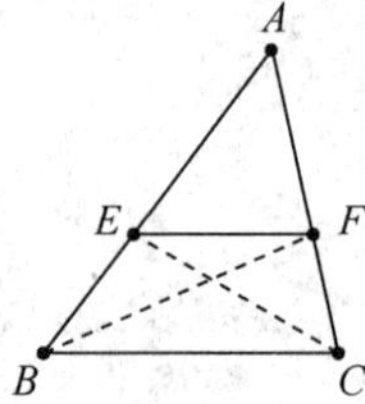

图 5-50

（1）因为 $EF \parallel BC$，所以 $S_{\triangle BEF}=S_{\triangle CEF}$（等底等高的两个三角形面积相等）。

因为 $\dfrac{AE}{EB}=\dfrac{S_{\triangle AEF}}{S_{\triangle BEF}}$，$\dfrac{AF}{FC}=\dfrac{S_{\triangle AEF}}{S_{\triangle CEF}}$。所以 $\dfrac{AE}{EB}=\dfrac{AF}{FC}$。

（2）因为 $EF \parallel BC$，所以 $S_{\triangle BEF}=S_{\triangle CEF}$，$S_{\triangle ABF}=S_{\triangle ACE}$。

因为 $\dfrac{AE}{AB}=\dfrac{S_{\triangle AEF}}{S_{\triangle ABF}}$，$\dfrac{AF}{AC}=\dfrac{S_{\triangle AEF}}{S_{\triangle ACE}}$。所以 $\dfrac{AE}{AB}=\dfrac{AF}{AC}$。

（3）由共高定理，得 $\dfrac{S_{\triangle BEF}}{S_{\triangle ABF}}=\dfrac{BE}{AB}$，$\dfrac{S_{\triangle CEF}}{S_{\triangle ACF}}=\dfrac{CF}{AC}$。所以 $\dfrac{BE}{AB}=\dfrac{CF}{AC}$。

平行线的判定定理：如果一条直线截三角形的两边，所得的对应线段成比例，那么这条直线平行于三角形的第三边。

如何证明这一定理呢？我们选其中的一种情形进行证明。

已知：如图 5-51 所示，点 E 与点 F 在 $\triangle ABC$ 的两边上，$\dfrac{AE}{AB}=\dfrac{AF}{AC}$。

求证：$EF \parallel BC$。

证明：如图 5-52 所示，过点 E 作 $EF' \parallel BC$，交 AC 于点 F'。

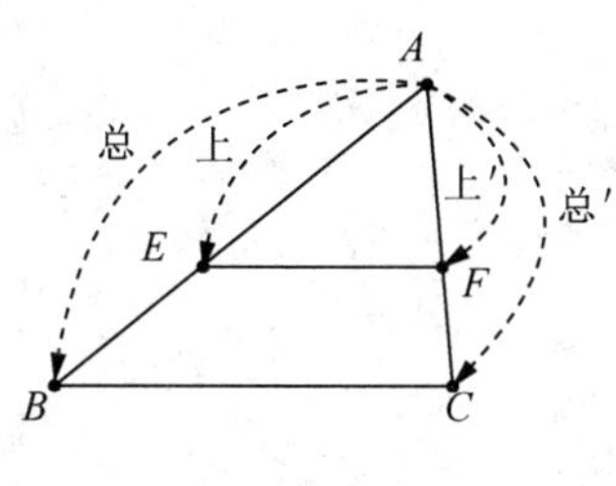

图 5-51

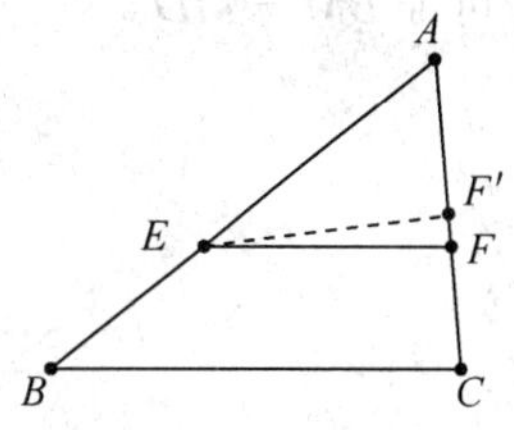

图 5-52

由平行线分线段成比例定理，得 $\frac{AE}{AB}=\frac{AF'}{AC}$。由已知，有 $\frac{AE}{AB}=\frac{AF}{AC}$。所以$AF'=AF$。

因此，点 F' 与点 F 重合。所以$EF \parallel BC$。

注意：此题证法独特，叫作“同一法”。

2. 三共定理导出重要定理

过去，学习某些重要的几何定理，其推理工具主要是三角形全等判定定理和三角形相似判定定理。如果离开了这些工具，我们寸步难行。有了三共定理，我们可以开辟新的解题路径。

定理：平行四边形的对边相等。

已知：如图 5-53 所示，$AB \parallel DC$，$AD \parallel BC$。

求证：$AB = DC$，$BC = AD$。

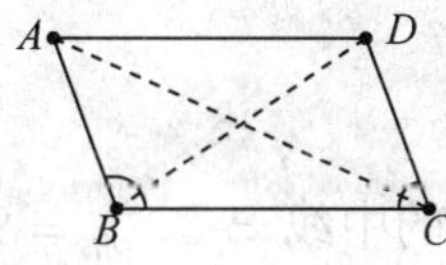

图 5-53

证明：连接 AC、BD。由 $AD \parallel BC$，得$S_{\triangle ABC}=S_{\triangle DBC}$（同底等高的两个三角形面积相等）；由 $AB \parallel DC$，得$\angle ABC+\angle DCB=180^\circ$。

由共角定理，得 $\frac{S_{\triangle ABC}}{S_{\triangle DBC}}=\frac{AB\cdot BC}{DC\cdot BC}=\frac{AB}{DC}=1$，所以$AB=DC$。

同理，可证 $BC=AD$。

定理：平行四边形的对角线互相平分。

已知：如图 5-54 所示，$AB \parallel DC$，$AD \parallel BC$，AC 与 BD 相交于点 M。

求证：$AM=MC$，$BM=MD$。

证明：因为$AB \parallel DC$，$AD \parallel BC$，所以$BC=AD$，$S_{\triangle ABD}=S_{\triangle DBC}$（等底等高）。

由共边定理得 $\frac{AM}{MC}=\frac{S_{\triangle ABD}}{S_{\triangle DBC}}=1$，所以$AM=MC$。

同理，可证 $BM=MD$。

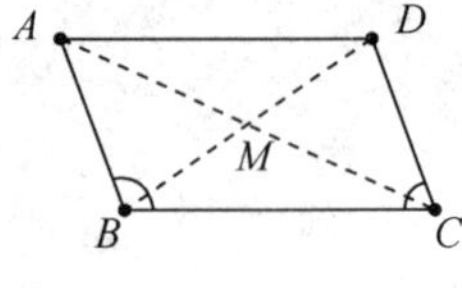

图 5-54

重心定理：三角形任意两条中线的交点到顶点的距离，是它到对边中点距离的 2 倍（三角形任意两条中线的交点叫作三角形的重心）。

已知：如图 5-55 所示，BE、CD 是 $\triangle ABC$ 的中线，且相交于点 M。

求证：$BM=2ME$，$CM=2MD$。

证法 1：如图 5-56 所示，连接 DE。DE 是 $\triangle ABC$ 的中位线，则 $BC=2DE$，$BC\parallel DE$。由 $BC\parallel DE$，得 $\triangle ADE\backsim\triangle ABC\Rightarrow\dfrac{BC}{DE}=\dfrac{BM}{ME}=\dfrac{CM}{MD}=2$，所以 $BM=2ME$，$CM=2MD$。

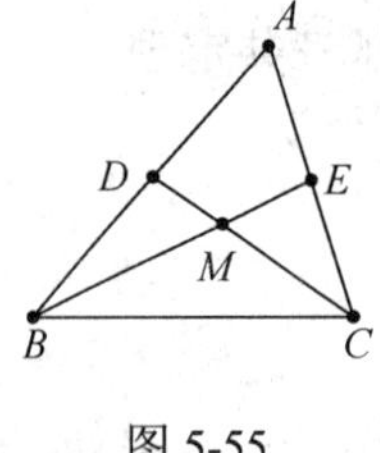

图 5-55

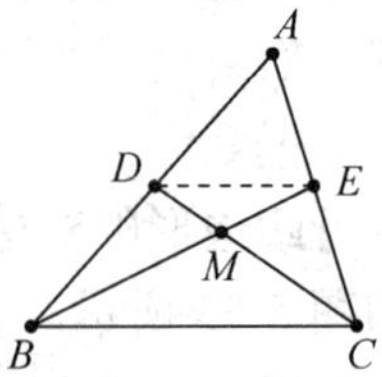

图 5-56

证法 2：设 $\triangle ABC$ 的面积是 $S_{总}$。

$$BE是\triangle ABC的中线\Rightarrow S_{\triangle ABE}=S_{\triangle BCE}=\frac{1}{2}S_{总}$$

$$ED是\triangle ABE的中线\Rightarrow S_{\triangle DBE}=\frac{1}{2}S_{\triangle BAE}=\frac{1}{4}S_{总}$$

由共边定理，得 $\dfrac{CM}{MD}=\dfrac{S_{\triangle BCE}}{S_{\triangle BED}}=\dfrac{\frac{1}{2}S_{总}}{\frac{1}{2}S_{总}}=2$，所以 $CM=2MD$。

同理，可证 $BM=2ME$。

三角形内角平分线性质定理：三角形的内角平分线分对边所得的两条线段，和这个角的两边对应成比例。

已知：如图 5-57 所示，$\triangle ABC$ 中，$\angle 1=\angle 2$。

求证：$\dfrac{BD}{DC}=\dfrac{AB}{AC}$。

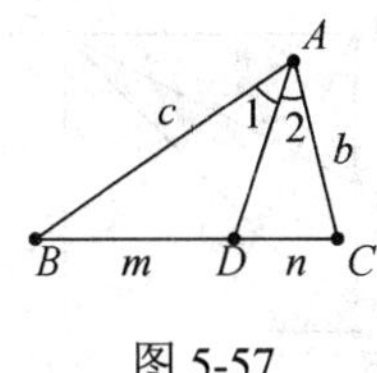

图 5-57

证明：由共高定理，得$\dfrac{S_{\triangle ABD}}{S_{\triangle ACD}}=\dfrac{m}{n}$；由共角定理，得$\dfrac{S_{\triangle ABD}}{S_{\triangle ACD}}=\dfrac{c\times AD}{b\times AD}=\dfrac{c}{b}$。

所以$\dfrac{m}{n}=\dfrac{c}{b}$，即$\dfrac{BD}{DC}=\dfrac{AB}{AC}$。

三角形外角平分线性质定理：三角形的外角平分线外分对边所成的两条线段和相邻两边对应成比例。

已知：如图 5-58 所示，$\triangle ABC$ 中，$\angle 1=\angle 2$。

求证：$\dfrac{BD}{DC}=\dfrac{AB}{AC}$。

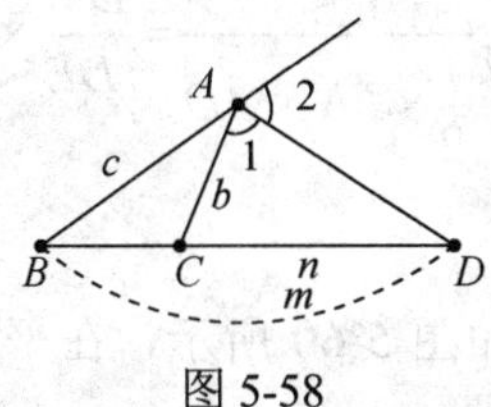

图 5-58

证明：由共高定理，得$\dfrac{S_{\triangle ABD}}{S_{\triangle ACD}}=\dfrac{DB}{DC}$。

$$\left.\begin{aligned}&\angle 1=\angle 2\\&\angle 2+\angle BAD=180^\circ\end{aligned}\right\}\Rightarrow \angle 1+\angle BAD=180^\circ$$

由共角定理，得$\dfrac{S_{\triangle ABD}}{S_{\triangle ACD}}=\dfrac{c\times AD}{b\times AD}=\dfrac{c}{b}$，所以$\dfrac{m}{n}=\dfrac{c}{b},\dfrac{BC}{DC}=\dfrac{AB}{AC}$。

3. 综合应用

我们应用三共定理最主要的目的，是进行初等数学结构的改造。在平面几何中，共高、共边、共角的图形随处可见。自然地，三共定理也很有用。真可谓：“同角等角随处见，互补两角亦常现。共角定理身手练，一招制胜抓关键。”

另外，要让学生熟悉、熟练掌握三共定理，需要进行一定习题的练习。这就需要关注此类习题的收集与整理。

【例 1】（2012 年“数学周报杯”全国初中数学竞赛试题）如图 5-59 所示，正方形 $ABCD$ 的边长为$2\sqrt{15}$，E、F 分别是 AB、BC 的中点，AF 与 DE、DB 分别交于点 M、N，则$\triangle DMN$ 的面积是________。

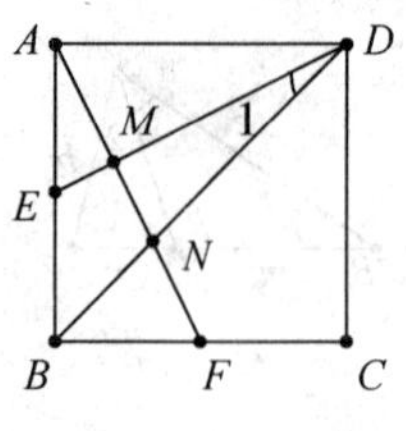

图 5-59

解析 本题解法较多，可以深入探讨。较为简明的方法是先证明$\triangle ADE \cong \triangle BAF$，进而证明$AF \perp DE$。设$AE = BE = a$，则$AD = 2a$。由射影定理，得$\dfrac{AE^2}{AD^2} = \dfrac{EM \times ED}{DM \times ED} = \dfrac{EM}{DM}, \dfrac{a^2}{4a^2} = \dfrac{EM}{DM} = \dfrac{1}{2}, \dfrac{DM}{DE} = \dfrac{4}{5}$。

因为$AD \parallel BC$，所以$\triangle ADN \backsim \triangle FBN, \dfrac{AD}{BF} = \dfrac{DN}{BN}, \dfrac{DN}{BN} = \dfrac{2a}{a} = 2, \dfrac{DN}{DB} = \dfrac{2}{3}$。由共角定理，得$\dfrac{S_{\triangle DMN}}{S_{\triangle DEB}} = \dfrac{DM \times DN}{DE \times DB}$。所以$\dfrac{S_{\triangle DMN}}{\dfrac{1}{2} \times BN \times AD} = \dfrac{DM}{DE} \times \dfrac{DN}{DB}, \dfrac{S_{\triangle DMN}}{\dfrac{1}{2} \times \sqrt{15} \times 2 \times \sqrt{15}} = \dfrac{4}{5} \times \dfrac{2}{3}$，即$S_{\triangle DMN} = 8$。

【例 2】（2014 年成都中考）如图 5-60 所示，在平面直角坐标系中，直线$y = \dfrac{3}{2}x$与双曲线$y = \dfrac{6}{x}$相交于A、B两点，C是第一象限内双曲线上一点，连接CA并延长交y轴于点P，连接BP、BC。若$\triangle PBC$的面积是 20，则点C的坐标为_________。

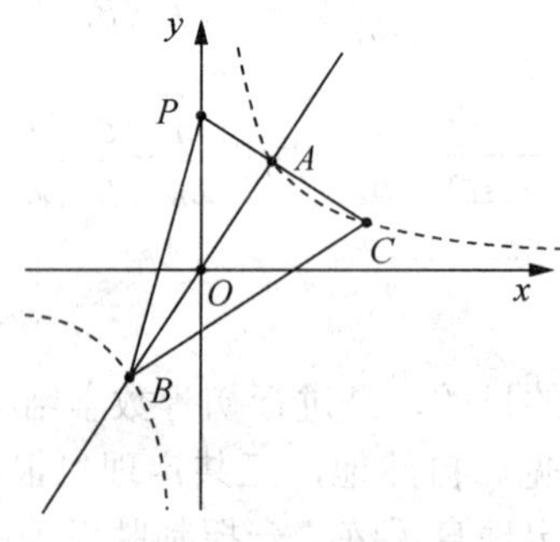

图 5-60

解析 本题第一种解法，设BC与y轴交于点D，以已知条件$S_{\triangle PBC} = S_{\triangle PBD} + S_{\triangle PCD}$建立关系式，进而求解。此法步骤烦琐。

本题第二种解法，化简条件“$S_{\triangle PBC} = 20$”，实质是间接告诉我们：$S_{\triangle POC} = 10$。

$$\begin{cases} y=\dfrac{3}{2}x \\ y=\dfrac{6}{x} \end{cases} \Rightarrow A(2,3)，B(-2,-3) \Rightarrow OA=OB$$

如图 5-61 所示，连接OC。由共边定理，得$\dfrac{S_{\triangle PCO}}{S_{\triangle PCB}}=\dfrac{AO}{AB}$，$\dfrac{S_{\triangle PCO}}{20}=\dfrac{1}{2}$，$S_{\triangle PCO}=10$。

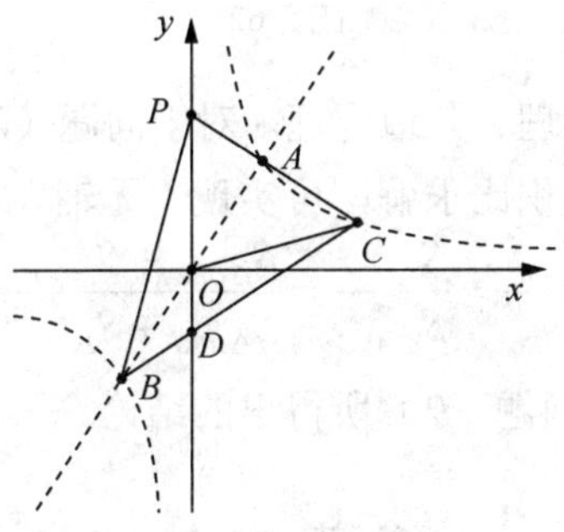

图 5-61

设$C\left(m,\dfrac{6}{m}\right)$、$P(0,n)$，则$S_{\triangle PCO}=\dfrac{1}{2}mn=10$，$mn=20$。$A(2,3)$、$P(0,n)\Rightarrow y_{PA}=\dfrac{3-n}{2}x+n$。将点$C\left(m,\dfrac{6}{m}\right)$坐标代入上式，得$\dfrac{3-n}{2}\times m+n=\dfrac{6}{m}$。

$$\frac{3m-mn}{2}+n=\frac{6}{m}\Rightarrow \quad \frac{3m-20}{2}+\frac{20}{m}=\frac{6}{m}$$

整理，得$3m^2-20m+28=0$，解之得$m_1=2$（舍去）、$m_2=\dfrac{14}{3}$。点C坐标是$\left(\dfrac{14}{3},\dfrac{9}{7}\right)$。

【例 3】(2014 年内江市中考) 在$\triangle ABC$中，D是BC边上的点(不与点B、C重合)，连接AD。

问题引入:(1)如图 5-62(a)所示，当点D是BC边上的中点时，$S_{\triangle ABD}:S_{\triangle ABC}=$_____；当点$D$是$BC$边上任意一点时，$S_{\triangle ABD}:S_{\triangle ABC}=$____(用图中已有线段表示)。

探索研究：(2) 如图 5-62 (b) 所示，在$\triangle ABC$中，O点是线段AD上一点（不与点A、D重合），连接BO、CO，试猜想$S_{\triangle BOC}$与$S_{\triangle ABC}$之比应该等于图中哪两条线段之比，并说明理由。

拓展应用：(3) 如图 5-62 (c) 所示，O是线段AD上一点（不与点A、D重合），连接BO并延长交AC于点F，连接CO并延长交AB于点E，试猜想$\dfrac{OD}{AD}+\dfrac{OE}{CE}+\dfrac{OF}{BF}$的值，并说明理由。

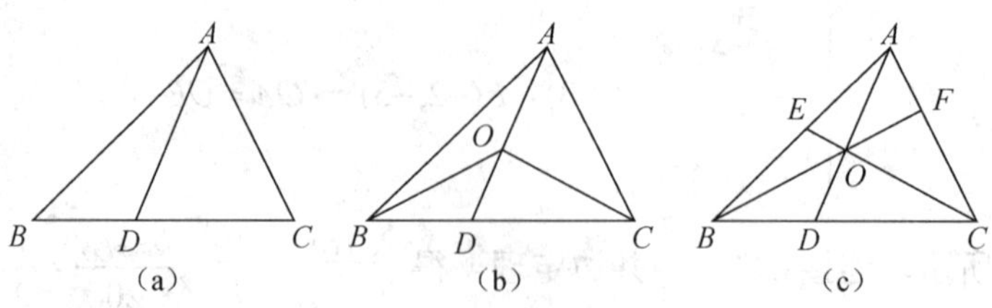

图 5-62

解析　本题考查了共高定理、共边定理。对于问题（2），可添加辅助线，利用三角形相似知识求解。也可利用面积比求解，可实现“无辅”求解。

$$\frac{OD}{AD}=\frac{S_{\triangle OBG}}{S_{\triangle ABG}}=\frac{S_{\triangle ODC}}{S_{\triangle ADC}}=\frac{S_{\triangle OBG}+S_{\triangle ODC}}{S_{\triangle ABG}+S_{\triangle ADC}}=\frac{S_{\triangle OBC}}{S_{\triangle ABC}}$$

问题（3）可以直接应用问题（2）所得出的结论。

参考文献

赖虎强，2014．妙用正弦学数学[M]．成都：四川科学技术出版社．

彭翕成，张景中，2011．仁者无敌面积法[M]．上海：上海教育出版社．

张景中，1992．平面几何新路[M]．成都：四川教育出版社．

下篇
教育数学实践活动

第6章 教育数学视野下的解题研究

如何学好数学？如何教好数学？不同的人，会给出不同的答案。有人忌讳解题这个词，认为解题术是雕虫小技，不能登大雅之堂；强调解题，就是搞“题海战术”，增加学生负担。有些研究数学教学的书和文章，颇多“假、大、空”的架势，下笔千言，理念横飞，主义盛行。有些离题万里式的学说，远离了一线数学教学，只能孤芳自赏。

对于平面几何难题，教育数学强调用三共定理、四弦公式（定理）这些解题利器来攻坚克难。我们即使选择其中的一两个定理，也可解决众多难题，收“一招制胜”之效。应用三共定理、四弦公式（定理），也可以证明众多数学定理，以达“一线串通”之功。在教育数学领域，解题利器与结构改革高度融合，相互促进。

第1节 教育数学“中巧说”

1. 寻找通用而有力的解题利器

1）有效教学，从“题”开始

有经验的老师，常常在备课、上课前认真将课本习题、练习册习题、中考高考数学试题先做一遍。从某种角度讲，教学的解题能力与教学能力有很大的关联。教师善于解题，才会善于讲题。

每一位取得成功的数学教师，一定曾有跳进“题海”的经历。教师不跳进“题海”，学生必然要靠“题海”来弥补。著名奥数专家单墫教授认为：“解题能力的强弱直接影响教师的威信，如果学生问你一道题，你做不出来，当然可以老老实实地告诉他：‘我不会做’，但你的威信显然不会增加。如果又有学生问你一道题，你还是不会做，那么你的威信就开始下降。如果这样的情况再出现一次，大概学生以后不会再问你问题，而你的威信也跌至零点。反过来，如果每次你都能为学生‘解惑’，正确解答学生的问题，那么你的威信必将直线上升。”

没有对习题的深入研究，是学不好数学的，也是教不好数学的。当然，仅仅关注习题的解答也是不完整的。我们需要拓展解题之“题”的内涵：宽泛一点，数学教学之“题”，既指问题，也指习题。问题与习题之间，并没有必然的鸿沟。张景中先生正是在研究高考数学题、优化华罗庚在《1978 年全国中学生数学竞赛题解》前言之题的解答时，提出“三共定理”。将好的习题作为问题，顺藤摸瓜，引出重要的数学概念、定理、规律，这是教学的一个秘诀。

美国的数学家哈尔莫斯（P. R. Halmos）认为，问题是数学的心脏，他说：“数学究竟是由什么组成的？公理吗？定理吗？证明吗？概念？定义？公式？方法？诚然，没有这些组成的部分，数学就不存在，这些都是数学的必要组成部分，但是，它们中的任何一个都不是数学的心脏，这个观点是站得住脚的，数学家存在的重要的理由就是解题，因此，数学的真正的组成部分是问题和解。”

“问题是会下金蛋的母鸡”。数学家喜欢问题，倡导思考术。一线老师喜欢习题，重视解题术。无论问题或习题，都是“题”。数学教学要抓住根本，这根本就是“题”。教育数学倡导：将思考术与解题术融合起来。

2）难题浅解，需更新解题工具

著名数学大师华罗庚在《1978 年全国中学生数学竞赛题解》前言中谈到了这样一个有趣的几何题。

已知：如图 6-1 所示，凸四边形 $ABCD$ 的两边 AD、BC 延长后交于 K，两边 AB、CD 延长后交于 L。对角线 BD、AC 延长后分别与直线 KL 交于 F、G。

求证：$\dfrac{KF}{LF}=\dfrac{KG}{LG}$。

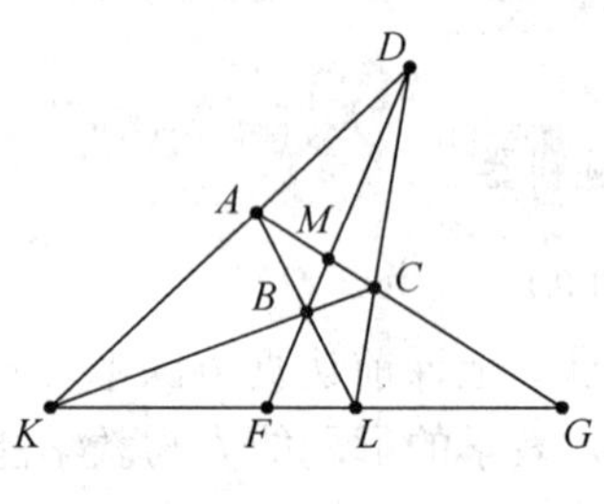

图 6-1

华罗庚在指出这个题目包含了射影几何的基本原理之后，给出了以下用中学生所掌握的知识来解决它的方法。

证明：设△KFD 中 KF 边上的高为 h，利用 $2S_{\triangle KFD}=KF\cdot h=KD\cdot DF\cdot\sin\angle KDF$，得 $KF=\dfrac{1}{h}\cdot KD\cdot DF\cdot\sin\angle KDF$。

同理，再求出 LF、LG 与 KG 的类似的表达式。

因而：$\dfrac{KF}{LF}\cdot\dfrac{LG}{KG}=\dfrac{KD\cdot DF\cdot\sin\angle KDF}{LD\cdot DF\cdot\sin\angle LDF}\cdot\dfrac{LD\cdot DG\cdot\sin\angle LDG}{KD\cdot DG\cdot\sin\angle KDG}=\dfrac{\sin\angle KDF}{\sin\angle LDF}\cdot\dfrac{\sin\angle LDG}{\sin\angle KDG}$。

同样可得到：$\frac{AM}{CM}\cdot\frac{CG}{AG}=\frac{\sin\angle ADM}{\sin\angle CDM}\cdot\frac{\sin\angle CDG}{\sin\angle ADG}$。

所以，$\frac{KF}{LF}\cdot\frac{LG}{KG}=\frac{AM\cdot CG}{CM\cdot AG}$。

类似地可以证明：

$$\frac{LF}{KF}\cdot\frac{KG}{LG}=\frac{\sin\angle LBF}{\sin\angle KBF}\cdot\frac{\sin\angle KBG}{\sin\angle LBG}=\frac{\sin\angle ABM}{\sin\angle CBM}\cdot\frac{\sin\angle CBG}{\sin\angle ABG}=\frac{AM}{CM}\cdot\frac{CG}{AG}$$

由此可见：$\left(\frac{KF}{LF}=\frac{LG}{KG}\right)^2=1$，即结论得证。

尽管这一方法可以求出，但要理解它，还是比较费劲。欲证 $\frac{KF}{LF}=\frac{KG}{LG}$，我们可以利用共边定理，先将等式的左边、右边转化为对应的面积比：$\frac{KF}{LF}=\frac{S_{\triangle BDK}}{S_{\triangle BDL}}$，$\frac{KG}{LG}=\frac{S_{\triangle KAC}}{S_{\triangle LAC}}$。

张景中先生提供了共边定理的解题方法。

证明：由共边定理，得 $\frac{KF}{LF}=\frac{S_{\triangle BDK}}{S_{\triangle BDL}}=\frac{S_{\triangle BDK}}{S_{\triangle BLK}}\cdot\frac{S_{\triangle BLK}}{S_{\triangle BDL}}=\frac{DC}{CL}\cdot\frac{AK}{AD}$（图 6-2），$\frac{KG}{LG}=\frac{S_{\triangle KAC}}{S_{\triangle LAC}}=\frac{S_{\triangle KAC}}{S_{\triangle DAC}}\cdot\frac{S_{\triangle DAC}}{S_{\triangle LAC}}=\frac{AK}{AD}\cdot\frac{DC}{CL}$（图 6-3）。所以 $\frac{KF}{LF}=\frac{KG}{LG}$。

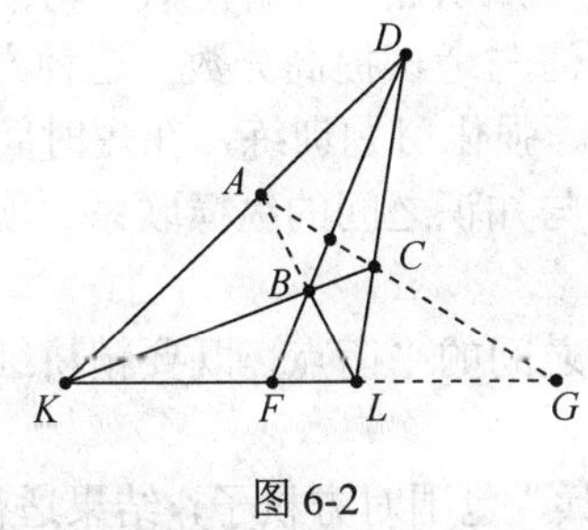

图 6-2

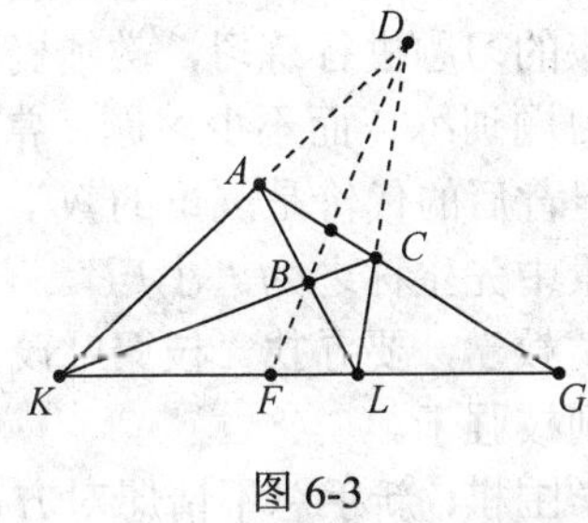

图 6-3

显然，解题工具不同，路径不同，繁简不同。还有更简单的方法吗？在《少年数学实验》一书中，张景中提供了另一种证明方法。

由塞瓦定理，得 $\frac{KF}{LF}\cdot\frac{CL}{DC}\cdot\frac{AD}{AK}=1$；由梅涅劳斯定理，得 $\frac{KG}{LG}\cdot\frac{CL}{DC}\cdot\frac{AD}{AK}=1$。

比较两式，得 $\frac{KF}{LF}=\frac{KG}{LG}$。

塞瓦定理、梅涅劳斯定理都可以看作是由共边定理推导而来。而我们用共边定理的推论解上述习题，可以获得更简洁的证明步骤。

此题带给我们许多启示：遇到难题，不必绕道走。遇到困难，不要总想回避、躲闪的方法。有了新的解题工具，难题有望变得简单。

在小学，采用算术的方法解应用题是一大难点，而进入初中后，采用方程这一解题工具，就轻松多了。在学习完圆的知识之后，我们创设了“四点共圆”这一工具，它可以简化步骤，让推理更简明。

平面几何传统的解题工具是三角形全等、相似判定定理。我们从三共定理或四弦定理（公式）出发，也能获得不少新知识。对于不少几何难题，后者更有力量。

要到达不同的地区，我们可以选择不同的交通工具，如开车、乘飞机、乘船。要到达遥远的星空，传统的工具就毫无办法，这就要在更新工具上做文章。

教育数学关注的，首先是对数学的改造，而不是仅仅考虑减少习题数量与难度。而要实现改造的目的，就要在更新解题工具上着力。

> 数学中每一步真正的进展都与更有力的工具和更简单的方法的发现密切联系着，这些工具和方法同时会有助于理解已有的理论并把陈旧的、复杂的东西抛到一边。数学科学发展的这种特点是根深蒂固的。
>
> ——在1900年巴黎国际数学家代表会上的讲演，大卫·希尔伯特

2. 习题教学中巧说——以托勒密定理为例

学习数学，有两种模式值得参考。一是古希腊《几何原本》公理化模式，从少数原始概念、公理出发，推导出更多的数学命题；二是古代中国的《九章算术》的“题一答一术”模式，从问题、习题出发，将数学问题与习题进行分类研究。

一线教学，常常在“枝繁叶茂”上着力，围绕某一知识点，分解出众多考点，配套众多对应的习题进行练习，教辅资料越编越厚，靠题海与考试提高分数。这种方法，非常重视习题训练，而不少习题，常常是“一题一法”。强化习题训练，在短时间内比较有效，但背后的代价是沉重的教学负担，忽略了全局与知识之间的纵横联系。项武义先生与张景中先生称之为“小巧”。

数学教学，要寻找“枝繁叶茂”与“根深干粗”之间的平衡点，既要精耕细作，也要善于削枝强干。

刚学围棋，新手总不情愿对方占先，总想用“重兵”包围对方棋子，结果适得其反，忘掉了布局，忘掉了“金边银角草肚皮”。学习数学，其理相同，在初始阶段，应着重考虑全局，布下关键几个棋子，让它们在后期发挥关键作用，纵横联系。即使牺牲一点处理习题的时间，也是值得的。三共定理方案或四弦方案，就是强调从一开始“布局”，用简单的几个招数，反复用，反复体会其妙，导出众多数学知识，快速解决某些数学难题，以达“一线串通”之效。

练武功的上乘境界是“无招胜有招”，但武功仍要从一招一式入门。张旭草书、王羲之兰亭序，皆为我国书法的艺术瑰宝，然练习书法，要沿楷书、行书、草书之路径，从最基础的楷书开始，而不能越级。在经历“化薄为厚”阶段后，数学家常常主张“化厚为薄”，强调“大巧”，用极少数的原始概念、公理、原理来重新解释、理解数学。但要达到以不变应万变、“法无定法”之境，非一般初学者所能掌握。

传统几何学习，偏重于“小巧”。莫绍揆先生在《质点几何学》的序言中写道：“从欧几里得的几何公理系统问世以来，已有两千多年了，它经历了长久的演变过程，受到

了种种的简化和改进，但总的说来，这种几何的推导过程很少有系统，几乎是每题一法，技巧性极强，初学者望而生畏。”从这里可看出，莫先生和张景中先生，都希望改变“一题一法”的局面。

张景中先生主张“中巧”，即用一个方法解出一类题目。也就是说，把数学问题分门别类，一类一类地寻求可以机械执行的方法，即算法。对于大多数学习者而言，要重视带有基础性的“通性通法”，由小到大，以小御大，小题大做，小中见大。从共高定理、共边定理、共角定理、正弦三角形面积公式、正弦定理、余弦定理、正弦和角公式中，我们可以理解张景中“中巧说”之主张。

上海陈永明先生将“中巧说”应用于习题研究，成果颇丰。他的著作《数学习题教学研究》《陈永明讲评数学题——高中习题归类研讨》《陈永明讲评数学题——初中习题归类研讨》《陈永明评议数学课》，以“中巧说”作为顶层设计，介绍有不少案例，值得一读。

现从数学竞赛、中考难题常出现的考点——托勒密定理的视角，谈谈“中巧说”之应用。古希腊数学家托勒密于公元 150 年在他的名著《数学汇编》里给出并证明了一条关于圆内接四边形的引理，现称为托勒密定理。

托勒密定理：圆内接四边形中，两条对角线的乘积等于两组对边乘积之和。

已知：如图 6-4 所示，四边形 $ABCD$ 内接于圆$\odot O$，AC、BD 是四边形的两条对角线。

求证：$AB \cdot CD + AD \cdot BC = AC \cdot BD$。

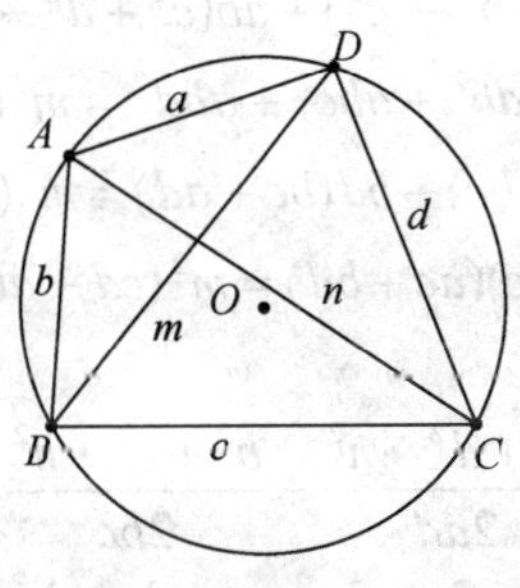

图 6-4

证法 1：设 $AD = a$，$AB = b$，$BC = c$，$DC = d$，$BD = m$，$AC = n$。

如图 6-5 所示，作 $\angle MBC = \angle ABD$，交 AC 于点 M。

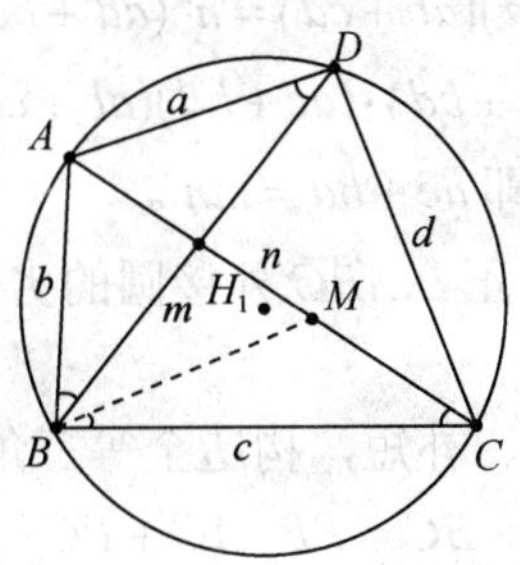

图 6-5

$$\left.\begin{array}{l}\angle ABD=\angle MBC\\ \angle ADB=\angle MCB\end{array}\right\}\Rightarrow\triangle ABD\backsim\triangle MBC\Rightarrow\frac{a}{MC}=\frac{m}{c}\Rightarrow ac=m\cdot MC$$

$$\left.\begin{array}{l}\angle ABM=\angle DBC\\ \angle BAM=\angle BDC\end{array}\right\}\Rightarrow\triangle ABM\backsim\triangle DBC\Rightarrow\frac{b}{m}=\frac{AM}{d}\Rightarrow bd=m\cdot AM$$

所以 $ac+bd=m\cdot MC+m\cdot AM=m(MC+AM)=mn$。

证法 2：如图 6-5 所示，作 $\angle MBC=\angle ABD$，交 AC 于点 M。

由共角定理，得

$$\frac{S_{\triangle ABD}}{S_{\triangle MBC}}=\frac{bm}{BM\cdot c}=\frac{ab}{BM\cdot CM}\Rightarrow\frac{m}{c}=\frac{a}{CM}\Rightarrow ac=m\cdot CM$$

$$\frac{S_{\triangle ABM}}{S_{\triangle DBC}}=\frac{b\cdot BM}{mc}=\frac{AM\cdot BM}{cd}\Rightarrow\frac{b}{m}=\frac{AM}{d}\Rightarrow bd=m\cdot AM$$

所以$ac+bd=m\cdot MC+m\cdot AM=m(MC+AM)=mn$。

证法 3：如图 6-4 所示，由题意得 $\angle BAD+\angle BCD=180^\circ$， $\angle ABC+\angle ADC=180^\circ$。所以$\cos\angle BAD+\cos\angle BCD=0$， $\cos\angle ABC+\cos\angle ADC=0$。

由余弦定理，得

$$\frac{a^2+b^2-m^2}{2ab}+\frac{c^2+d^2-m^2}{2cd}=0$$

$$cd(a^2+b^2-m^2)+ab(c^2+d^2-m^2)=0$$

$$cda^2+cdb^2+abc^2+abd^2=m^2(cd+ab)$$

$$ac(ad+bc)+bd(bc+ad)=m^2(cd+ab)$$

$$(ad+bc)(ac+bd)=m^2(cd+ab)\text{（1）}$$

由余弦定理，得

$$\frac{a^2+d^2-n^2}{2ad}+\frac{b^2+c^2-n^2}{2bc}=0$$

$$bc(a^2+d^2-n^2)+ad(b^2+c^2-n^2)=0$$

$$bca^2+bcd^2+adb^2+adc^2=n^2(bc+ad)$$

$$ab(ac+bd)+cd(bd+ac)=n^2(bc+ad)$$

$$(ac+bd)(ab+cd)=n^2(ad+bc)\text{（2）}$$

（1）×（2），得 $(ad+bc)(ac+bd)\cdot(ac+bd)(ab+cd)=m^2(cd+ab)\cdot n^2(ad+bc)$。所以 $(ac+bd)\cdot(ac+bd)=m^2\cdot n^2$，即 $ac+bd=mn$。

【例 1】如图 6-6 所示，P 是正$\triangle ABC$ 外接圆的劣弧上任一点（不与 B、C 重合）。求证：$PA=PB+PC$。

此题证法甚多，一般是截长、补短，构造全等三角形，均为烦冗。

解：由托勒密定理，得 $PA\times BC=PB\cdot AC+PC\cdot AB$。因为 $BC=AC=AB$，所以 $PA=PB+PC$。

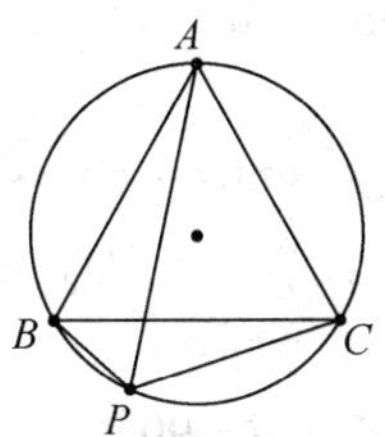

图 6-6

【例 2】如图 6-7 所示，在 $\triangle ABC$ 中，$\angle A$ 的平分线交外接圆于 D，连接 BD。

求证：$AD \times BC = BD(AB + AC)$。

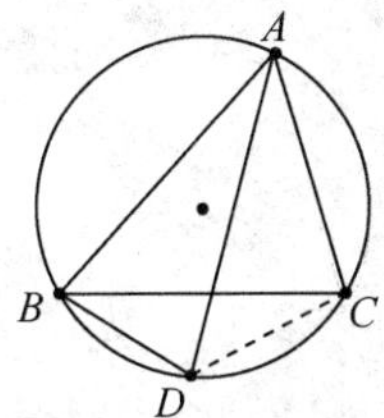

图 6-7

解：连接 CD，$\angle BAD = \angle CAD \Rightarrow BD = DC$。

由托勒密定理，得 $AD \cdot BC = AB \cdot CD + AC \cdot BD$。所以 $AD \cdot BC = AB \cdot BD + AC \cdot BD = BD(AB + AC)$。

【例 3】已知：$a > 0$，$b > 0$，$a\sqrt{1-b^2} + b\sqrt{1-a^2} = 1$。

求证：$a^2 + b^2 = 1$。

解：如图 6-8 所示，作 $AC = 1$，以 AC 为直径画圆。取弦 $AD = a$，则 $DC = \sqrt{1-a^2}$。取弦 $AB = b$，则 $BC = \sqrt{1-b^2}$。连接 DB，由托勒密定理，得 $AC \cdot BD = AD \cdot BC + AB \cdot BC$。

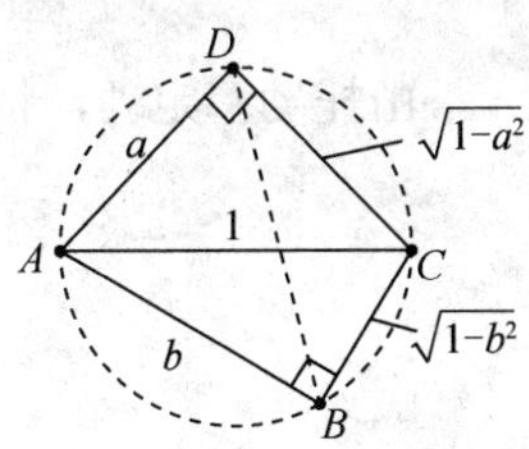

图 6-8

所以 $1 \times BD = a \times \sqrt{1-b^2} + b \times \sqrt{1-a^2}$。

由已知 $a\sqrt{1-b^2} + b\sqrt{1-a^2} = 1$，得 $1 \times BD = 1$，即 $BD = 1$。故 BD 也是直径，$\angle BAD = 90°$。

由勾股定理，得 $AD^2+AB^2=DB^2$， $a^2+b^2=1$。

【例 4】正弦和角公式的证明。

已知：若α、β 均为锐角，求证： $\sin(\alpha+\beta)=\sin\alpha\cdot\cos\beta+\cos\alpha\cdot\sin\beta$ 。

证明：如图 6-9 所示，作 $AB=1$，以 AB 为直径画圆。作 $\angle BAD=\alpha$， $\angle BAC=\beta$，D、C 在圆上。

AB 为直径，则 $\angle ADB=90^\circ$， $\angle ACB=90^\circ$。

由正弦定理，得 $\dfrac{DC}{\sin\angle DAC}=2r=1$。所以 $\dfrac{DC}{\sin(\alpha+\beta)}=1$， $DC=\sin(\alpha+\beta)$。

如图 6-10 所示，由托勒密定理，得 $AB\cdot DC=AD\cdot BC+AC\cdot DB$。

所以 $1\times\sin(\alpha+\beta)=\cos\alpha\cdot\sin\beta+\cos\beta\cdot\sin\alpha$， $\sin(\alpha+\beta)=\sin\alpha\times\cos\beta+\cos\alpha\times\sin\beta$ 。

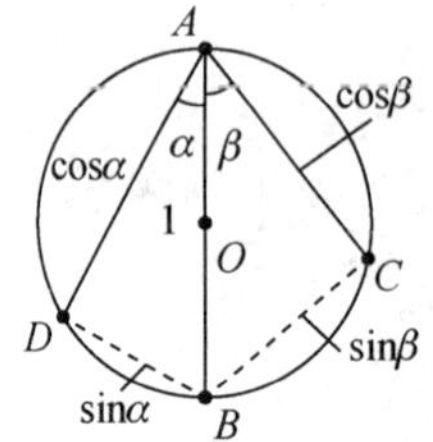

图 6-9

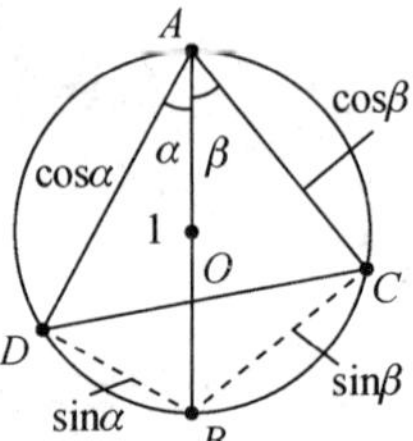

图 6-10

【例 5】（广州 2016 年中考）已知：如图 6-11 所示，点 C 为$\triangle ABD$ 外接圆上的一动点（点 C 不在弧 BAD 上，且不与 B、D 重合）， $\angle ACB=\angle ABD=45^\circ$。

（1）求证：BD 是该外接圆直径；

（2）连接 CD，求证： $\sqrt{2}AC=BC+CD$。

证法 1：如图 6-12 所示，连接 CD。

$$\left.\begin{aligned}&\angle ACB=\angle ABD=45^\circ\\&\angle ACB=\angle ADB\end{aligned}\right\}\Rightarrow\angle ADB=\angle ABD=45^\circ\Rightarrow\begin{cases}\angle BAD=90^\circ\\AB=AD\end{cases}$$

设 $AB=AD=a$，则 $BD=\sqrt{2}a$。由托勒密定理，得 $AB\cdot CD+AD\cdot BC=AC\cdot BD$，

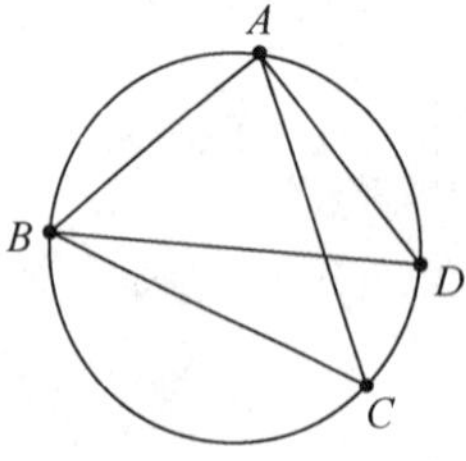

图 6-11

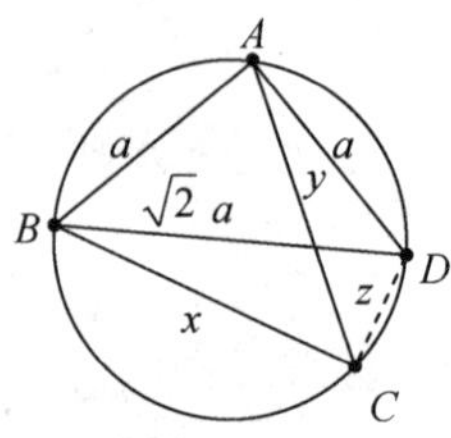

图 6-12

$a\cdot CD+a\cdot BC=AC\cdot\sqrt{2}a$， $CD+BC=\sqrt{2}AC$。

证法 2（简证）：设 $BC=x$，$AC=y$，$DC=z$。

$S_{四边形ABCD}=S_{\triangle ABD}+S_{\triangle BCD}=S_{\triangle ABC}+S_{\triangle ACD}$，$\frac{1}{2}a^2+\frac{1}{2}xz=\frac{1}{2}xy\sin 45^\circ+\frac{1}{2}yz\sin 45^\circ$，$\frac{1}{2}a^2+\frac{1}{2}xz=\frac{1}{2}xy\times\frac{\sqrt{2}}{2}+\frac{1}{2}yz\times\frac{\sqrt{2}}{2}$，$2a^2+2xz=\sqrt{2}xy+\sqrt{2}yz$。由勾股定理，得 $x^2+z^2=(\sqrt{2}a)^2=2a^2$。

所以$x^2+z^2+2xz=\sqrt{2}xy+\sqrt{2}yz$，$(x+z)^2=\sqrt{2}y(x+z)$，$x+z=\sqrt{2}y$。

证法 3（简证）：由余弦定理，得 $a^2=x^2+y^2-2xy\cos 45^\circ=x^2+y^2-\sqrt{2}xy$，$a^2=z^2+y^2-2zy\cos 45^\circ=z^2+y^2-\sqrt{2}zy$。

所以$x^2+y^2-\sqrt{2}xy=z^2+y^2-\sqrt{2}zy$，$x^2-\sqrt{2}xy=z^2-\sqrt{2}zy$。所以$x^2-z^2=\sqrt{2}xy-\sqrt{2}zy$，$(x+z)(x-z)=\sqrt{2}y(x-z)$，即 $x+z=\sqrt{2}y$。

3. 无辅求解更自然

有关辅助线问题是学习平面几何的难点。有时，恰当添加辅助线，就如同架设了一座桥梁，将看似孤立无联系的条件和结论连接起来。如何添加辅助线，一线老师总结了不少口诀，如：

辅助线，是虚线，画图注意勿改变。
假如图形较分散，对称旋转去实验。
基本作图很关键，平时掌握要熟练。
解题还要多心眼，经常总结方法显。
切勿盲目乱添线，方法灵活应多变。
分析综合方法选，困难再多也会减。
虚心勤学加苦练，成绩上升成直线。

添加辅助线的口诀虽好，但要真正掌握，谈何容易。有人编写了这样一句戏言：“几何辅助线，虐我千百遍。”破解这一难题，我们也不妨采用这样的策略——“反向寻新径，无辅更自然”。

2000 年来，人们认为几何证明无定法。在机器证明研究领域，专家们曾经认为，想让计算机自动生成巧妙简洁的可读性证明是不可能的。张景中先生提出消点法与消点思想，在数学机械化领域揭开了新的一页。消点思想对我们解题可提供以下启示：在不添加辅助线的前提下，考虑可否求解。

事实上，应用三共定理（共高定理、共边定理、共角定理）、正弦三角形面积公式、正弦定理、余弦定理时，常常出现“无辅求解”“无辅证明”，这是教育数学的特色，值得关注与深入探索。我们倡导“无辅求解”，并不是走极端，完全排斥辅助线。

曾在张景中教育数学实践 QQ 群上，山东田献增老师提出下题可用正弦面积公式，引起了众多网友关注与参与，共收集到了 10 多种解法。若添加辅助线，主要是构造三角形相似或锐角正弦的定义解题。若考虑“无辅证明”呢？

【例 6】已知：如图 6-13 所示，$BD=EC$，$\angle 1=\angle 2$。

求证：$AB=AC$。

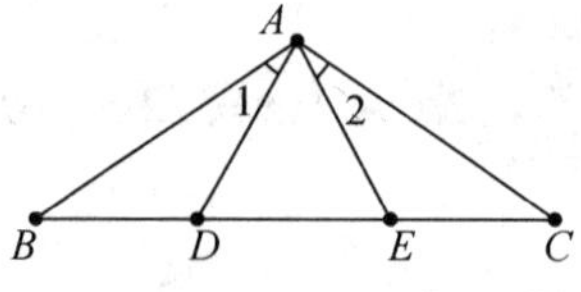

图 6-13

证法 1：$BD=EC \Rightarrow \begin{cases} S_{\triangle ABD}=S_{\triangle ACE} \\ BE=DC \Rightarrow S_{\triangle ABE}=S_{\triangle ACD} \end{cases}$，$\angle 1=\angle 2 \Rightarrow \angle BAE=\angle CAD$。

因为$S_{\triangle ABD}=\dfrac{1}{2}AB\cdot AD\cdot \sin\angle 1$，$S_{\triangle ACE}=\dfrac{1}{2}AC\times AE\times \sin\angle 2$。

所以$\dfrac{1}{2}AB\cdot AD\cdot \sin\angle 1=\dfrac{1}{2}AC\cdot AE\cdot \sin\angle 2$，$AB\cdot AD=AC\cdot AE$（1）。

因为$S_{\triangle ABE}=\dfrac{1}{2}AB\cdot AE\cdot \sin\angle BAE$，$S_{\triangle ACD}=\dfrac{1}{2}AC\cdot AD\cdot \sin\angle DAC$。

所以$\dfrac{1}{2}AB\cdot AE\cdot \sin\angle BAE=\dfrac{1}{2}AC\cdot AD\cdot \sin\angle DAC$，$AB\cdot AE=AC\cdot AD$（2）。

（1）×（2）得$AB^2\cdot AD\cdot AE=AC^2\cdot AE\cdot AD$。所以$AB^2=AC^2$，$AB=AC$。

证法 2：$\angle 1=\angle 2 \Rightarrow \angle BAE=\angle CAD$，由共角定理，得$\dfrac{S_{\triangle ABD}}{S_{\triangle ACE}}=\dfrac{AB\cdot AD}{AC\cdot AE}=1$，$\dfrac{S_{\triangle ABE}}{S_{\triangle ACD}}=\dfrac{AB\cdot AE}{AC\cdot AD}=1$。

所以$\dfrac{AB\cdot AD}{AC\cdot AE}\times\dfrac{AB\cdot AE}{AC\cdot AD}=1$，$\dfrac{AB^2}{AC^2}=1$，$AB=AC$。

北师大版《数学（七年级下册）》，将三角形全等判定定理作为几何入门教学的重要部分。曾有一练习册，将下题作为具有挑战性的几何难题。

已知：如图 6-14 所示，$\angle BAC=\angle EAD=90^\circ$，$AB=AC$，$AE=AD$。连接$BE$、$CD$。

求证：$S_{\triangle ABE}=S_{\triangle ACD}$。

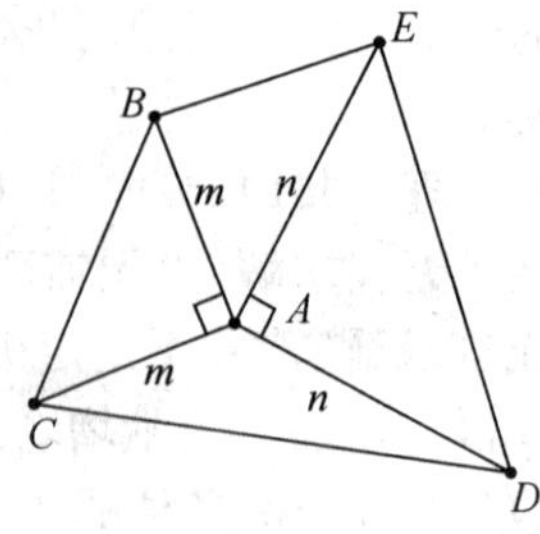

图 6-14

分析：如图 6-15 所示，出题者的意图是作 $AM \perp CD$，延长 MA，交 BE 于点 N。再作三条垂线，构造两组三角形全等。

$$\triangle ACM \cong \triangle BAS \Rightarrow AM = BS$$
$$\triangle ADM \cong \triangle EAR \Rightarrow AM = RE$$

故 $BS = RE$，$\triangle BSN \cong \triangle ERN$，$BN = EN$。

通过面积割补，进而证明：$S_{\triangle ABE} = S_{\triangle ACD}$。

其实，利用正弦三角形面积公式或共边定理，可以不添加辅助线。

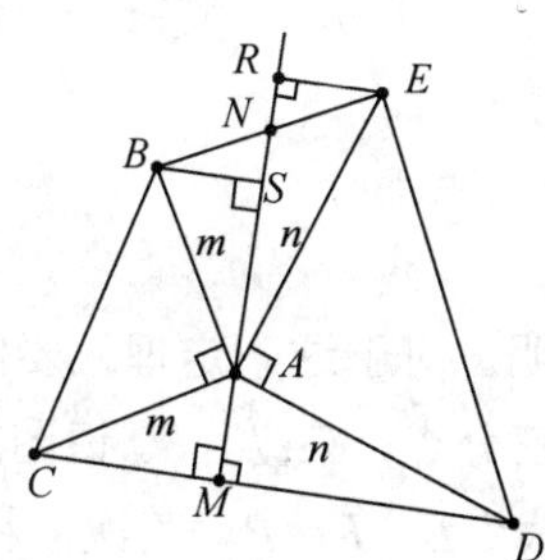

图 6-15

证明：因为 $\angle BAE + \angle CAD = 180°$，所以 $\sin\angle BAE = \sin\angle CAD$。

$$\frac{S_{\triangle ABE}}{S_{\triangle ACD}} = \frac{\frac{1}{2}mn\sin\angle BAE}{\frac{1}{2}mn\sin\angle CAD} = 1\text{，所以} S_{\triangle ABE} = S_{\triangle ACD}\text{。}$$

第 2 节　初中数学竞赛必备定理（公式）

1. 梅涅劳斯定理与塞瓦定理

利用共边定理、共角定理，我们可以简洁证明数学竞赛中常用的两个解题工具——梅涅劳斯定理与塞瓦定理。这两个定理也有不少证明方法，应重点研究。这里只介绍一种证明方法。

已知：如图 6-16 所示，过 $\triangle ABC$ 两边上的点 E、F 的直线，与另一边 AC 的延长线相交于点 P。

求证：$\frac{AE}{EB} \cdot \frac{BF}{FC} \cdot \frac{PC}{PA} = 1$。

证明：如图 6-17 所示，连接 AF、CE。

由共高定理，得$\frac{AE}{EB}=\frac{S_{\triangle AEF}}{S_{\triangle BEF}}$，$\frac{BF}{FC}=\frac{S_{\triangle BFE}}{S_{\triangle CFE}}$；由共边定理，得$\frac{PC}{PA}=\frac{S_{\triangle CFE}}{S_{\triangle AEF}}$。

所以$\frac{AE}{EB}\cdot\frac{BF}{FC}\cdot\frac{PC}{PA}=\frac{S_{\triangle AEF}}{S_{\triangle BEF}}\cdot\frac{S_{\triangle BFE}}{S_{\triangle CFE}}\cdot\frac{S_{\triangle CFE}}{S_{\triangle AEF}}=1$。

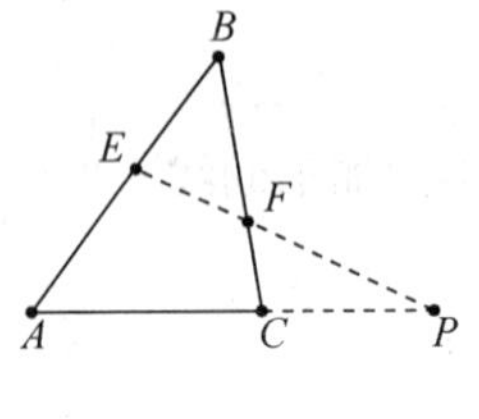

图 6-16

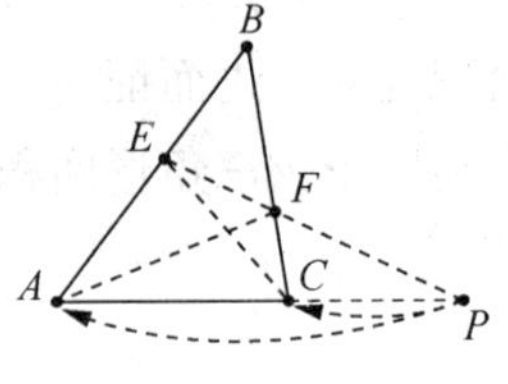

图 6-17

这就是梅涅劳斯定理及其证明。对于这一定理，要依赖图形进行理解与记忆。也可编口诀记忆："三角形，拦腰线，三分点，三比一"。识图的关键是首先找到三角形的"拦腰线"，即找到$\triangle ABC$的"拦腰线"E、F、P。其次，将三点"拦腰线"E、F、P作为三角形三边的内分点或外分点，得到三个线段比。最后，将三个线段比有序相乘，乘积为 1。

已知：如图 6-18 所示，点D、E、F在$\triangle ABC$三边上，CD、AE、BF相交于点P。

求证：$\frac{AF}{FC}\cdot\frac{CE}{EB}\cdot\frac{BD}{DA}=1$。

证明：如图 6-19 所示，设$S_{\triangle ACP}=S_{\text{I}}$，$S_{\triangle BCP}=S_{\text{II}}$，$S_{\triangle ABP}=S_{\text{III}}$。

以上是塞瓦定理及其证明。

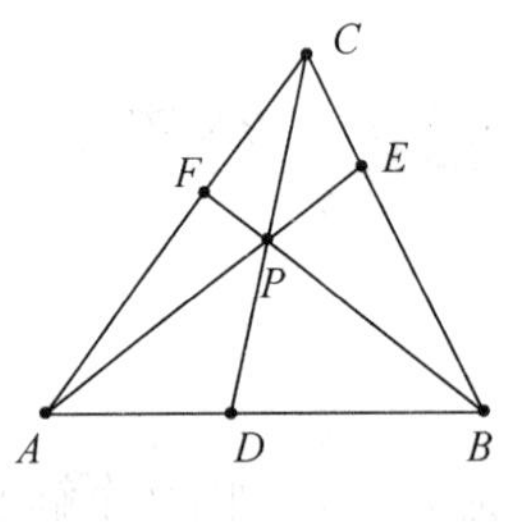

图 6-18

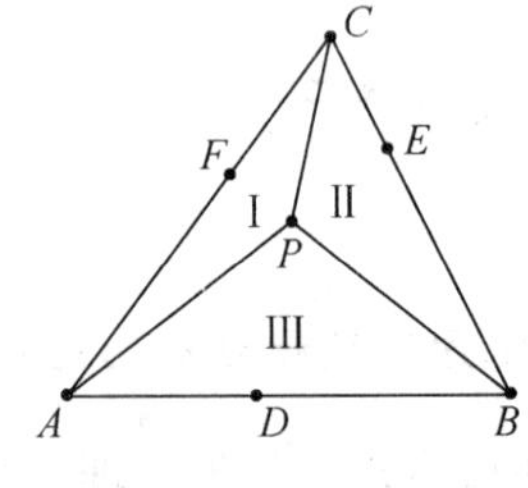

图 6-19

由共边定理，得$\frac{AF}{FC}\cdot\frac{CE}{EB}\cdot\frac{BD}{DA}=\frac{S_{\text{III}}}{S_{\text{II}}}\cdot\frac{S_{\text{I}}}{S_{\text{III}}}\cdot\frac{S_{\text{II}}}{S_{\text{I}}}=1$。

在前面，我们利用梅涅劳斯定理与塞瓦定理，两步就证明了华罗庚先生称之为"射影几何的基本定理"。这一定理，还有另一种情形，即下题。

已知：如图 6-20 所示，梯形$ABCD$的两腰相交于点P，$AD\,//\,BC$。梯形的两条对角线AC、BD相交于点E。作直线PE，与两底边分别交于点M、N。

求证：$AN = ND$，$BM = MC$。

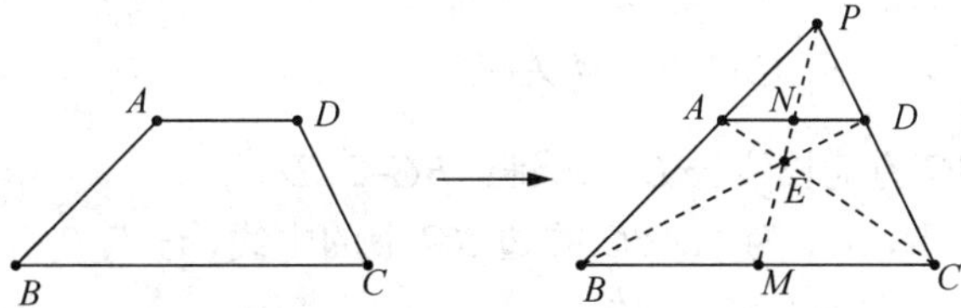

图 6-20

证法 1：因为$AD \,//\, BC$，所以$\dfrac{AB}{AP} = \dfrac{DC}{PD}$，$\dfrac{AB}{AP} \cdot \dfrac{PD}{DC} = 1$。由塞瓦定理，得$\dfrac{AB}{AP} \cdot \dfrac{PD}{DC} \cdot \dfrac{CM}{NB} = 1$，所以$\dfrac{CM}{MB} = 1$，$BM = CM$。因为$AD \,//\, BC$，$\dfrac{AN}{MC} = \dfrac{NE}{EM} = \dfrac{DN}{BM}$，$\dfrac{AN}{MC} = \dfrac{DN}{BM}$，即$AN = DE$。

证法 2：
$$AD \,//\, BC \Rightarrow \frac{AN}{MC} = \frac{NE}{EM}, \frac{NE}{EM} = \frac{DN}{BM} \Rightarrow \frac{AN}{MC} = \frac{DN}{BM} \quad (1)$$
$$AD \,//\, BC \Rightarrow \frac{AN}{BM} = \frac{PN}{PM}, \frac{PN}{PM} = \frac{DN}{CM} \Rightarrow \frac{AN}{BM} = \frac{DN}{CM} \quad (2)$$

（1）×（2），得$\dfrac{AN^2}{MC \cdot BM} = \dfrac{DN^2}{BM \cdot CM}$，所以$AN = DN$。代入（1），得$BM = CM$。

利用塞瓦定理，我们还可以轻松证明三角形的三条中线交于一点，利用梅涅劳斯定理，还可以证明三角形重心定理。

已知：如图 6-21 所示，$\triangle ABC$ 的两条中线 BE、CF 相交于点 P。AP 与 BC 相交于点 D。

求证：（1）$BD=DC$；（2）$PD = \dfrac{1}{2}AP$。

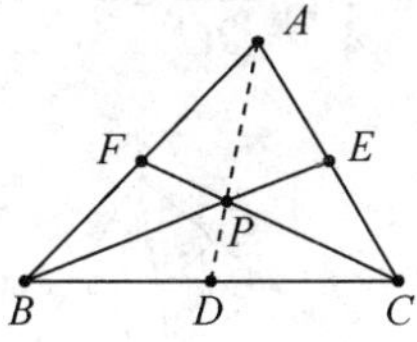

图 6-21

证明：（1）由塞瓦定理，得$\dfrac{BF}{AF} \cdot \dfrac{AE}{EC} \cdot \dfrac{DC}{BD} = 1$，由$BF = AF$，$AE = EC$，得$\dfrac{DC}{BD} = 1$，即$DC = BD$。

（2）由梅涅劳斯定理，得$\dfrac{CE}{AE} \cdot \dfrac{AP}{PD} \cdot \dfrac{BD}{BC} = 1$，所以$1 \times \dfrac{AP}{PD} \times \dfrac{1}{2} = 1$，$\dfrac{AP}{PD} = 2$，$PD = \dfrac{1}{2}AP$。

练习

（1）如图 6-22 所示，$\triangle ABC$ 中，M 为 AC 的中点，E 为 AB 上一点，且 $AE=\dfrac{1}{4}AB$，连接 EM 并延长交 BC 的延长线于 D。求证：$BC=2CD$。

（2）如图 6-23 所示，AM 为$\triangle ABC$ 的边 BC 上的中线，过点 B 引直线交 AM 于点 D，与 AC 交于点 E。求证：$\dfrac{AD}{DM}=2\times\dfrac{AE}{EC}$。

图 6-22　　　　图 6-23

（3）如图 6-24 所示，在$\triangle ABC$ 中，点 D、E 分别在边 AB、AC 上，且 $AD:DB=3:2$，$AE:EC=1:2$，直线 ED 和 CB 的延长线交于点 F。求：$FB:FC$ 的值和 $FD:FE$ 的值。

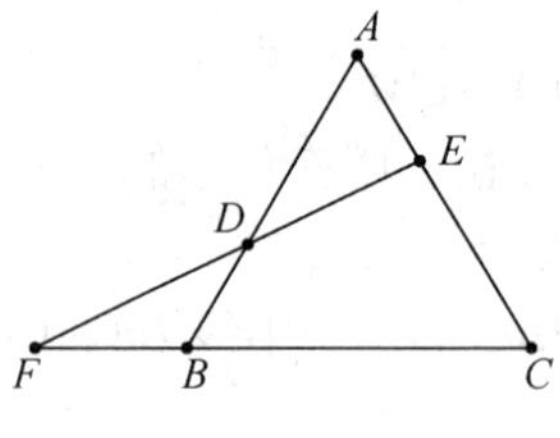

图 6-24

（4）如图 6-25 所示，已知 $\dfrac{BP}{PC}=\dfrac{3}{4}$，$\dfrac{AQ}{QC}=\dfrac{2}{5}$，求 $\dfrac{AR}{RP}$ 的值。

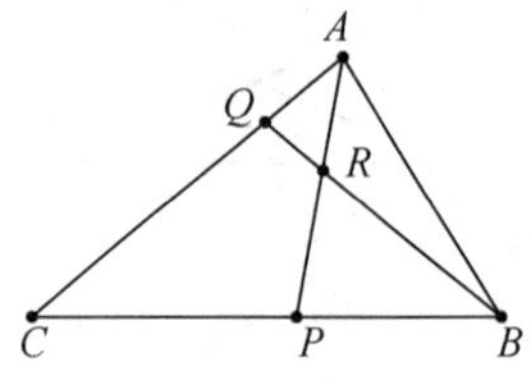

图 6-25

这四道练习题，可以利用传统添加平行线的方法，也可以用共边定理、共角定理来解答。若熟悉梅涅劳斯定理，则可以直接应用解题，其优点是解法简明，且不需要添加辅助线。

2．四点共圆的判定与性质

古希腊数学家毕达哥拉斯曾说：“一切立体图形中最美的是球，一切平面图形中最美的是圆。”圆是初中平面几何的“压轴戏”，在数学学习中占有重要位置。在动态几何题中，有时尽管没有直接给出圆，但通过对图形或点的运动（旋转、平移）过程的研究考查，挖掘“隐形圆”，联系条件和结论，找到更简洁的证明方法，从而优化解题过程。将线段和差最值问题与“隐形圆”结合在一起，是近年中考的热考点。在这里，重点探讨“四点共圆”的问题。

四点共圆的常用判定方法有以下几种。

定理 1：如果一个四边形的一对对角之和为 180°，则这个四边形内接于圆。

定理 2：如果一个四边形的外角等于它的内对角，则这个四边形内接于圆。

定理 3：如果共边三角形在公共边的同侧，且公共边所对的两个角相等，那么这两个等角的顶点和公共边的两个端点在同一个圆上。

定理 4：四边形的两条对角线被交点分成的两线段之积相等，则此四边形内接于圆。

判定四点共圆最朴素的方法是，若四个点到一定点的距离相等，则这四个点共圆。

在数学中考、竞赛中，遇到最多的情形是“双直角型”四点共圆。在这种情形下，我们倡导用简单、朴素的方法来理解。抓住学生最熟悉的知识：直角三角形斜边上的中线，等于斜边的一半，进而展开四点共圆。

“双直角四点共圆”情形 1：如图 6-26 所示，取斜边 AB 的中点 O，则容易证明 $OA=OB=OF=OE$，进而判定四点共圆。为了简化的需要，我们提出以下解题模式。

$$\angle E=\angle F=90^\circ \Rightarrow A、B、F、E\text{四点共圆}$$

$$\Rightarrow\begin{cases}\angle 1=\angle 2，\angle 3=\angle CAB\\ HA\cdot HF=HE\cdot HB，CE\cdot CA=CF\cdot CB\end{cases}$$

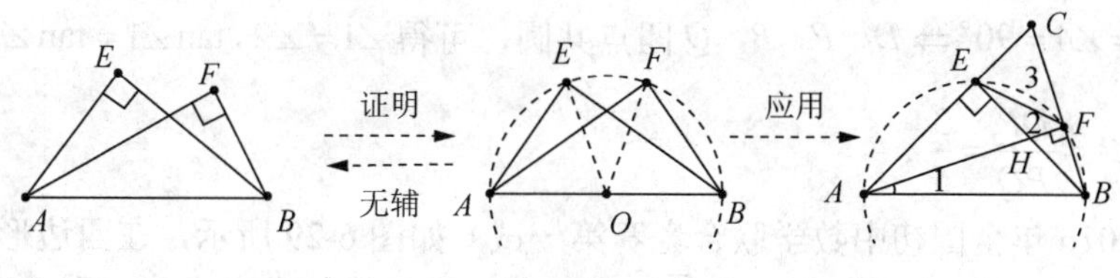

图 6-26

“双直角四点共圆”情形 2：如图 6-27 所示，取斜边 BD 的中点 O，则容易证明 $OA=OB=OC=OD$，进而判定四点共圆。为了简化的需要，我们提出以下解题模式。

$$\angle BAD+\angle BCD=90^\circ+90^\circ=180^\circ \Rightarrow A、B、C、D\text{四点共圆}$$

$$\Rightarrow\begin{cases}\angle 1=\angle 2，\angle 3=\angle PDC\\ AN\cdot CN=BN\cdot DN，PB\cdot PC=PA\cdot PD\end{cases}$$

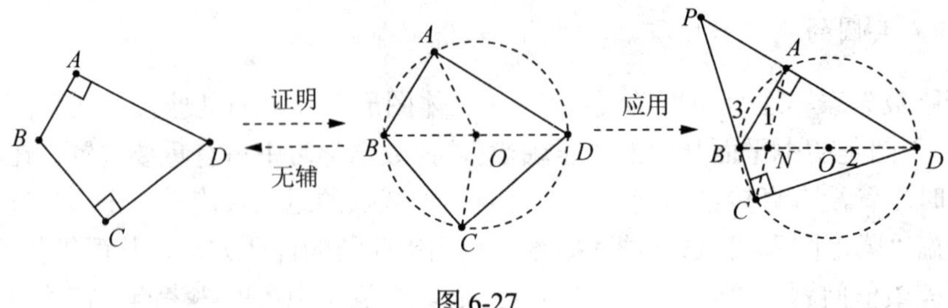

图 6-27

练习

（1）（2013·成都）如图 6-28 所示，点 B 在线段 AC 上，点 D、E 在 AC 同侧，$\angle A=\angle C=90°$，$BD\perp BE$，$AD=BC$。

① 求证：$AC=AD+CE$；

② 若 $AD=3$，$CE=5$，点 P 为线段 AB 上的动点，连接 DP，作 $PQ\perp DP$，交直线 BE 于点 Q。当点 P 与 A、B 两点不重合时，求 $\dfrac{DP}{PQ}$ 的值。

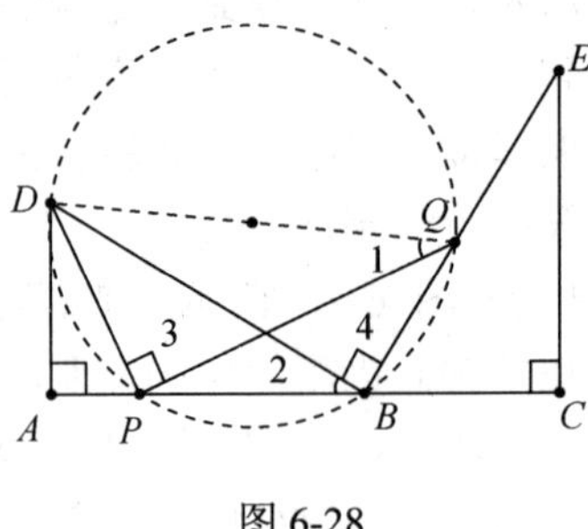

图 6-28

解：①题略。

②$\angle 3=\angle 4=90°\Rightarrow D$、$P$、$B$、$Q$ 四点共圆，可得 $\angle 1=\angle 2$，$\tan\angle 1=\tan\angle 2=\dfrac{AD}{AB}=\dfrac{3}{5}$，则 $\tan\angle 1=\dfrac{DP}{PQ}=\dfrac{3}{5}$。

（2）（2016 年全国初中数学联合竞赛第一试）如图 6-29 所示，在四边形 $ABCD$ 中，$\angle BAC=\angle BDC=90°$，$AB=AC=\sqrt{5}$，$CD=1$，对角线的交点为 M，则 $DM=$（　　）。

A. $\dfrac{\sqrt{3}}{2}$　　B. $\dfrac{\sqrt{5}}{3}$　　C. $\dfrac{\sqrt{2}}{2}$　　D. $\dfrac{1}{2}$

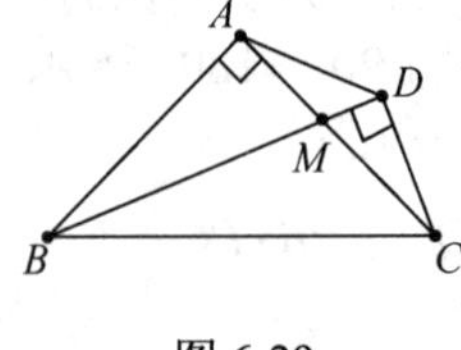

图 6-29

解法 1：如图 6-30 所示，由勾股定理，得 $BC=\sqrt{AB^2+AC^2}=\sqrt{10}$，$BD=\sqrt{BC^2-DC^2}=3$。因为 $\angle BAC=\angle BDC=90^\circ$，所以 A、B、C、D 四点共圆，$\angle 1=\angle 3=45^\circ$（图 6-31）。

由托勒密定理，得 $AB\cdot DC+BC\cdot AD=BD\cdot AC$，即 $\sqrt{5}\times 1+\sqrt{10}\times AD=\sqrt{5}\times 3$，$AD=\sqrt{2}$。

如图 6-31 所示，$S_{\triangle ACD}=S_{\triangle ADM}+S_{\triangle CDM}$。所以 $\frac{1}{2}\cdot AD\cdot DC\cdot\sin\angle ADC=\frac{1}{2}\cdot AD\cdot DM\times\sin\angle 1+\frac{1}{2}\cdot DM\cdot DC$，即 $\sqrt{2}\times 1\times\frac{\sqrt{2}}{2}=\sqrt{2}\times DM\times\frac{\sqrt{2}}{2}+DM\times 1$，所以 $DM=\frac{1}{2}$。

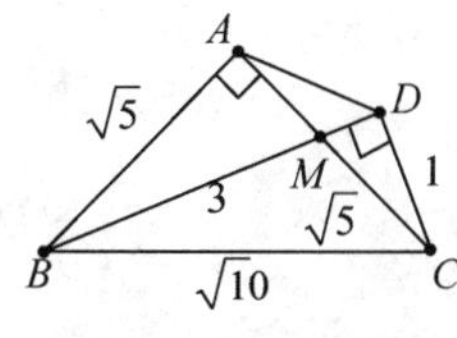

图 6-30

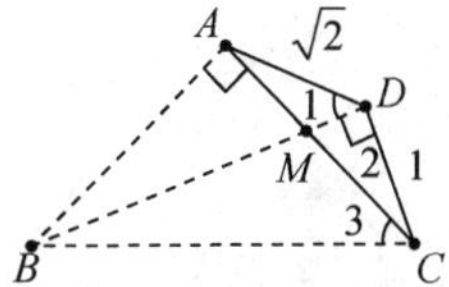

图 6-31

解法 2：由托勒密定理，得 $\sqrt{5}\times 1+\sqrt{10}\times AD=\sqrt{5}\times 3$，$AD=\sqrt{2}$。由余弦定理，得 $\cos\angle ACD=\frac{AC^2+DC^2-AD^2}{2\times AC\cdot DC}=\frac{5+1-2}{2\times\sqrt{5}\times 1}=\frac{2}{\sqrt{5}}$，$\cos\angle MCD=\frac{DC}{MC}=\frac{2}{\sqrt{5}}$，$\frac{1}{MC}=\frac{2}{\sqrt{5}}$，$MC=\frac{\sqrt{5}}{2}$。由勾股定理，得 $DM=\sqrt{MC^2-DC^2}=\frac{1}{2}$。

解法 3：如图 6-32 所示，由托勒密定理，得 $\sqrt{5}\times 1+\sqrt{10}\times AD=\sqrt{5}\times 3$，$AD=\sqrt{2}$。

由共边定理，得 $\frac{DM}{MB}=\frac{S_{\triangle ACD}}{S_{\triangle ABC}}$，$\frac{DM}{3-DM}=\frac{\frac{1}{2}\times\sqrt{2}\times 1\times\frac{\sqrt{2}}{2}}{\frac{1}{2}\times\sqrt{5}\times\sqrt{5}}=\frac{1}{5}$，即 $DM=\frac{1}{2}$。

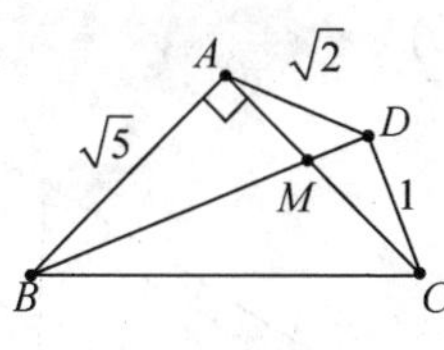

图 6-32

解法 4：如图 6-33 所示，设 $DM=x$，$MC=y$。

由题意，得 $\triangle DMC\backsim\triangle AMB$，即 $\frac{x}{\sqrt{5}-y}=\frac{y}{3-x}=\frac{1}{\sqrt{5}}$。

解得 $DM=\frac{1}{2}$。

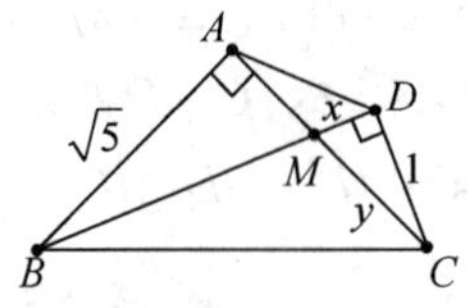

图 6-33

（3）（2015 年上海市初三数学竞赛）已知：如图 6-34 所示，在$\triangle ABC$中，$CB=a$，$CA=b$，$\angle ACB=60^\circ$，$\triangle ABD$是中心为P的正三角形，求CP的长度。

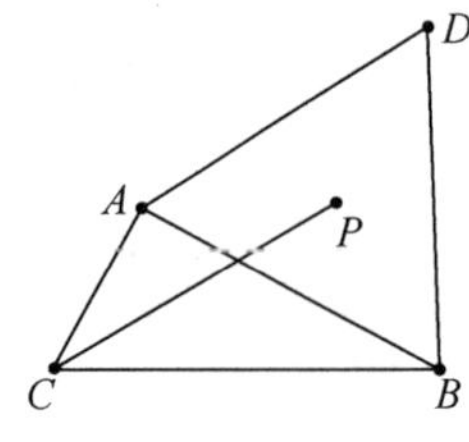

图 6-34

解法 1：如图 6-35 所示，连接PA、PB。

因为$\triangle ABD$是中心为P的正三角形，所以$\angle APB=120^\circ$，$\angle ACB=60^\circ$，所以$\angle APB+\angle ACB=120^\circ+60^\circ=180^\circ$，即$A$、$C$、$B$、$P$四点共圆。

设$PA=PB=r$，在$\triangle ABD$中，由正弦定理，得$\dfrac{AB}{\sin\angle D}=2r$，所以$AB=\sin 60^\circ\times 2r=\dfrac{\sqrt{3}}{2}\times 2r=\sqrt{3}r$。

由托勒密定理，得$BC\cdot PA+AC\cdot PB=PC\cdot AB$，所以$ar+br=PC\times\sqrt{3}r$，$a+b=PC\times\sqrt{3}$，即$PC=\dfrac{a+b}{\sqrt{3}}=\dfrac{\sqrt{3}}{3}(a+b)$。

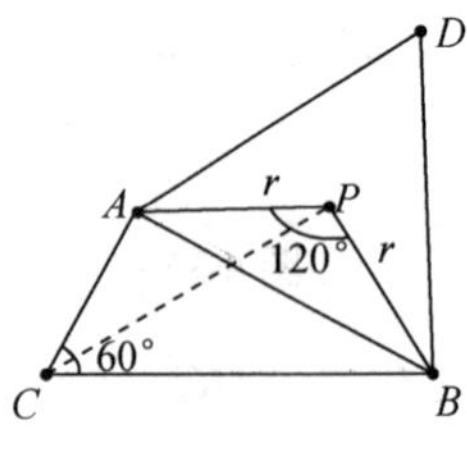

图 6-35

解法 2：$\triangle ABD$是中心为P的正三角形，设$PA=PB=r$，易求得$\angle PAB=\angle PBA=30^\circ$。由$A$、$C$、$B$、$P$四点共圆，得$\angle ACP=\angle PCB=30^\circ$；$\triangle ACP$中，由余弦定理，得$r^2=b^2+PC^2-2b\cdot PC\cdot\cos 30^\circ$，$\triangle PCP$中，由余弦定理，得$r^2=a^2+PC^2-2a\cdot PC\cdot$

$\cos 30°$。

所以$a^2+PC^2-2\times\frac{\sqrt{3}}{2}a\times PC=b^2+PC^2-2\times\frac{\sqrt{3}}{2}b\times PC$，$a^2-\sqrt{3}a\times PC=b^2-\sqrt{3}b\times PC$；$a^2-b^2=\sqrt{3}a\times PC-\sqrt{3}b\times PC$，$(a+b)(a-b)=\sqrt{3}PC(a-b)$。

所以$a+b=\sqrt{3}PC$，即$PC=\frac{a+b}{\sqrt{3}}=\frac{\sqrt{3}}{3}(a+b)$。

此题还有其他多种解法，值得深入研究。

3. 正弦、余弦、正切和（差）角公式

应用正弦三角形面积公式、正弦定理、余弦定理、锐角的正弦定义、锐角的余弦定义、锐角的正切定义，我们常常需要以下特殊角的三角函数值。

$$\sin 30°=\cos 60°=\sin 150°=\frac{1}{2}$$

$$\sin 45°=\cos 45°=\sin 135°=\frac{\sqrt{2}}{2}$$

$$\sin 60°=\cos 30°=\sin 120°=\frac{\sqrt{3}}{2}$$

$$\cos 150°=-\cos 30°=-\frac{\sqrt{3}}{2}$$

$$\cos 135°=-\cos 45°=-\frac{\sqrt{2}}{2}$$

$$\cos 120°=-\cos 60°=-\frac{1}{2}$$

$$\tan 30°=\frac{\sqrt{3}}{3},\quad \tan 45°=1,\quad \tan 60°=\sqrt{3}$$

$$\tan 150°=-\tan 30°=-\frac{\sqrt{3}}{3}$$

$$\tan 135°=-\tan 45°=-1$$

$$\tan 120°=-\tan 60°=-\sqrt{3}$$

$$\sin 15°=\cos 75°=\frac{\sqrt{6}-\sqrt{2}}{4}$$

$$\sin 75°=\cos 15°=\frac{\sqrt{6}+\sqrt{2}}{4}$$

……

正弦和角公式：$\sin(\alpha+\beta)=\sin\alpha\cdot\cos\beta+\cos\alpha\cdot\sin\beta$（前加后加）。

正弦差角公式：$\sin(\alpha-\beta)=\sin\alpha\cdot\cos\beta-\cos\alpha\cdot\sin\beta$（前减后减）。

余弦和角公式：$\cos(\alpha+\beta)=\cos\alpha\cdot\cos\beta-\sin\alpha\cdot\sin\beta$（前加后减）。

余弦差角公式：$\cos(\alpha-\beta)=\cos\alpha\cdot\cos\beta+\sin\alpha\cdot\sin\beta$（前减后加）。

正切和角公式：$\tan(\alpha+\beta)=\dfrac{\tan\alpha+\tan\beta}{1-\tan\alpha\cdot\tan\beta}$。

正切差角公式：$\tan(\alpha-\beta)=\dfrac{\tan\alpha-\tan\beta}{1+\tan\alpha\cdot\tan\beta}$。

如图 6-36 所示，从锐角的正弦传统定义，我们得到一个基本结论与基本图：斜边为 1 的直角三角形中，一个锐角的对边长就是这个角的正弦，它的邻边长就是这个角的余弦。

如图 6-37 所示，构造斜边等于 1 的直角$\triangle ABC$，在$\angle B$的内部作一分割线，分得的两小角分别是α和β。过点A作$\angle\beta$一边的垂线，垂足为点E，则$AE=\sin\beta$，$BE=\cos\beta$。

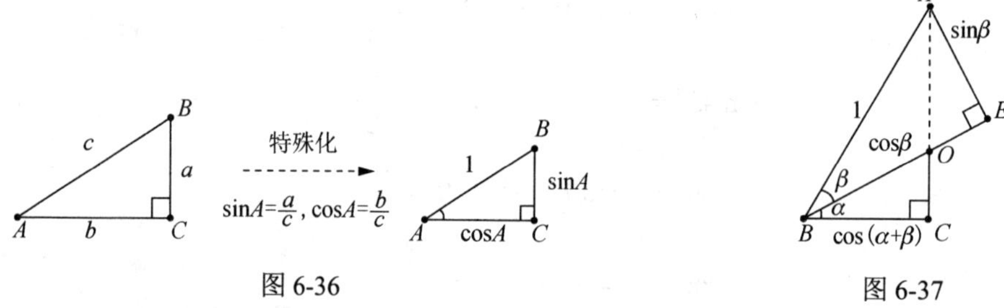

图 6-36

图 6-37

如图 6-38 所示，过点E作$ED\perp BC$，垂足为点D。在直角$\triangle BED$中，$ED=\cos\beta\cdot\sin\alpha$，$BD=\cos\beta\cdot\cos\alpha$。

过点A作$AF\perp DE$，垂足为点F，由定理“同角的余角相等”，可证$\angle AEF=\angle\alpha$。

在直角$\triangle AEF$中，$AF=\sin\beta\cdot\sin\alpha$，$EF=\sin\beta\cdot\cos\alpha$。所以$\sin(\alpha+\beta)=AC=ED+EF=\sin\alpha\cdot\cos\beta+\cos\alpha\cdot\sin\beta$，$\cos(\alpha+\beta)=BC=BD-CD=BD-AF=\cos\alpha\cdot\cos\beta-\sin\alpha\cdot\sin\beta$。

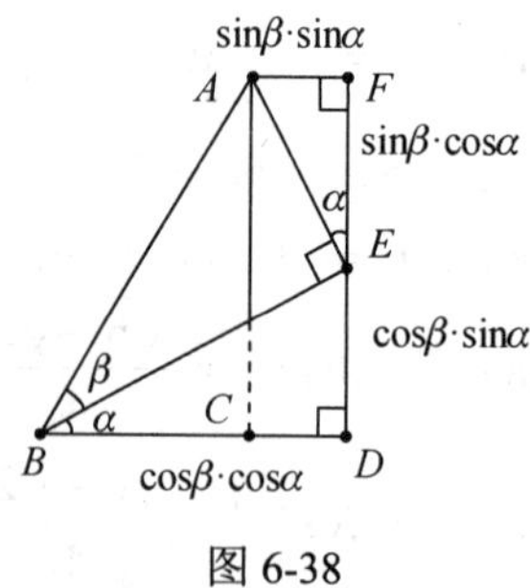

图 6-38

正弦差角公式、余弦差角公式的证明如下。

如图 6-39 所示，先构造斜边为 1 的直角$\triangle ABE$。过点A向下任作AN交BE于点N。设$\angle ANE=\angle\alpha$。$\angle ANE=\angle\alpha=\angle\beta+\angle BAN$，所以$\angle BAN=\alpha-\beta$。

如图 6-40 所示，过点 B 作 $BC \perp AN$，垂足为点 C。在直角 $\triangle ABC$ 中，斜边为 1，则两直角边长分别是 $\sin(\alpha-\beta)$、$\cos(\alpha-\beta)$。

如图 6-41 所示，过点 E 作 $ED \perp BC$，垂足为点 D。在直角 $\triangle BDE$ 中，两直角边长分别是 $BD=\cos\beta\cdot\sin\alpha$、$DE=\cos\beta\cdot\cos\alpha$。

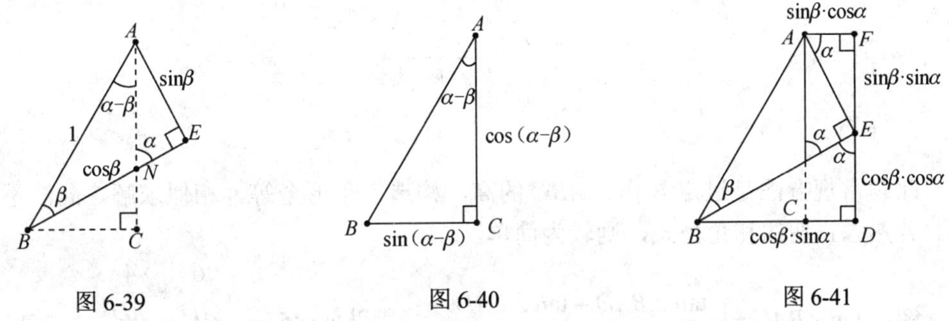

图 6-39　　图 6-40　　图 6-41

过点 A 作 $AF \perp DE$，垂足为点 F。由定理“同角的余角相等”，可证 $\angle FAE=\angle\alpha$。在直角 ΔAEF 中，$EF=\sin\beta\cdot\sin\alpha$，$AF=\sin\beta\cdot\cos\alpha$。所以 $\sin(\alpha-\beta)=BD-CD=BD-AF=\sin\alpha\cdot\cos\beta-\cos\alpha\cdot\sin\beta$，$\cos(\alpha-\beta)=DE+EF=\cos\alpha\cdot\cos\beta+\sin\alpha\cdot\sin\beta$。

利用正弦和（差）角公式，我们还可以推导以下特殊角的正弦值。

$$\sin 15^\circ=\sin(45^\circ-30^\circ)=\sin 45^\circ\cdot\cos 30^\circ-\cos 45^\circ\cdot\sin 30^\circ=\frac{\sqrt{6}-\sqrt{2}}{4}$$

$$\sin 75^\circ=\sin(45^\circ+30^\circ)=\sin 45^\circ\cdot\cos 30^\circ+\cos 45^\circ\cdot\sin 30^\circ=\frac{\sqrt{6}+\sqrt{2}}{4}$$

正切和（差）角公式的证明如下。

$$\tan(\alpha+\beta)=\frac{\sin(\alpha+\beta)}{\cos(\alpha+\beta)}=\frac{\sin\alpha\cdot\cos\beta+\cos\alpha\cdot\sin\beta}{\cos\alpha\cdot\cos\beta-\sin\alpha\cdot\sin\beta}$$

$$=\frac{\dfrac{\sin\alpha\cdot\cos\beta}{\cos\alpha\cdot\cos\beta}+\dfrac{\cos\alpha\cdot\sin\beta}{\cos\alpha\cdot\cos\beta}}{\dfrac{\cos\alpha\cdot\cos\beta}{\cos\alpha\cdot\cos\beta}-\dfrac{\sin\alpha\cdot\sin\beta}{\cos\alpha\cdot\cos\beta}}=\frac{\tan\alpha+\tan\beta}{1-\tan\alpha\cdot\tan\beta}$$

$$\tan(\alpha-\beta)=\frac{\sin(\alpha-\beta)}{\cos(\alpha-\beta)}=\frac{\sin\alpha\cdot\cos\beta-\cos\alpha\cdot\sin\beta}{\cos\alpha\cdot\cos\beta+\sin\alpha\cdot\sin\beta}$$

$$=\frac{\dfrac{\sin\alpha\cdot\cos\beta}{\cos\alpha\cdot\cos\beta}-\dfrac{\cos\alpha\cdot\sin\beta}{\cos\alpha\cdot\cos\beta}}{\dfrac{\cos\alpha\cdot\cos\beta}{\cos\alpha\cdot\cos\beta}+\dfrac{\sin\alpha\cdot\sin\beta}{\cos\alpha\cdot\cos\beta}}=\frac{\tan\alpha-\tan\beta}{1+\tan\alpha\cdot\tan\beta}$$

对于某些几何难题，利用正切和角公式或差角公式求解，比较简单。

【例 7】（鄂州市 2008 年，填选小压轴）如图 6-42 所示，在 $\triangle ABC$ 中，$\angle BAC=45^\circ$，$AD\perp BC$ 于 D 点，已知 $BD=6$，$CD=4$，则高 AD 的长为__________。

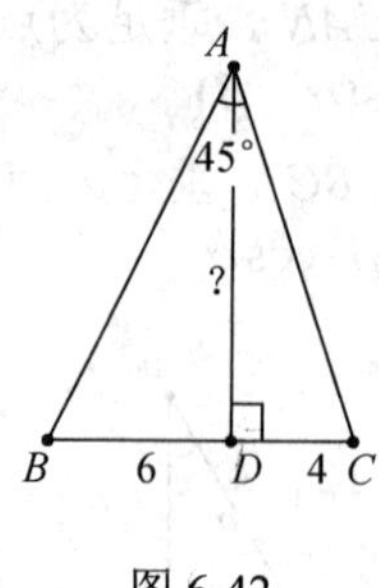

图 6-42

此题常规方法是过点 B 作 $\triangle ABC$ 的高，构造三角形全等、相似求解，此法不易想出。若熟悉正切的和角公式，则较为简单。

解：$\tan\angle BAC=\dfrac{\tan\angle BAD+\tan\angle CAD}{1-\tan\angle BAD\times\tan\angle CAD}$，所以$\tan 45^\circ=\dfrac{\dfrac{6}{AD}+\dfrac{4}{AD}}{1+\dfrac{6}{AD}\times\dfrac{4}{AD}}$。所以$1=\dfrac{\dfrac{10}{AD}}{1-\dfrac{24}{AD\times AD}}=\dfrac{10AD}{AD^2-24}$，$AD^2-24=10AD$，即$AD^2-10AD-24=0$，$AD=12$。

一数学教学杂志曾刊登以下试题，数学老师列举三种通过添加辅助线，构造三角形相似的方法求解。看上去不复杂的题目，可能会出现无理方程和高次方程，好列不好解。利用正切和角公式，不添加辅助线，可以轻松搞定此题。

【例 8】已知：如图 6-43 所示，$\triangle ABC$ 中，$\angle C=90^\circ$，D 是 AC 上一点，$\angle ABD=45^\circ$，BC=3，AD=5。求 AB。

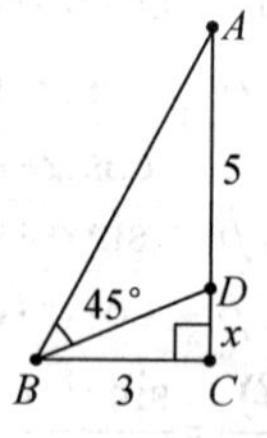

图 6-43

解法 1：设$CD=x$，则$\tan 45^\circ=\tan(\angle ABC-\angle DBC)=\dfrac{\tan\angle ABC-\tan\angle DBC}{1+\tan\angle ABC\tan\angle DBC}=\dfrac{\dfrac{5+x}{3}-\dfrac{x}{3}}{1+\dfrac{5+x}{3}\times\dfrac{x}{3}}$。解得$x=1$，则$AB=3\sqrt{5}$。

解法 2：设$CD=x$，由于$\dfrac{S_{\triangle ABC}}{S_{\triangle BCD}}=\dfrac{AD}{CD}=\dfrac{AB\sin\angle ABD}{BC\sin\angle CBD}$，即$\dfrac{5}{x}=\dfrac{\sqrt{(5+x)^2+9}\sin 45^\circ}{3\dfrac{x}{\sqrt{x^2+3}}}$。

解得，$x=1$，则$AB=3\sqrt{5}$。

【例 9】（第 24 届希望杯初二竞赛）已知：如图 6-44 所示，在梯形$ABED$中，$\angle D=\angle E=90^\circ$。$\triangle ABC$是等边三角形，且点$C$在$DE$上，如果$AD=7$，$BE=11$，求$\triangle ABC$的面积。

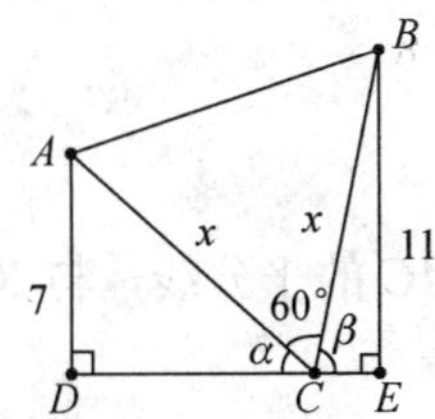

图 6-44

此题解法较多，难在添加辅助线及解方程上。如果从“无辅”与列简易方程的视角，应用正弦和角公式较佳。而正弦和角公式，在“重建三角”实验方案中，是四大解题利器之一。以下方法，体现了这一利器的威力。

解：设等边三角形的边长是x。由题意，得$\sin\alpha=\sin(60^\circ+\beta)$。

所以$\dfrac{7}{x}=\sin 60^\circ\cos\beta+\cos 60^\circ\sin\beta$，$\dfrac{7}{x}=\dfrac{\sqrt{3}}{2}\times\dfrac{\sqrt{x^2-11^2}}{x}+\dfrac{1}{2}\times\dfrac{11}{x}$，$14=\sqrt{3}\times\sqrt{x^2-11^2}+11$，$\sqrt{3}=\sqrt{x^2-11^2}$，$x^2=124$，即$S_{\triangle ABC}=\dfrac{1}{2}x^2\sin 60^\circ=\dfrac{1}{2}\times 124\times\dfrac{\sqrt{3}}{2}=31\sqrt{3}$。

第 3 节　实验方案配套习题题库建设——以成都中考为例

进行三共定理方案实验或四弦方案实验，首要的目标是利用较少的三共定理、四弦定理（公式），将众多的数学知识串联起来。另外，新增加的定理、公式本身也是解题利器，我们要注意收集相关习题。各地中考，既有毕业考核功效，也有选拔功能。高初中衔接数学内容，自然是数学 B 卷出题热点。从这一视角，我们可感受到新方案实验的实战价值。

进行三共定理方案实验或四弦方案实验，建立与此配套的题库。这些习题，可以从中考、竞赛题库中收集、整理、归类，尤其是分析本地中考试题，以提高实验教学的实效性、针对性。以近两年成都中考分析为例：

2016年成都中考	20题：余弦定理 23题：正弦定理 25题：正弦面积公式、余弦定理	27（2）①题：余弦定理 27（2）②题：正弦定理
2015年成都中考	24题：正弦定理、余弦定理	27题：余弦定理

对于这些习题，我们既要重视传统解法，也要不失时机采用新方法求解。

在这里，重点以2016年成都中考部分习题进行具体分析。

【例10】（成都中考，2016年，20题）如图6-45所示，在Rt△ABC中，$\angle ABC=90°$，以CB为半径作⊙C，交AC于点D，交AC的延长线于点E，连接BD、BE。

（1）求证：△ABD∽△AEB；

（2）当$\frac{AB}{BC}=\frac{4}{3}$时，求$\tan E$；

（3）在（2）的条件下，作$\angle BAC$的平分线，与BE交于点F。若$AF=2$，求⊙C的半径。

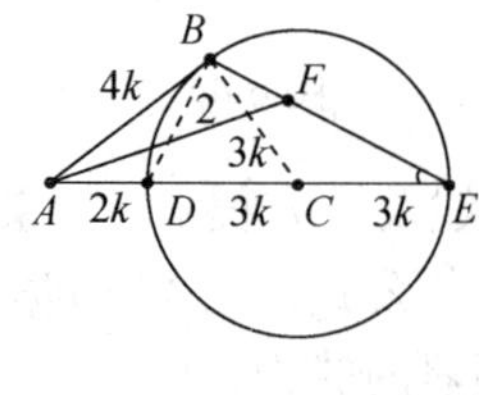

图6-45

解：（1）题略。

（2）设$AB=4k$，则$CE=CB=3k$，由（1）知，△ABD∽△AEB，所以$\frac{BD}{BE}=\frac{AB}{AE}$。

在Rt△ABC中，$AC=5k$，$AE=AC+CE=5k+3k=8k$，$\frac{BD}{BE}=\frac{AB}{AE}=\frac{4k}{8k}=\frac{1}{2}$。

在Rt△DBE中，$\tan E=\frac{BD}{BE}=\frac{1}{2}$。

（3）设$BD=x$，则$BE=2x$。由勾股定理，得$BD^2+BE^2=DE^2$，$x^2+(2x)^2=(6k)^2$，$5x^2=36k^2$，$x=6\sqrt{\frac{1}{5}}k=\frac{6\sqrt{5}}{5}k$。所以$BE=2x=\frac{12\sqrt{5}}{5}k$。

$\angle BAF=\angle FAE$，则$\frac{AB}{AE}=\frac{BF}{EF}$，$\frac{4k}{8k}=\frac{BF}{EF}=\frac{1}{2}$。所以$EF=\frac{2}{3}BE=\frac{2}{3}\times\frac{12\sqrt{5}}{5}k=\frac{8\sqrt{5}}{5}k$，

即$\cos\angle E=\frac{BE}{DE}=\frac{\frac{12\sqrt{5}}{5}k}{6k}=\frac{2\sqrt{5}}{5}$。

如图6-46所示，由余弦定理，得$AF^2=AE^2+EF^2-2AE\cdot EF\cdot\cos\angle E$，即$2^2=(8k)^2$

$+\left(\frac{8\sqrt{5}}{5}k\right)^2-2\times 8k\times\frac{8\sqrt{5}}{5}k\times\frac{2\sqrt{5}}{5}$，$4=64k^2+\frac{64}{5}k^2-\frac{4\times 64}{5}k^2$，$4=64k^2\times\left(1+\frac{1}{5}-\frac{4}{5}\right)$，$4=64k^2\times\frac{2}{5}$，$k^2=\frac{10}{64}$，$k=\frac{10}{8}$。所以$CE=3k=3\times\frac{\sqrt{10}}{8}=\frac{3\sqrt{10}}{8}$。

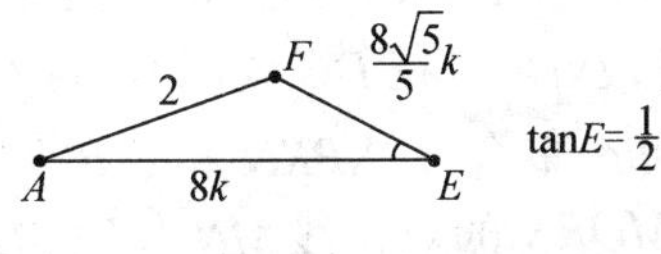

图 6-46

【例 11】（成都中考，2016 年，23 题）如图 6-47 所示，$\triangle ABC$ 内接于$\odot O$，$AH\perp BC$ 于点H，若$AC=24$，$AH=18$，$\odot O$的半径$OC=13$，则$AB=$________。

如图 6-48 所示，此题参考答案常常是作直径，若用正弦定理，可实现无辅求解。

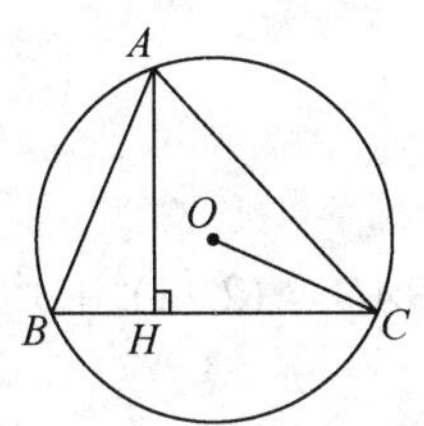

图 6-47

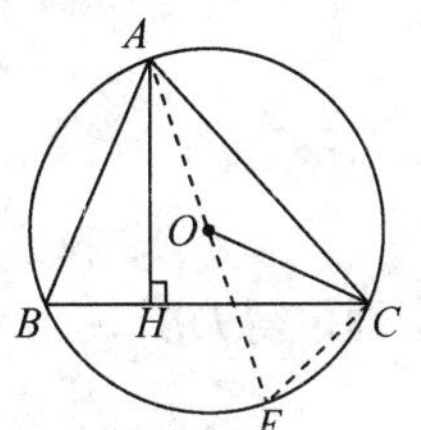

图 6-48

解： Rt$\triangle AHC$中，$\sin\angle C=\frac{AH}{AC}=\frac{18}{24}=\frac{3}{4}$。$\triangle ABC$ 中，由正弦定理，得$\frac{AB}{\sin\angle C}=2r$，所以$AB=2r\cdot\sin\angle C=2\times 13\times\frac{3}{4}=\frac{39}{2}$。

【例 12】（成都中考，2016 年，25 题）如图 6-49 所示，面积为 6 的平行四边形纸片 $ABCD$ 中，$AB=3$，$\angle BAD=45°$，按下列步骤进行裁剪和拼图。

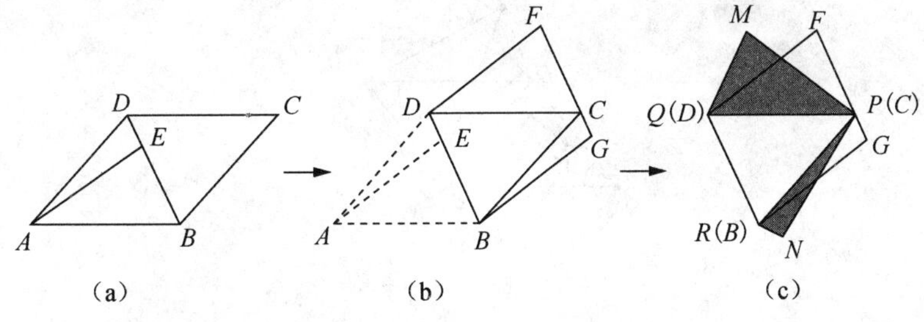

图 6-49

第一步：如图 6-49（a）所示，将平行四边形纸片沿对角线 BD 剪开，得到$\triangle ABD$ 和

$\triangle BCD$纸片，再将$\triangle ABD$纸片沿AE剪开（E为BD上任意一点），得到$\triangle ABE$和$\triangle ADE$纸片。

第二步：如图 6-49（b）所示，将$\triangle ABE$纸片平移至$\triangle DCF$处，将$\triangle ADE$纸片平移至$\triangle BCG$处。

第三步：如图 6-49（c）所示，将$\triangle DCF$纸片翻转过来使其背面朝上置于$\triangle QPM$处（边PQ与DC重合，$\triangle QPM$和$\triangle DCF$在DC同侧），将$\triangle BCG$纸片翻转过来使其背面朝上置于$\triangle PRN$处（边PR与BC重合，$\triangle PRN$和$\triangle BCG$在BC同侧）。

则由纸片拼成的五边形$PMQRN$的对角线MN长度的最小值为________。

解：如图6-50所示，$S_{平行四边形ABCD} = AB \cdot AD \cdot \sin\angle BAD$，即$6 = 3 \times AD \cdot \dfrac{\sqrt{2}}{2}$，$AD = 2\sqrt{2}$。

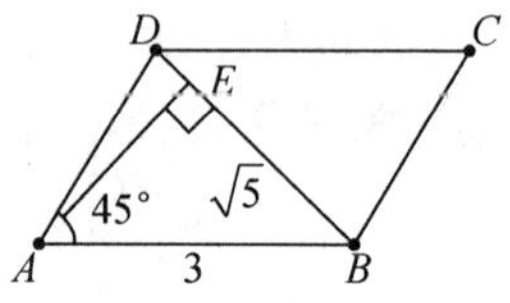

图 6-50

由余弦定理，得$DB^2 = AD^2 + AB^2 - 2 \times AD \cdot AB \cdot \cos\angle BAD = (2\sqrt{2})^2 + 3^2 - 2 \times 2\sqrt{2} \times 3 \times \dfrac{\sqrt{2}}{2} = 5$，$DB = \sqrt{5}$。

因为$S_{\triangle ABD} = \dfrac{1}{2} \times AD \cdot AB \cdot \sin\angle BAD = \dfrac{1}{2} \times DB \cdot AE$，所以$\dfrac{1}{2} \times 2\sqrt{2} \times 3 \times \dfrac{\sqrt{2}}{2} = \dfrac{1}{2} \times \sqrt{5} \times AE$，$AE = \dfrac{6}{\sqrt{5}} = \dfrac{6\sqrt{5}}{5}$。

如图 6-51 所示，当PM最小时，对角线MN最小，即AE取最小值，所以当$AE \perp BD$时，AE取最小值。由题意，得$\angle DPB = \angle DAB = 45°$。

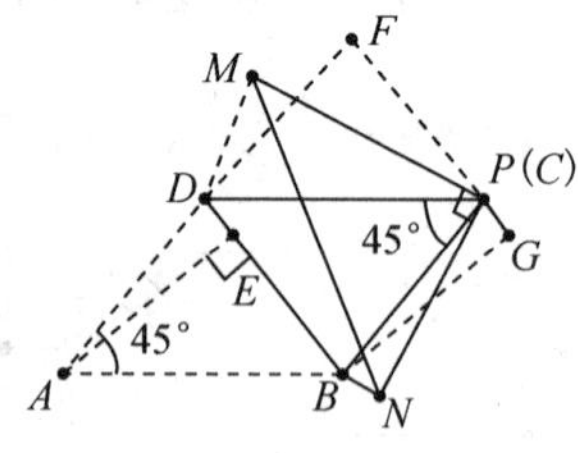

图 6-51

由平移，得$MP = DF = AE = \dfrac{6\sqrt{5}}{5}$，$\angle MPN = 90°$，$MP = NP$。所以$MN = \sqrt{2}MP =$

$\dfrac{6\sqrt{10}}{5}$。

【例 13】（成都中考，2016 年，27 题）如图 6-52（a）所示，$\triangle ABC$ 中，$\angle ABC = 45^\circ$，$AH \perp BC$ 于点 H，点 D 在 AH 上，且 $DH = CH$，连接 BD。

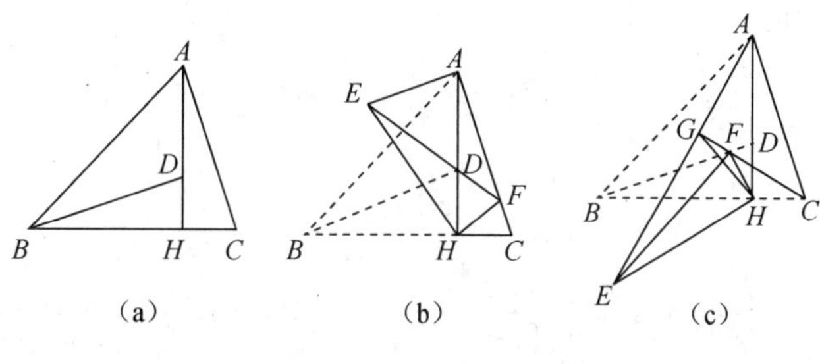

图 6-52

（1）求证：$BD = AC$；

（2）将$\triangle BHD$绕点 H 旋转，得到$\triangle EHF$，且点 B、D 分别与点 E、F 对应，连接 AE。

① 如图 6-52（b）所示，当点 F 落在 AC 上时（F 不与 C 重合），若 $BC = 4$，$\tan C = 3$，求 AE 的长；

② 如图 6-52（c）所示，当$\triangle EHF$是由$\triangle BHD$绕点 H 逆时针旋转30°得到时，设射线 CF 与 AE 相交于点 G，连接 GH，试探究线段 GH 与 EF 之间满足的等量关系，并说明理由。

解：（1）题略。

（2）① 如图 6-53 所示，$\mathrm{Rt}\triangle AHC$ 中，$\tan C = \dfrac{AH}{HC} = 3$。设 $HC = x$，$AH = 3x$。由题意，$HF = HC = x$，$EH = BH = AH = 3x$，$BC = x + 3x - 4$。所以$x = 1$，$HC = 1$，$AH = 3$。所以$AC = \sqrt{AH^2 + HC^2} = \sqrt{3^2 + 1^2} = \sqrt{10}$。

$\mathrm{Rt}\triangle AHC$ 中，$\cos C = \dfrac{HC}{AC} = \dfrac{1}{\sqrt{10}}$。

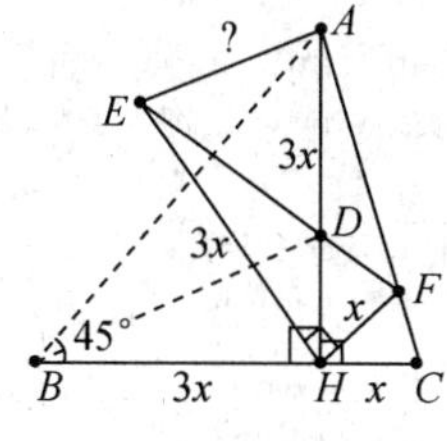

图 6-53

$\triangle HCF$ 中，由余弦定理，得$\cos C = \dfrac{FC^2 + HC^2 - HF^2}{2FC \cdot HC} = \dfrac{1}{\sqrt{10}}$，所以$\dfrac{FC^2 + 1^2 - 1^2}{2FC \times 1} =$

$\frac{1}{\sqrt{10}}$，$\frac{FC^2}{2FC}=\frac{1}{\sqrt{10}}$，$FC=\frac{\sqrt{10}}{5}$。

易证：$\triangle HCF \backsim \triangle HEA$，$AE=3FC=\frac{3\sqrt{10}}{5}$。

② 如图 6-54 所示，可得

$$\left.\begin{array}{l}\angle EHF=90^\circ\\ \angle EHB=30^\circ\end{array}\right\}\Rightarrow \angle BHF=60^\circ\Rightarrow \angle FHA=30^\circ$$

$$FH=HC\Rightarrow \angle HCF=\angle HFC=30^\circ$$

如图 6-55 所示，$\angle AGC=\angle AHC=90^\circ$，则$A$、$G$、$H$、$C$四点共圆。$\triangle GHC$中，由正弦定理，得$\frac{GH}{\sin\angle GCH}=2r$，$\frac{GH}{\sin 30^\circ}=AC$，所以$GH=AC\cdot\sin 30^\circ=\frac{1}{2}AC$。所以$EF=AC$，所以$GH=\frac{1}{2}EF$。

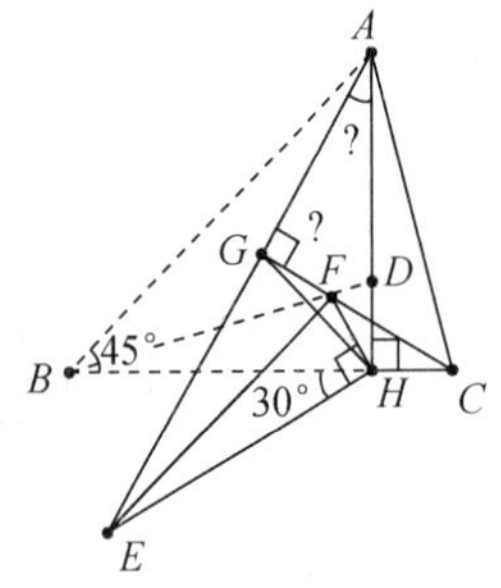

图 6-54

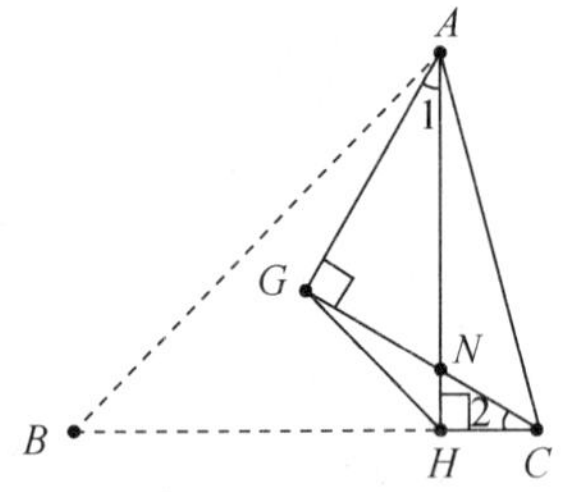

图 6-55

参 考 文 献

波利亚 G，1982．怎样解题[M]．涂泓，冯承天，译．上海：上海科技教育出版社．

陈永明，2012．陈永明讲评数学题：高中习题归类研讨[M]．上海：上海科技教育出版社．

陈永明，2013．陈永明讲评数学题：初中习题归类研讨[M]．上海：上海科技教育出版社．

陈永明名师工作室，2014．数学习题教学研究（修订版）[M]．上海：上海教育出版社．

傅学顺，2014．中学数学思维方法：妙说波利亚的解题编题绝招[M]．北京：北京大学出版社．

罗增儒，1997．数学解题学引论[M]．西安：陕西师范大学出版社．

单墫，2016．解题研究[M]．上海：上海教育出版社．

张景中，1996．从数学难学谈起[J]．世界科技研究与发展，(2)：20-29．

朱华伟，钱展望，2009．数学解题策略[M]．北京：科学出版社．

第7章 教育数学的实践策略

字如其人，生如其师。老师的解题习惯、解题思路影响着学生。首先要做教育数学实践，要阅读原著，理解四弦方案或三共方案之要义；其次，要善于利用四弦公式（定理）、三共定理解难题，并建立相应习题库；更重要的是，导出新知，要善于从这里出发。也许，刚开始我们对这两套方案还比较生疏，只要坚持，我们就能体会其妙处。过去，我们将四弦公式（定理）、三共定理仅仅作为“高精尖”兵器，只有少数学生掌握。而现在我们要做的，就是要让它成为常规兵器，让大多数学生能理解并掌握。

近年来，张景中常以“启发思考，追求平易——教育数学：把数学变容易”为题，进行教育数学的实践培训。其中的经典语句是“熟悉了就容易，简单了就容易，看清了就容易，想通了就容易”。这既是张景中数十年的治学经验，也可供我们实践教育数学参考。

教育数学是对初中数学代数、三角与几何领域的大跨度整合，对初等数学结构进行了大调整，这或许会与我们多年的教学惯性相冲突。推动教育数学，关键是走进课堂、依靠教师，最大的难题是如何熟悉、看清、想通新体系。

阅读张景中的原著是熟悉、看清、想通新体系的主要途径。另外，学以致用，在实践中领悟，才能逐步进入教育数学的核心领域。

第1节 抓住两套方案的最核心定理进行实验

推广教育数学要善于抓住主要矛盾，抓住矛盾的主要方面，不要平均用力。三共定理方案与四弦方案，各有其特色，师生可根据自身的喜好，选择其中一个作为实验的主轴，然后考虑将两套方案融合起来，合二为一。

80/20 定律是由 19 世纪末 20 世纪初意大利经济学家及社会学家帕累托提出的，是说在任何一组东西之中，最重要的通常只占其中的一小部分。后人对他的这项发现有不同的命名，如帕累托法则、帕累托定律、80/20 法则、二八法则、最省力法则、不平衡原则等。80/20 法则主张：一个小的诱因、投入和努力，通常可以产生大的结果、产出或酬劳；80%的产出，来自于 20%的投入；80%的结果，归结于 20%的起因；80%的成绩，归功于20%的努力。从宏观来看，抓住四弦定理（公式）或三共定理少数知识，就能构建新的初等数学体系和教学体系。而要推动新体系，需要一个逐渐认识的过程。因此，我们也可考虑抓住最核心的新公式（定理）进行实践，期望抓住20%的关键因素，常常能产生80%的效益。而在三共定理方案与四弦方案中，这20%的关键因素是什么呢？

在三共方案中，共角定理是最核心的定理。三共定理之中，共高定理是一线师生都熟悉的定理，在代数函数面积问题、几何中处处有用，它可以直接推导出“平行线分线段成比例定理”，进而引出三角形相似知识。另外，共高定理也是导出共角定理、共边定理的基础性定理。但对师生而言，最难掌握、最难理解、最难应用的是共角定理。共角定理既是解题利器，更是改造数学的重要工具。抓住共角定理，常收“一招制胜”之效。我们可以这样认为：在三共方案之中，共角定理与三角形全等、相似判定定理直接相关，自然与众多几何定理直接或间接关联。若以三共定理为实践主轴，通过共角定理也可导出正弦三角形面积公式，这说明共角定理又是三共方案与四弦方案之间联系的纽带。共高定理较为广大师生熟悉，而共角定理比较陌生，这就需要在七、八、九各年级进行强化训练，以达到熟悉、看清、想通的目的。另外，共边定理也很重要，它能证明众多难题，是计算机证明几何定理的关键定理。

为了进一步理解共角定理的作用，我们可以画这样一幅结构图（图7-1）：

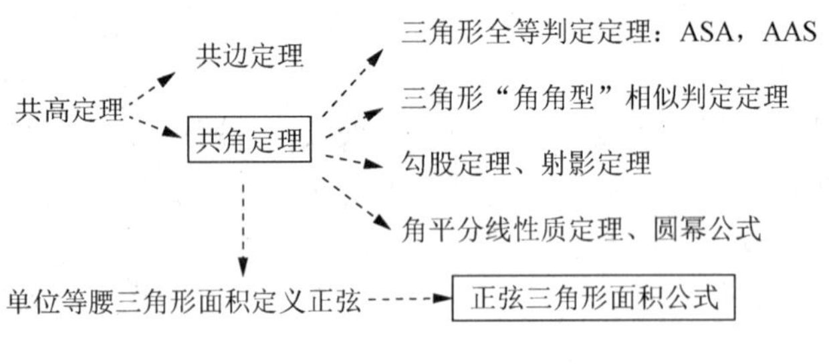

图7-1

在四弦方案中，我们以“单位菱形面积定义正弦”为逻辑起点，以正弦三角形面积公式为逻辑中心。在张景中《面积关系帮你解题》一书中，体现了以下逻辑结构（图7-2）：

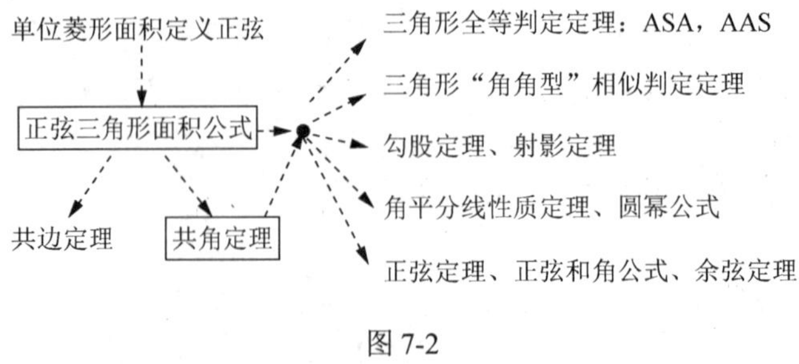

图7-2

比较以上两种方案，逻辑中心不同，我们对原初中数学教材结构调整的方案、实践路径也可略微进行调整。

第 2 节　局部体验——补充“利器”解难题

（1）九年级数学教材补充四弦公式（定理）或三共定理，结合部分中考题进行有针对性的训练，将其作为解题利器，增加学生解难题的能力。事实上，不少学校数学毕业班教学工作，新课已在九年级上学期结束，九年级下学期则进入复习阶段。由解直角三角形知识进行拓展，在九年级下学期补充四弦公式（定理）或三共定理，所需要的时间少，解的部分针对性强。教学相长，通过这一体验，教师积累实践经验，为下一轮及早在七、八年级进行教育数学实践奠定基础。

（2）从四弦公式（定理）或三共定理之中，重点选择一两个定理作为解题利器，在实践中反复用，反复体会其妙处。在初步实践的基础上，积累经验，为下一轮及早在七、八年级进行教育数学实践奠定基础。

只要初步接触教育数学实验方案，就可立马投入实践，边实践边学习。三共定理方案与四弦方案，主要有七个“解题利器”，初次实践，可以重点选择其中的一两个解题工具进行实践，体会其妙处。在此基础上，横向拓展至其他解题工具上。局部实践，只需要花 1～3 节课进行补充，不占时间，不动教材，不影响期中、期末考试，简单易行。

局部实践，要抓住共角定理或正弦三角形面积公式这两个核心的“解题利器”，它从初一到初三，处处有用。相似三角形的教学是整个初中数学的难点，有了共角定理或正弦三角形面积公式作为基础，相似三角形的概念与定理即可瞬间推出。抓住了共角定理或正弦三角形面积公式这一“解题利器”，就奠定了相似三角形、解直角三角形、圆三大章节的学习基础。

在这里，我们以正弦三角形面积公式为例，从导出新知与攻坚克难两个视角理解这一解题利器。

1）以正弦三角形面积公式导出重要定理

以正弦三角形面积公式为说理依据，我们可以推导众多数学知识。

应用 1：证明相似三角形的性质。

相似三角形的性质定理：相似三角形的面积比，等于相似比的平方。

已知：如图 7-3 所示，$\triangle ABC \backsim \triangle A'B'C'$，设 $\frac{a}{a'}=\frac{b}{b'}=\frac{c}{c'}=k$。

求证：$\frac{S_{\triangle ABC}}{S_{\triangle A'B'C'}}=k^2$。

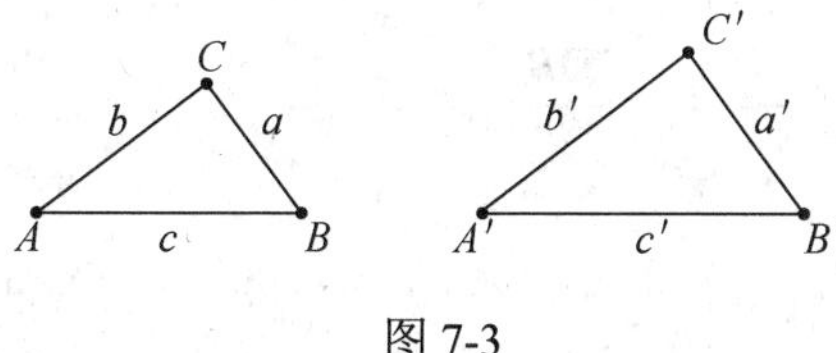

图 7-3

证明：因为$\triangle ABC \backsim \triangle A'B'C'$，$\frac{a}{a'}=\frac{b}{b'}=\frac{c}{c'}=k$，所以$\angle C=\angle C'$，$\sin\angle C=\sin\angle C'$，

即$\frac{S_{\triangle ABC}}{S_{\triangle A'B'C'}}=\frac{\frac{1}{2}ab\times\sin C}{\frac{1}{2}a'b'\times\sin C'}=\frac{ab}{a'b'}=\frac{a}{a'}\times\frac{b}{b'}=k\times k=k^2$

应用 2：证明三角形角平分线性质定理。

三角形内角平分线性质定理：三角形的内角平分线分对边所得的两条线段，和这个角的两边对应成比例。

已知：如图 7-4 所示，$\triangle ABC$ 中，$\angle 1=\angle 2$。

求证：$\frac{BD}{DC}=\frac{AB}{AC}$。

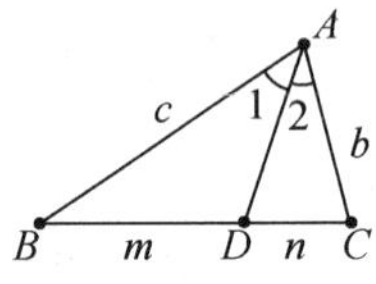

图 7-4

证明：由共高定理，得$\frac{S_{\triangle ABD}}{S_{\triangle ACD}}=\frac{m}{n}$。由$\angle 1=\angle 2$，得$\sin\angle 1=\sin\angle 2$。$\frac{S_{\triangle ABD}}{S_{\triangle ACD}}=\frac{\frac{1}{2}\times c\times AD\times\sin\angle 1}{\frac{1}{2}\times b\times AD\times\sin\angle 2}=\frac{c}{b}$，所以$\frac{m}{n}=\frac{c}{b}$，即$\frac{BD}{DC}=\frac{AB}{AC}$。

三角形外角平分线性质定理：三角形的外角平分线外分对边所成的两条线段，和相邻两边对应成比例。

已知：如图 7-5 所示，$\triangle ABC$ 中，$\angle 1=\angle 2$。

求证：$\frac{BD}{DC}=\frac{AB}{AC}$。

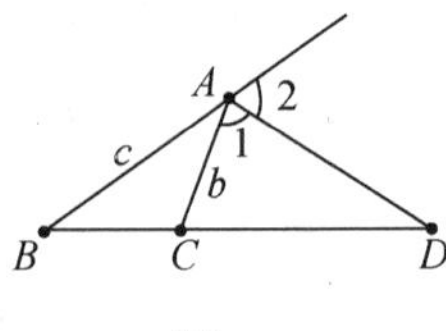

图 7-5

证明：由共高定理，得$\frac{S_{\triangle ABD}}{S_{\triangle ACD}}=\frac{DB}{DC}$。

$$\left.\begin{array}{l}\angle 1=\angle 2\\ \angle 2+\angle BAD=180^\circ\end{array}\right\}\Rightarrow\angle 1+\angle BAD=180^\circ\Rightarrow\sin\angle 1=\sin\angle BAD$$

$$\frac{S_{\triangle ABD}}{S_{\triangle ACD}}=\frac{\frac{1}{2}\times c\times AD\times\sin\angle BAD}{\frac{1}{2}\times b\times AD\times\sin\angle 1}=\frac{c}{b}\text{，所以}\frac{m}{n}=\frac{c}{b}\text{。}$$

2）以正弦三角形面积公式为利器“攻坚克难”

在三角形全等、勾股定理与二次根式、四边形、三角形相似、圆等章节，正弦三角形面积公式皆有应用。在各个阶段，要有意识去训练与应用，以达熟能生巧之效。

例如，在四边形一节，我们可以选择类似于下题的习题进行训练。

【例 1】［第二十四届“希望杯”全国数学邀请赛（初二，第 2 试）］如图 7-6 所示，点 P 在正方形 $ABCD$ 内，$\triangle PBC$ 是正三角形，若 $\triangle BPD$ 的面积是 $\sqrt{3}-1$，则正方形 $ABCD$ 的边长是_______。

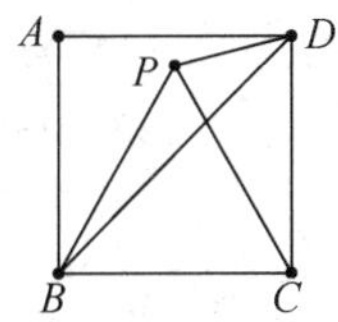

图 7-6

若在七年级或八年级先学正弦三角形面积公式，则此题无须添加辅助线即可求解。

解析：设正方形 $ABCD$ 的边长是 x，$S_{四边形BCDP}=S_{\triangle BCP}+S_{\triangle CDP}=S_{\triangle BCD}+S_{\triangle BDP}$，所以 $\frac{1}{2}x^2\sin 60^\circ+\frac{1}{2}x^2\sin 30^\circ=\frac{1}{2}x^2+\sqrt{3}-1$，$\frac{1}{2}x^2\left(\frac{\sqrt{3}}{2}+\frac{1}{2}-1\right)=\sqrt{3}-1$，$\frac{1}{2}x^2\times\frac{\sqrt{3}-1}{2}=\sqrt{3}-1$，$\frac{1}{2}x^2\times\frac{\sqrt{3}-1}{2}=\sqrt{3}-1$，$x^2=4$，即 $x=2$。

在三角形相似一节，我们可以选择类似于下题的习题进行训练。此题解法甚多，值得研究。

【例 2】（绵阳市 2013 年 25 题）我们知道，三角形的三条中线一定会交于一点，这一点就叫作三角形的重心。重心有很多美妙的性质，如关于线段比面积比就有一些“漂亮”的结论，利用这些性质可以解决三角形中的若干问题。请你利用重心的概念完成如下问题。

(1)若 O 是△ABC 的重心[(图 7-7(a)]，连接 AO 并延长交 BC 于 D，证明：$\frac{AO}{AD}=\frac{2}{3}$；

(2) 若 AD 是△ABC 的一条中线［图 7-7（b)]，O 是 AD 上一点，且满足 $\frac{AO}{AD}=\frac{2}{3}$，试判断 O 是△ABC 的重心吗？如果是，请证明；如果不是，请说明理由；

(3) 若 O 是△ABC 的重心，过 O 的一条直线分别与 AB、AC 相交于 G、H（均不与△ABC 的顶点重合）［图 7-7（c)]，$S_{四边形BCHG}$ 和 $S_{\triangle AGH}$ 分别表示四边形 $BCHG$ 和△AGH

的面积，试探究$\dfrac{S_{四连形BCHG}}{S_{\triangle AGH}}$的最大值。

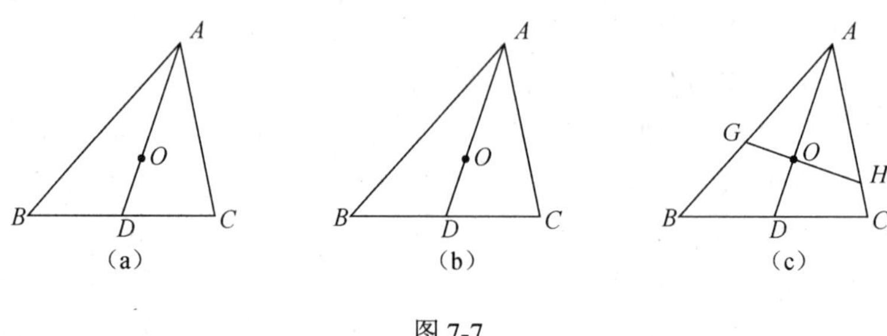

图 7-7

第 3 节 局部体验——“下放”解直角三角形

1）导出正弦三角形面积公式的三个路径

传统数学教学是九年级学习锐角的正弦定义，高一通过直角坐标系引出任意角的正弦、余弦，再学习任意三角形的边角关系：正弦定理、余弦定理。这是“特殊→一般”的归纳式学习路径。而教育数学主张，通过单位菱形面积定义正弦或单位等腰三角形面积定义正弦，一次性将正弦的概念拓展至小于夹角的角（图 7-8）。

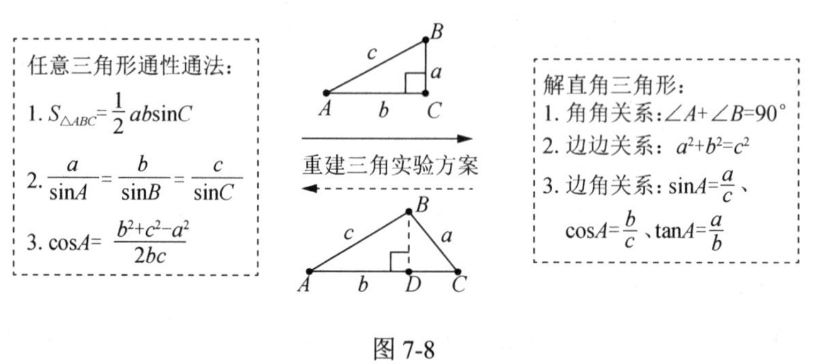

图 7-8

利用任意三角形的“通性通法”——正弦三角形面积公式，将直角三角形的面积算两次，演绎出锐角的正弦传统定义，这是“一般→特殊”的演绎式学习路径。从演绎法入手，有其自身的诸多好处：结构更严谨，概念更直观，路径更省时。

当然，概念是导出公式的手段，我们的核心目标是在第一时间学习正弦三角形面积公式，这是四弦方案的顶层设计。李邦河院士在《数的概念的发展》一文中指出：“数学根本上是玩概念的，不是玩技巧，技巧不足道也！”从这个视角看，重建三角实验的逻辑起点，本质也是玩正弦概念。正弦概念，有以下三种定义方式（图 7-9）。

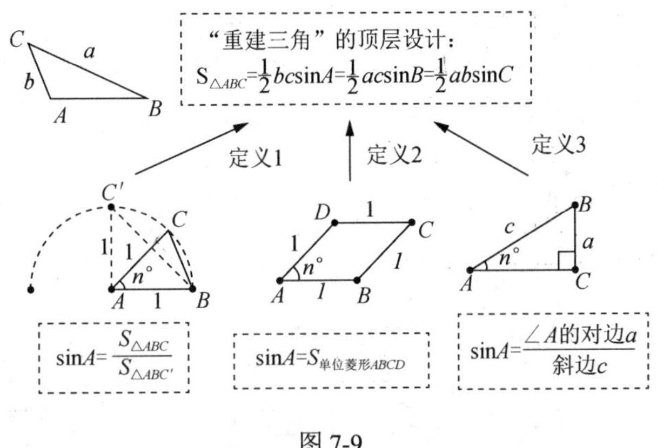

图 7-9

由于惯性作用，一线教师常常从传统锐角的正弦定义出发，然后导出正弦三角形面积公式。在未透彻理解教育数学之前，我们也可以将自己熟知的体系与教育数学“重建三角”的主张结合起来，进行局部的实验。待充分理解四弦方案后，再采用“一般→特殊”的演绎式学习路径。

传统学习是以相似三角形为基础，导出锐角的正弦定义，这是逻辑的惯性链。而我们期待，直接绕开三角形相似知识，在七年级或八年级直接“空降”解直角三角形。逻辑不能出现“真空”，怎么办呢？

我们只需要从小学面积公式出发，导出共高定理与共角定理，然后得到初中传统核心定理：有两角对应相等的两个三角形，三边对应成比例。而这正是传统导出锐角三角函数定义的基础（图 7-10）。

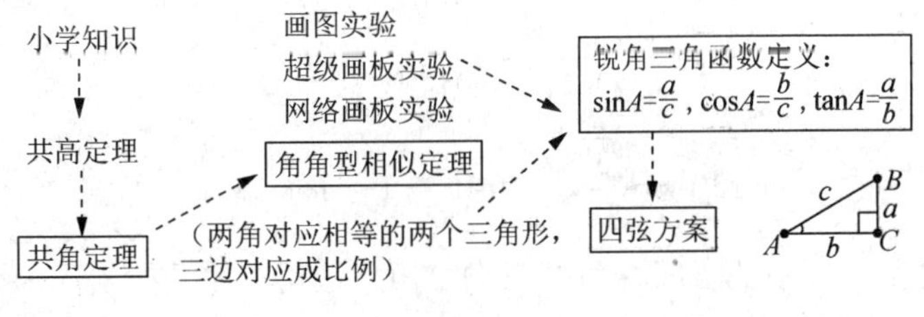

图 7-10

这一方案，对于一线教师而言，新知识只有共角定理，而逻辑结构也可自身熟知。在引出三角函数时，我们还要重视数学实验，让学生熟悉正弦、余弦、正切符号，会查三角函数表，会利用边角关系和定义解题。

另外，我们也主张，在九年级中考复习期间，也可以以锐角的三角函数定义为依据，将正弦三角形面积公式、正弦定理、余弦定理作为解题利器给学生补充。

2）用锐角的三角函数定义处理七、八年级知识的优越性

有了锐角的余弦定义，我们可以提出勾股定理的证明。而勾股定理与二次根式的化简，恰是八年级上册的教学重点。因此，锐角的余弦定义，最好是放在七年级下册后期引入。

勾股定理的余弦法证明：如图 7-11 所示，利用余弦的定义，作任意直角三角形斜边上的高，我们得到以下关系式。

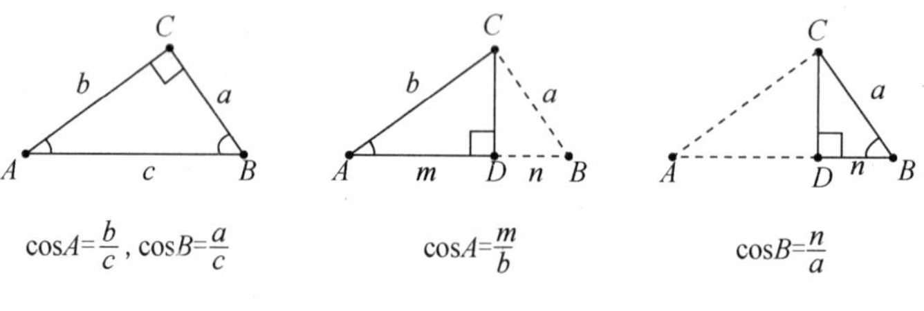

图 7-11

由余弦，得$\cos A=\dfrac{b}{c}=\dfrac{m}{b}$，即$b^2=mc$；$\cos B=\dfrac{a}{c}=\dfrac{n}{a}$，即$a^2=nc$。所以$b^2+a^2=mc+nc=c(m+n)=c^2$。

在八年级上学期勾股定理、二次根式化简之后，引出锐角三角函数的定义，我们要让学生熟悉以下特殊锐角的三角函数值：

$$\sin 30^\circ=\cos 60^\circ=\frac{1}{2}$$

$$\sin 45^\circ=\cos 45^\circ=\frac{\sqrt{2}}{2}$$

$$\sin 60^\circ=\cos 30^\circ=\frac{\sqrt{3}}{2}$$

$$\tan 30^\circ=\frac{\sqrt{3}}{3},\quad \tan 45^\circ=1,\quad \tan 60^\circ=\sqrt{3}$$

勾股定理之后，复杂的含特殊角的任意三角形边角关系开始出现，不少八年级数学几何计算难题开始出现。这就为引出正弦定理、余弦定理创造了条件。

3）由锐角的正弦定义导出正弦三角形面积公式、正弦定理

正弦三角形面积公式：三角形的面积等于两边及其夹角正弦的乘积的一半。

正弦定理：在一个三角形中，各边和它所对角的正弦的比相等。

已知：如图 7-12 所示，a、b、c 是$\triangle ABC$的三边。

求证：（1）$S_{\triangle ABC}=\dfrac{1}{2}bc\sin A=\dfrac{1}{2}ab\sin C$；

（2）$\dfrac{a}{\sin A}=\dfrac{c}{\sin C}$。

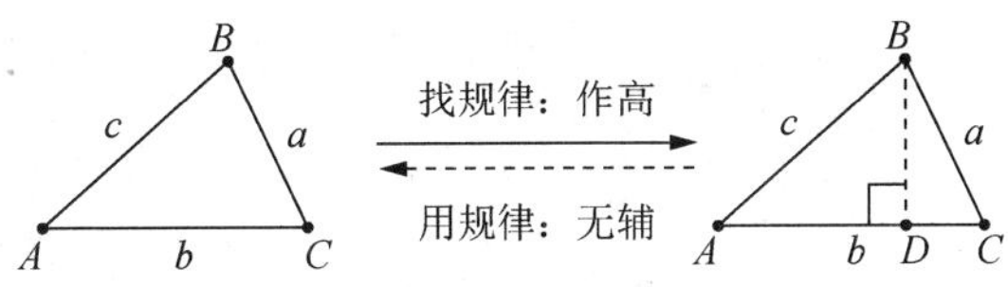

图 7-12

证明：作 $\triangle ABC$ 的边 AC 的高 BD。则 $\sin A=\frac{BD}{c}$，$\sin C=\frac{BD}{a}$。所以 $BD=c\sin A=a\sin C$。

（1）$S_{\triangle ABC}=\frac{1}{2}AC\cdot BD=\frac{1}{2}bc\sin A=\frac{1}{2}ab\sin C$。

（2）$BD=c\sin A=a\sin C$，即 $\frac{c}{\sin C}=\frac{a}{\sin A}$。

在七年级尽早学习锐角的正弦定义、锐角情形下的正弦三角形面积公式，锐角情形下的正弦定理，可以证明某些几何定理。最重要的是，在八年级上册学习勾股定理、二次根式之后，这三个解题利器也将发挥更多的作用。

在学生熟悉了锐角的正弦、余弦定义后，我们再考虑将定义扩展至钝角、直角的情形。

4）将“$\sin 30°=\frac{1}{2}$”作为重要的推理依据

传统课本，是先学习重要定理——在直角三角形中，如果有一个锐角等于 30°，那么它所对的直角边等于斜边的一半，然后利用正弦定义推导出“$\sin 30°=\frac{1}{2}$”。

教育数学的处理方式恰恰相反，是将“$\sin 30°=\frac{1}{2}$”作为解题依据，这是对系统结构优化的考虑。证明“$\sin 30°=\frac{1}{2}$”有以下方法。

证法 1：正弦和角公式证明。

因为 $\sin 60°=\sin(30°+30°)=\sin 30°\cos 30°+\cos 30°\sin 30°=\cos 30°$，所以 $\sin 30°+\sin 30°=1$，$\sin 30°=\frac{1}{2}$。

证法 2：锐角的正弦定义。如图 7-13 所示，先画等边三角形 ABC，过点 A 作 $AD\perp BC$，垂足是点 D。由正弦定理，得 $\frac{AB}{\sin C}=\frac{AC}{\sin B}=\frac{BC}{\sin A}$，则 $\angle BAC=\angle B=\angle C=60°$，所以 $\angle BAD=\angle CAD=30°$。由锐角的正弦定理，我们可得 $\sin 30°=\frac{BD}{AB}=\frac{DC}{AC}$，所以 $BD=DC=\frac{1}{2}AB$，$\sin 30°=\frac{1}{2}$。

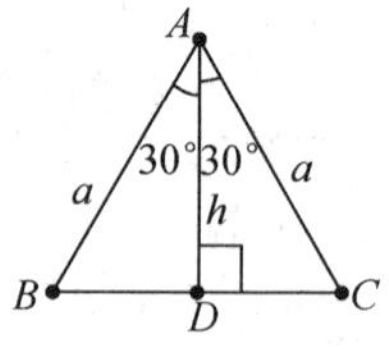

图 7-13

在几何入门阶段，结合“$\sin 30^\circ=\frac{1}{2}$”这一结论，高度重视以下两个定理的证明及应用。

重要定理 1：在直角三角形中，如果一条直角边等于斜边的一半，那么这条直角边所对的角等于 30°。

已知：如图 7-14 所示，$\text{Rt}\triangle ABC$ 中，$\angle C=90^\circ$，$c=2a$。

求证：$\angle A=30^\circ$。

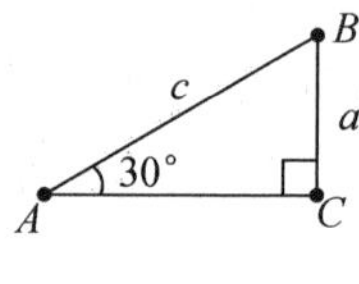

图 7-14

证明：$\sin A=\frac{a}{c}=\frac{1}{2}$。所以 $\angle A=30^\circ$。

重要定理 2：在直角三角形中，如果有一个锐角等于 30°，那么它所对的直角边等于斜边的一半。

教育数学既强调逻辑结构严谨，也重视简单直观。对于这两个重要定理，也可以通过数学实验等方式进行直观验证，形成猜想，然后考虑严密证明。

实验

如图 7-15 所示，用直角三角板，我们可以画出含 30° 的直角三角形。利用圆规，以最短直角边长度为半径，去“度量”斜边。你有什么发现？如何总结你的发现？为什么有这样的结论？

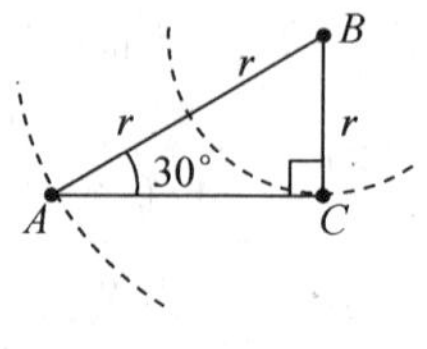

图 7-15

尽可能在七年级或八年级熟知“$\sin 30^{\circ}=\dfrac{1}{2}$”等特殊角的三角函数值，进入九年级多轮应用，学生自然非常熟悉并可进行拓展应用。

5）钝角、直角的正弦概念拓展

在七年级或八年级上学期，要尽早将钝角的正弦、正弦定理、正弦三角形面积公式、特殊角的正弦值进行拓展。借助以下问题情景，我们可以引出钝角的正弦。

如图 7-16（a）所示，已知两直角边求直角三角形面积，小学生都熟知面积计算方法。如图 7-16（b）所示，已知三角形两边长及其夹角是锐角，我们可以作三角形的高，利用传统的锐角正弦定义，确定这个三角形面积的大小。如图 7-16（c）所示，若夹角是钝角，如何求面积呢？

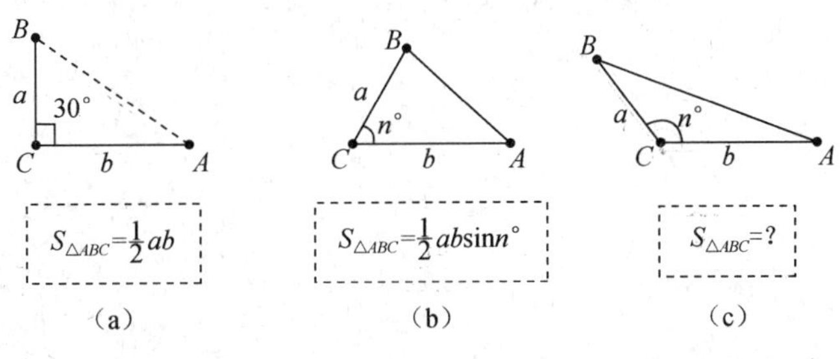

图 7-16

我们可以从特殊钝角出发，进行面积公式的探索。

如图 7-17 所示，我们以特殊的钝角为例，延长 AC 至 A'，使 $CA'=AC=b$。由作图知，BC 是 $\triangle BAA'$ 的中线，$S_{\triangle ABC}=S_{\triangle A'BC}$。我们可以通过等面积转化，将两边夹角是钝角求面积的情形，转化为它的补角的三角形面积。

如图 7-17（a）所示，$S_{\triangle ABC}=\dfrac{1}{2}ab\sin 120^{\circ}=\dfrac{1}{2}ab\sin 60^{\circ}$。

如图 7-17（b）所示，$S_{\triangle ABC}=\dfrac{1}{2}ab\sin 135^{\circ}=\dfrac{1}{2}ab\sin 45^{\circ}$。

如图 7-17（c）所示，$S_{\triangle ABC}=\dfrac{1}{2}ab\sin 150^{\circ}=\dfrac{1}{2}ab\sin 30^{\circ}$。

显然：$\sin 120^{\circ}=\sin 60^{\circ}=\dfrac{\sqrt{3}}{2}$，$\sin 135^{\circ}=\sin 45^{\circ}=\dfrac{\sqrt{2}}{2}$，$\sin 150^{\circ}=\sin 30^{\circ}=\dfrac{1}{2}$。

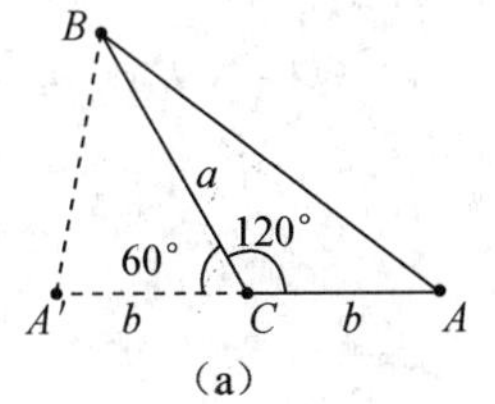

（a）

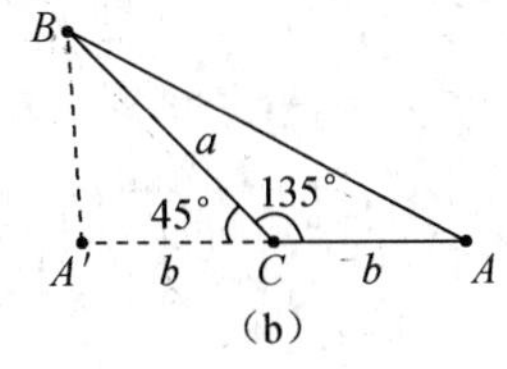

（b）

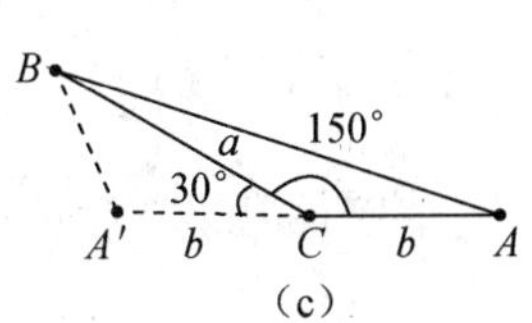

（c）

图 7-17

由特例，我们引导学生思考：已知两边及其夹角是钝角的三角形面积，可以借助三角形中线等面积模型间接求解。为了让解题与思考更简洁，我们可以让锐角的正弦拓展至钝角的正弦。

基于“速算”面积的需要，提出以下定义。

定义：钝角的正弦，等于它的补角的正弦值。

$$\angle\theta+\angle\beta=180^\circ\Rightarrow\sin\theta=\sin\beta$$

不论$\triangle ABC$中的$\angle C$是锐角、钝角还是直角，我们希望公式$S_{\triangle ABC}=\frac{1}{2}ab\sin C$通用。

如图 7-18 所示，直角三角形的面积公式有以下两种表示，即

$$S_{\triangle ABC}=\frac{1}{2}ab\sin 90^\circ \text{ 或 } S_{\triangle ABC}=\frac{1}{2}ab$$

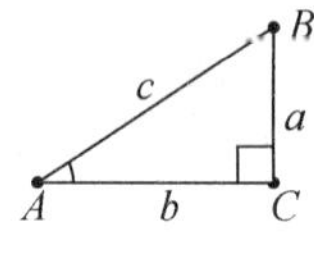

图 7-18

比较两种算法，我们得到：$\sin 90^\circ=1$。

6）在八年级引入余弦定理

如图 7-19（a）所示，已知三角形的三边，可以确定它的大小。这就是小学生熟知的三角形的稳定性。换句话说：三角形的三边可以确定三个内角的度数。

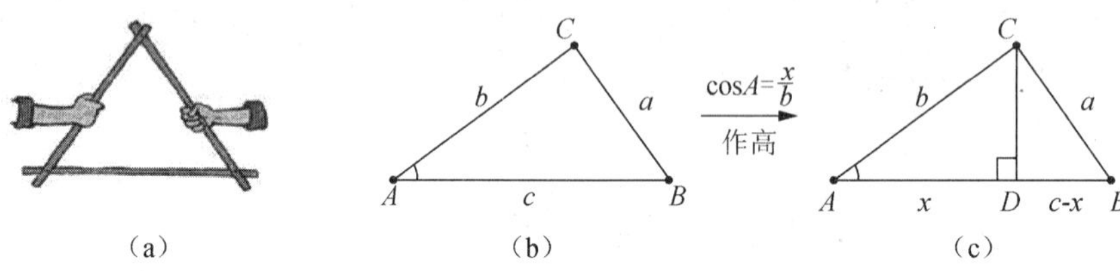

（a）（b）（c）

图 7-19

已知：如图 7-19（b）所示，$\triangle ABC$的三边分别是a，b，c。

求证：$\cos A=\dfrac{b^2+c^2-a^2}{2bc}$。

证明：如图 7-19（c）所示，作$CD\perp AB$，垂足为点D。设$AD=x$，则$BD=c-x$。

由勾股定理，得$CD^2=b^2-x^2=a^2-(c-x)^2$。所以$b^2-x^2=a^2-c^2+2cx-x^2$，$b^2=a^2-c^2+2cx$，$b^2+c^2-a^2=2cx$，即$\dfrac{b^2+c^2-a^2}{2c}=x$。

由余弦定义，得$\cos A=\dfrac{x}{b}=x\cdot\dfrac{1}{b}=\dfrac{b^2+c^2-a^2}{2bc}$。

对于已知三边，求三个角的问题，我们可以用余弦定理。

余弦定理：三角形任一角的余弦值，等于两夹边的平方和减去对边的平方，再除以两夹边乘积的两倍。

如图 7-20 所示，$\cos A=\dfrac{b^2+c^2-a^2}{2bc}$；$\cos B=\dfrac{a^2+c^2-b^2}{2ac}$；$\cos C=\dfrac{a^2+b^2-c^2}{2ab}$。

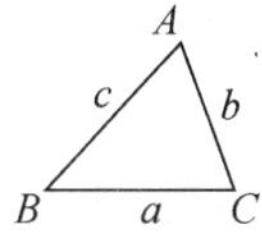

图 7-20

如何将锐角的正弦拓展至钝角情形？我们可以先采用实验观察的形式，让学生思考，并提出问题。在起步阶段，尽量直观，让学生首先感性认识，再通过严密的方式进行推导或理解。

实验

如图 7-21 所示，利用超级画板，我们先画一个钝角，再在钝角的两边上取两点，组成三角形。若钝角 $\angle A$ 的角度不变，改变三角形的大小，但比值 $\dfrac{b^2+c^2-a^2}{2bc}$ 的值不改变，并且是负数。

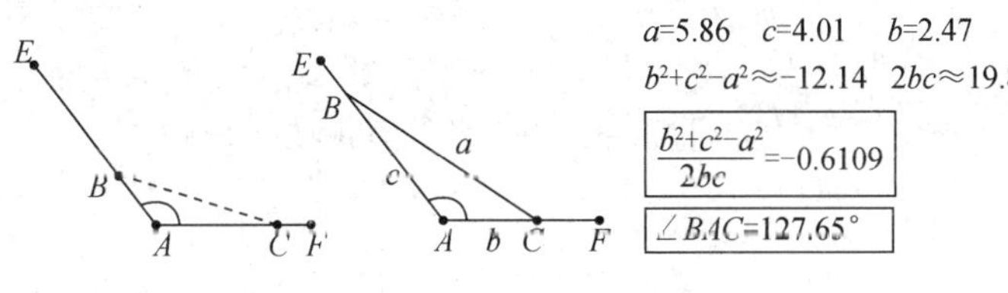

图 7-21

改变钝角 $\angle A$ 的角度，比值 $\dfrac{b^2+c^2-a^2}{2bc}$ 的值也随之改变。但只要 $\angle A$ 的角度不变，比值 $\dfrac{b^2+c^2-a^2}{2bc}$ 的值不改变，并且是负数。为何钝角的余弦是负数，我们可以这样简单解释：两边平方和与第三边的平方之差，不够减。

如图 7-22 所示，利用超级画板、网络画板、几何画板等现代技术，我们可以构造互补两角：动态计算锐角情形下的 $\dfrac{m}{n}$ 和钝角情形下的 $\dfrac{b^2+c^2-a^2}{2bc}$。

改变角的大小，图 7-22 中的 $\dfrac{m}{n}$、$\dfrac{b^2+c^2-a^2}{2bc}$ 也随之改变。但只要两角互补，总存在互为相反数的关系。于是，我们给出以下规定：钝角的余弦，等于它的补角的余弦的相反数，即 $\cos\angle A = -\cos(180^\circ - \angle A)$ 。

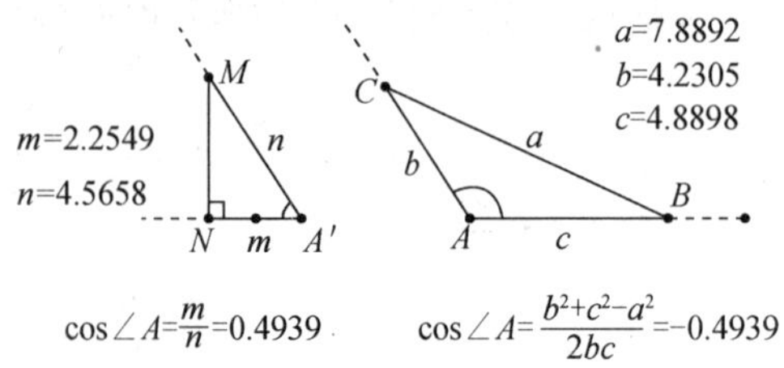

图 7-22

在开始引入阶段，侧重锐角情形下的余弦定理探索与应用。稍后，可补充钝角情形下的余弦定理。传统证明余弦定理，是从“积”的形式开始的，再化积为比。这一证明方法，需要提前熟悉同角的平方关系：$\sin^2 A + \cos^2 A = 1$ 。在这里，采用上述证明方法，优点是省去这一预备知识，也可证明定理。在余弦定理入门阶段，以“商”的形式为主，熟练之后，再补充“积”的形式。

在八年级引入余弦定理，有两大好处：一是为解斜三角形增添一解题利器；二是为引出相似三角形判定定理奠定基础。在勾股定理与二次根式之后，已知两边及其夹角求第三边、已知三边求一角、已知两边及一边的对角求第三边常常出现，传统的方法是作三角形的高，转化为勾股定理解题。而新方法强调，直接利用余弦定理建立边角关系，实现无辅求解。

如图 7-23 所示，结合正比例函数、一次函数，可渗透斜率，建立这两个函数图像与正切之间的联系。当正比例函数 $y = kx$ 、一次函数 $y = kx + b$ 与 x 轴的夹角是特殊角 30°、45°、60°、150°、135°、120° 时，尽量能用正切直接求出 k 。

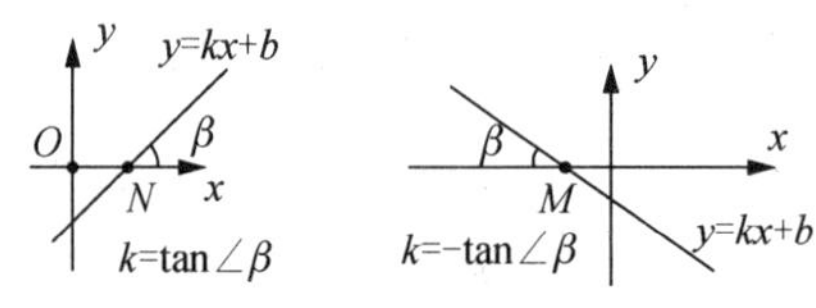

图 7-23

利用正切知识，我们也可以从三角的视角，理解以下函数知识：直线 $y = k_1x + b_1$ 与直线 $y = k_2x + b_2$ 平行，则 $k_1 = k_2$ ；直线 $y = k_1x + b_1$ 与直线 $y = k_2x + b_2$ 垂直 则$k_1 \times k_2 = -1$ 。

第 4 节 技术改变课堂，画板突破难点

从古到今，信息的传递方式多种多样，从烽火、驿站到电报、电话，再到计算机网

络，传播速度是越来越快。工具不同，效率也不同。在数学上，改变解题工具，自然会引起相应的结构变革。

过去，三角函数的定义建立在三角形相似基础之上。但在实际教学中，九年级解直角三角形的章节教学，师生常常将 $\sin A=\dfrac{\angle A\text{的对边}}{\text{斜边}}$ 、$\cos A=\dfrac{\angle A\text{的邻边}}{\text{斜边}}$ 、$\tan A=\dfrac{\angle A\text{的对边}}{\angle A\text{的邻边}}$ 这一定义直接抛出学生，通过死记硬背来掌握。事实上，基于三角形相似这一平台，是很难讲清三角函数概念的。不少学生学完解直角三角形这一章节，常常知其然不知其所以然。

传统锐角三角函数的定义，本质是角的度数与两边比值的对应关系。利用数学教育现代技术——超级画板、网络画板、几何画板等，可以直观地得到这些定义。

实验

（1）如图 7-24 所示，用直角三角板或量角器，画出角度为整数度的锐角，构造直角三角形。测量这个角的对边与斜边，并计算对边与斜边之比，发现锐角的角度不变，它所对的边与斜边的比值也不变。改变锐角的度数，这个角的对边与斜边的比值也随之改变。

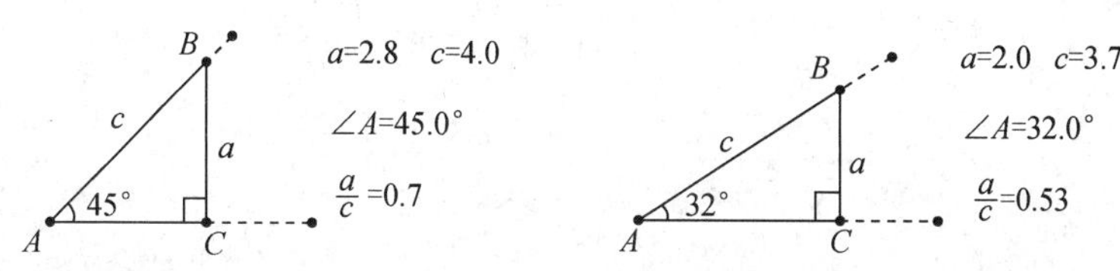

图 7-24

（2）如图 7-25 所示，利用超级画板、网络画板、几何画板等，先作 $\angle A$，在 $\angle A$ 的一边 AM 上任意取一点 B，过 B 向另一边 AN 作垂线 BC，垂足为 C。测量 $\angle A$ 的度数，以及 $\angle A$ 的对边与斜边长，并计算 $\dfrac{\angle A\text{的对边}}{\text{斜边}}$。拖动点 B，$\triangle ABC$ 的大小改变，但比值 $\dfrac{\angle A\text{的对边}}{\text{斜边}}$ 不变。再改变 $\angle A$ 的大小，拖动点 B，观察比值 $\dfrac{\angle A\text{的对边}}{\text{斜边}}$。

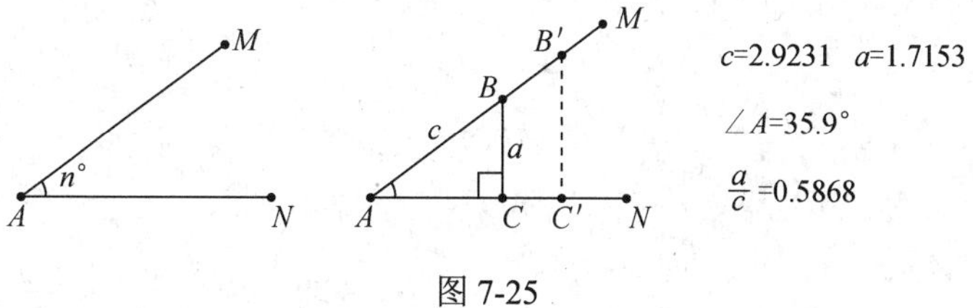

图 7-25

借助现代教育技术，可轻松突破锐角正弦概念教学难点，我们更直观、更精确、更快速地进行动态测量、计算，建立锐角$\angle A$的度数与$\dfrac{\angle A\text{的对边}}{\text{斜边}}$之间的对应关系。这一入门阶段，教学的重点是“一符、一表、一定义”，即正弦符号、正弦表、锐角的正弦定义。

锐角的正弦定义，从一开始就包含了三角形相似的“基因”。在起步阶段，引而不发，侧重强调锐角与比值的“对应”关系：锐角$\angle A$的度数决定比值$\dfrac{\angle A\text{的对边}}{\text{斜边}}$的大小，反之亦成立。

实验

如图 7-26 所示，利用超级画板、网络画板、几何画板等，先作$\angle A$，在$\angle A$的一边AM上任意取一点B，过B向另一边AN作垂线BC，垂足为C。测量$\angle A$的度数，以及$\angle A$的邻边与斜边长，并计算$\dfrac{\angle A\text{的邻边}}{\text{斜边}}$。拖动点$B$，$\triangle ABC$的大小改变，但比值$\dfrac{\angle A\text{的邻边}}{\text{斜边}}$不变。再改变$\angle A$的大小，拖动点$B$，观察比值$\dfrac{\angle A\text{的邻边}}{\text{斜边}}$。

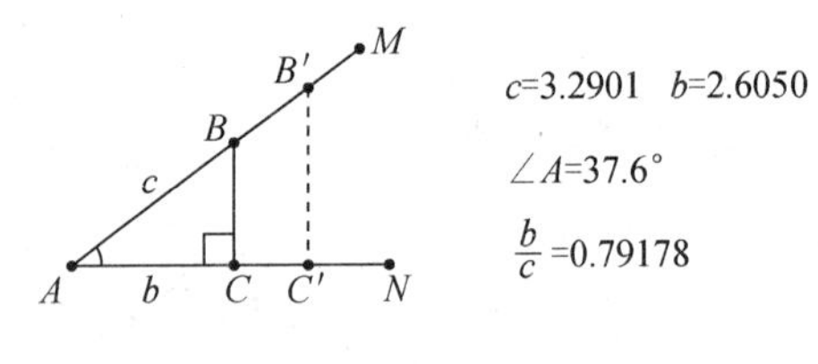

图 7-26

在实验的基础上，我们提出锐角的余弦定义：$\cos A=\dfrac{\angle A\text{的邻边}}{\text{斜边}}$。这一入门阶段，教学的重点是“一符、一表、一定义”上，即余弦符号、余弦表、锐角的余弦定义。

结合具体的例子，我们渗透互余两角的关系：一个锐角的余角的正弦，也叫作这个角的余弦。

实验

如图 7-27 所示，利用超级画板、网络画板、几何画板等，先作$\angle A$，在$\angle A$的一边AM上任意取一点B，过B向另一边AN作垂线BC，垂足为C。测量$\angle A$的度数，以及$\angle A$的对边与邻边，并计算$\dfrac{\angle A\text{的对边}}{\angle A\text{的邻边}}$。拖动点$B$，$\triangle ABC$的大小改变，但比值$\dfrac{\angle A\text{的对边}}{\angle A\text{的邻边}}$不变。再改变$\angle A$的大小，拖动点$B$，观察比值$\dfrac{\angle A\text{的对边}}{\angle A\text{的邻边}}$。

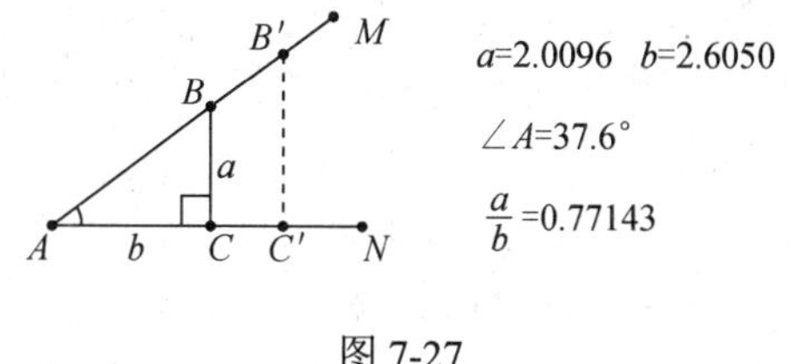

图 7-27

在实验的基础上，我们提出锐角的正切定义：$\tan A=\dfrac{\angle A\text{的对边}}{\angle A\text{的邻边}}$。这一入门阶段，教学的重点是“一符、一表、一定义”上，即正切符号、正切表、锐角的正切定义。

第 5 节　从校本教材迈向实验教材

推动教育数学，期待有一套在教育数学理念及其实验方案指导下的自成体系的数学课本，这是自上而下的推动方案。自上而下，需要教育专家团队的课程开发和教育行政部门的大力支持。另外，还需要有服务于教育数学一线老师的大量实践经验与案例。在实践中好操作，见效快，形成适合本校师生的校本教材，这种自下而上的方式，也值得关注。自下而上与自上而下相结合，校本教材与实验教材相结合，研究专家与一线老师互动，这是未来教育数学实验、实践要坚持的方向。

教育数学的生命力在于课堂实践，在于解决一线教学的实际问题。因实验怕影响期末考试中考成绩或增加自己的教学负担，或者要等到成熟的课程出现才开始实践，这是部分老师的顾虑或担忧。有些担忧是客观存在的，不少顾虑其实是多余的。推广教育数学，关键是一线老师信不信、愿不愿、敢不敢的问题。目前，全国各地数学老师已有编写导学案的经验，部分导学案已正式出版。在导学案中采用三共定理、四弦公式（定理）作为解题利器，特别是结构改造的工具，值得探索，也有益于数学校本课程的开发，提升导学案的品质。

在实践之中，教育数学倡导的面积法、三共定理等解题利器广泛渗透到课外数学读物、数学竞赛之中。我们期待的是，将三共定理、四弦公式（定理）作为基础知识，作为改造初中数学的重要工具，作为数学校本课程或实验课程的核心，形成新的教学逻辑结构。在此，我们简要介绍与教育数学实践相关的正式教材与校本教材。

1）三共定理进教材的早期实验——西南师范大学（现西南大学）GX 实验教材

20 世纪 90 年代，我国著名数学家、数学教育家陈重穆教授曾主持编写的《高效初中数学实验教材》，把面积方法的两个基本工具（共边定理和共角定理）作为重要定理。这是正式使用的数学教材，为重庆地区初中采用，全国部分省市学校选用。由于国家 2001 年新课程改革使用新教材等诸多原因，这套教材未再继续使用，甚为遗憾。GX 教法形成的 32 字要诀："淡化形式，注重实质；开门见山，积极前进；适当集中，循环上升；先做后说，师生共做"，至今仍有重要的指导意义。其实验成果详见于西南师范大学出版社出版的《GX 理论与实践》一书，以及多篇学术文献之中。

2）教育数学实验教材——《一线串通的初等数学》

《一线串通的初等数学》由张景中撰写，科学出版社出版。在第二版中，新增加了教育家张奠宙《代序：让我们来重新认识"三角"——数学教育要在数学上下工夫》一文，也将广州重建三角实验以"附录 2："重建三角"方案的规模实践及效果"为题进行了系统介绍。书中以新人教版为例，针对七、八、九这三个年级，如何实现现行教材与《一线串通的初等数学》融合进行了详细的课程设置介绍。

广州张东方、成都陆兴华、上海黄喆等老师，直接将其作为实践教材。此书最能体现张景中对教育数学方案的设想，体现数学家的思考，值得借鉴。

全书主要包括五大章节：

第一章　正弦和正弦定理

第二章　正弦和角公式

第三章　余弦和余弦定理

第四章　四边形

第五章　圆和正多边形

有兴趣的读者，可进一步阅读此书第二版。

3）校本教材《妙用正弦学数学》的探索

受张景中面积法影响，赖虎强系统地研究了初中代数面积法，于 2012 年正式出版《妙用面积学数学》一书。著名教育家查有梁评论道："本书视野相当广阔地论述了在初中如何'妙用面积学数学'。我对这本书的一句话评价：初中数学教学的新探索，初中数学教学改革的新力作。"在张景中、查有梁的指导下，赖虎强从"单位菱形面积定义正弦"出发，以正弦三角形面积公式为逻辑中心，重点对初中几何、三角部分进行了系统的教学设计。2014 年 1 月，赖虎强正式出版《妙用正弦学数学》一书，可供实践教育数学的老师参考。

4）上海张江教育集团学校的校本教材

在张景中的指导与张江集团学校的支持下，黄喆老师以张院士撰写的《一线串通的初等数学》一书为基础，开发了《高观点下数学科普课程：一线串通初等几何》校本课程。其特点是，在七年级以活动课形式进行实践，部分学生参加，年度计划为 20 讲（每讲 90 分钟)。《一线串通初等几何》活动课实践，其课程安排如下：

第一讲　平行线的判定与性质

第二讲　共高、共边、共角定理

第三讲　引入正弦

第四讲　正弦定理

第五讲　直角三角形内正弦意义

第六讲　等腰三角形判定与性质
第七讲　中垂线与角平分线
第八讲　相似三角形判定
第九讲　全等三角形及阶段复习
第十讲　阶段测试、即时反馈
第十一讲　正弦和角公式
第十二讲　一元二次方程及上学期回顾
第十三讲　勾股定理
第十四讲　余弦和角公式与二倍角公式
第十五讲　余弦定理与海伦公式的证明
第十六讲　余弦定理的应用与边边角问题研讨
第十七讲　相似三角形判定的完全解决
第十八讲　三角形中的特殊线、点
第十九讲　课程总结与复习
第二十讲　终结测试、即时反馈

目前，此校本课程已完成一轮教学实践，并计划在第二轮实践之后，正式出版《高观点下数学科普课程：一线串通初等几何》一书。

在实践与撰写课程之中，黄喆最大的感悟是：该课程完全打破了教材现有的知识结构与生成顺序。正是这种通过颠覆性、重组数学的教学，使无论教师的教、还是学生的学都有了豁然开朗的感觉，可以真正体会到“数学大家”是如何思考数学的，在提升数学核心素养的同时，也能从高观点领悟数学的内核。

5）东北育才学校的校本教材

在张景中《一线串通的初等数学》一书的基础上，辽宁沈阳的东北育才学校的姜平老师，正式编写出《三角导学》校本教材，并供学校实验班使用。

这本书的目录如下：

第一章　正弦

　　第 1.1 节　正弦的定义
　　第 1.2 节　正弦定理
　　第 1.3 节　正弦的增减性
　　第 1.4 节　正弦和角公式
　　第 1.5 节　正弦的倍半角公式
　　第 1.6 节　正弦的两角差角公式
　　第 1.7 节　正弦值表

第二章　余弦

　　第 2.1 节　余弦的相关性质和公式
　　第 2.2 节　余弦定理

第三章　圆的有关计算

第 3.1 节　圆的面积公式

第 3.2 节　圆的周长公式

第 3.3 节　正切

推动教育数学，首先要基于实践，在实践的过程中及时编写校本教材。在实践与编写校本教材的基础上，需要专家、实践老师对实践进行经验提炼，并根据教育数学理念与方案，编写更为详细的实验教材。实验教材要为老师提供更便利的实践体系和更彻底的教育数学教材改革方案。

参考文献

赖虎强，2014．妙用正弦学数学[M]．成都：四川科学技术出版社．

彭翕成，2013．师从张景中[M]．北京：清华大学出版社．

徐章韬，2015．超级画板的教育价值及其教学应用[M]．北京：科学出版社．

张景中，2006．超级画板自由行[M]．北京：科学出版社．

张景中，2015．一线串通的初等数学[M]．2 版．北京：科学出版社．

张景中，曹培生，2011．从数学教育到教育数学[M]．北京：中国少年儿童出版社．

张景中，王鹏远，2012．少年数学实验[M]．北京：中国少年儿童出版社．

第 8 章 教育数学的中国元素

一线教学常常强调大量练习，“刷题、刷卷、刷教辅（资料）”成了教学常态。这种教学，强调“枝繁叶茂”而忽视了“根深干粗”。其实，数学的源头知识并不多，抓住重点知识，抓住某类问题或习题的共性，可以“以不变应万变”。在数学中，简与繁是普遍存在的。从思想方法上看，数学的一条基本原则就是“以简驭繁”。通俗而言，数学教学还要善于抓住“通性通法”，重视“刷点、刷类、刷通法”。

人们崇尚欧几里得公理化思想，其逻辑起点是 23 个原始概念、5 条公设、5 条公理。显然，欧氏几何的逻辑起点并不是单一的。而中国古代先贤则强调归一、用一，其经典语句出自《道德经》：“道生一，一生二，二生三，三生万物。”

教育数学强调“一线串通”，其意是小学、初中、高中数学一线串通；代数、几何、三角一线串通；计算、推理、画图一线串通。三共定理实验方案或四弦实验方案，逻辑起点常常只有一个。只用一个解题利器，一以贯之，一招制胜，即可改造初等数学结构，解决一大类数学难题，这在国内外数学改革实验中，是不多见的。

下文试从归一、用一的视角，理解教育数学。

第 1 节　从“解题利器”走向多题归一

数学教学研究，离不开解题研究。进行解题研究，不能不关注中外数学解题名家的学说与主张。

中国古代数学有鲜明的归类与“题—答—术”模式特征。如表 8-1 所示，《九章算术》全书以问题集的形式构成，共收有 246 个例题。每题分为“题”“答”“术”三个部分：“题”是问题，“答”是答案，“术”是具体的解题算法。

表 8-1　《九章算术》重要内容

章名	题数	术数	主要内容
一、方田	38	21	各种面积计算公式与分数运算问题
二、粟米	46	33	各种比例问题

续表

章名	题数	术数	主要内容
三、衰分	20	22	比例配分问题
四、少广	24	16	开平方、开立方等计算问题
五、商功	28	24	体积的计算问题
六、均输	28	28	与运输、纳税有关的比例等问题
七、盈不足	20	17	盈亏问题的解法与比例问题
八、方程	18	19	线性方程组的应用问题
九、勾股	24	22	勾股定理及其应用问题
共计	246	202	—

对于影响教育界的解题研究，首推美籍匈牙利数学家乔治·波利亚（George Polya，1887～1985）。波利亚的主要贡献集中体现在《怎样解题》（1945 年）、《数学与似真推理》（1954 年）、《数学的发现》（1962 年）三部世界名著上，涉及“解题理论”“解题教学”“教师培训”三个领域。著名数学家互尔登在瑞士苏黎世大学的一次会议中致辞：“每个大学生、每个学者、特别是每个教师都应该读这本引人入胜的书”（1952 年 2 月 2 日）。由于他在数学教育方面取得的成就和对世界数学教育所产生的影响，在他 93 岁高龄时，波利亚还被 ICME（国际数学教育大会）聘为名誉主席。

波利亚认为：中学数学教学的首要任务就是“加强解题的训练”，“掌握数学意味着什么？这就是说善于解题，不仅善于解一些标准的题，而且善于解一些要求独立思考、思路合理、见解独到和有发现创造的题。”

中国当代数学教育家罗增儒先生倡导“解题分析”与“解题学”，其编写的《数学解题学引论》一书影响了众多一线老师，是一本有关习题教学不可多得的好书。书中的序言论道：“无论是数学家还是中学生，天天都在解数学题，这种惊心动魄的实践活动已经产生了惊天动地的数学成果与流芳千古的教育成果……多少年来人们翘首以望的问题：怎样解题？怎样调动乃至创造解题方法？笔者的基本观点认为：分析典型例题的解题过程是学会解题的有效途径。”

罗增儒教授倡导，要对解题过程进行以下四个方面的分析。

（1）看解题过程是否浪费了更重要的信息，以开辟新的解题通道。

（2）看解题过程多走了哪些思维回路，通过删除、合并来体现简洁美。

（3）看是否可以用一个更一般的原理来代替现存的许多步骤，提高整个解题的观点和思维的层次。

（4）看是否可以用一个更特殊的技巧去代替现存的常规步骤，以体现解题的奇异美。

数学家单墫教授是奥数专家，有丰富的解题经验，其解题学代表作是《解题研究》和《我怎样解题》，这两本书影响很大。单墫教授认为：“对于解题的重要性，仍然有很多人认识不足，甚至认为教师只需研究数学‘理论’，不需要解题。一谈到解题，就是‘题海战术’。所以不少从事教育的人绝口不提‘解题’，真是咄咄怪事。” 单墫主张：

解题方法，以简单自然为上；解题应力求简单自然，就是要抓住问题的实质，直接剖取核心，不要拖泥带水、兜圈子、使出很多“废招”；作为数学教师，最需要加强的是自身的数学水平，而数学水平，就是其解题能力。

教育家傅学顺教授师从关肇直院士，主攻波利亚理念。自 20 世纪 60 年代初，华罗庚、关肇直两院士决定在中国开展波利亚研究以来，傅学顺是全面研究波利亚学说，并做出系统成果的第一人，其代表作是《中学数学思维方法》。对于解题研究，傅学顺认为：数学解题要想“反应快”，首先要有“反应块”；拔尖学生反应快的原因之一，是大脑中储存了许多定理之外的基本问题，从定理引申出来的或从难题中抽取出来的基本问题，它们就像计算机中的集成块、子程序，用起来就像计算机工程师做软件时用子程序一样快捷；反应块具有双重性，既是知识也是小招数，既与知识衔接又与思维方法接轨；析出和应用反应块，教师必须在初中阶段就开始教学生并且使学生练到娴熟程度，不能拖延至高中，否则高中生如负债，反应迟钝；创立思维教学法，使题海缩成“题池”，同时又使学生的思维能力较快提高成为可能；一边解题，一边萃取思维方法，一边析出反应块，一边把题目分类（分成思维方法典型例题、反应块典型例题、可淘汰者），这就是中等生拔尖首步，也是青年教师成长首步，也是学习方法和教学方法改革首步！

上海陈永明教授将张景中“中巧说”应用于习题教学研究，《数学习题教学研究》《陈永明讲评数学题——高中习题归类研讨》《陈永明讲评数学题——初中习题归类研讨》三书以“中巧说”为核心理念，有很强的操作性。陈永明教授将中国特色的数学习题教学分为五个流派，一是张景中“中巧说”；二是傅学顺“反应块”思想；三是顾泠沅提出的“变式训练”；四是张奠宙、徐利治等提出的“数学素质论”；五是“北京孙维刚风格”。习题教学是数学教学中的重灾区，学生陷入题海，苦不堪言，教师难于应付，身心疲惫，是到了应该想想办法的时候了。对于“中巧说”，陈教授认为：张院士提出的“中巧说”，是数学教学的一个全新的观点，对改进数学教学意义重大；思考时通法优先，落笔时优法优先。

著名数学特级教师孙维刚是北京 22 中数学教师，他曾进行了三轮从初一到高三的试验，其教学风格独特，其代表作是《孙维刚初中数学》和《孙维刚高中数学》。“八方联系，浑然一体；漫江碧透，鱼翔浅底”，是孙维刚先生对自己倡导的整体结构教学观的生动描述。孙维刚先生认为，数学教学要站在系统的高度教、学知识，每个数学概念、定理、公式等知识的教学，都要在见树木更见森林，见森林才见树木的联系状态下进行。孙维刚教学经验有五条：总是要站在系统的高度教、学知识；更着重对数学中哲理的发现、汲取；让学生做课堂真正的主人；题不在多但求精彩，学会一题多解、多解归一、多题归一；从初一开始，就提倡和指导学生开展问题研究，练习写论文。

数学教育家、北京四中名师周长生先生，从 1949 年即到北京四中担任高中、初中数学教学，是将大众哲学系统应用到数学教学的第一人，其代表作是《为不教而教》。“找共性，证共性，用共性”是周老的创见，不妨称为教育哲学九字诀。找、证、用三部曲深刻揭示了课堂教学的规律，找共性是归纳法，证共性、用共性是演绎法。科学家杨振宁认为：中国式教学的本质是演绎法，美国式教学的本质是归纳法。而九字诀倡导将归纳（从特殊到一般）与演绎（一般到特殊）融为一体。早在 1964 年，周老就撰写过一篇文章《关于少而精》，他认为：少和多，这两个东西正好构成一对矛盾，它们是对立统一的辩证关系；传统数学教学的致命之症是孤立割裂，正确的处理方法就是寻求联系或共性；要寻求少而精的东西，贯彻少而精的原则，抓主要矛盾，在不同范围的教材中，都是可以做到的；贯彻少而精的原则，其目的在于以少胜多。

孙维刚多解归一、多题归一之说，有其独特之处。上海老一辈数学教育家赵宪初曾说："先要举三反一，才能举一反三。"赵老说的"一"，应该就是指规律。要知道，赵老执教的是上海的名校——南洋模范中学，有 30 多名院士曾毕业于此所学校，如著名的计算机专家王选院士和数学家张恭庆院士。

教育数学三共定理方案与四弦实验方案，有鲜明的"归一""用一"特征，应仔细体会。

如何做到多题归一？多解归一？我们以下列四道题为例。

【例 1】（全国数学竞赛，1998 年）如图 8-1 所示，在等腰直角三角形 ABC 中，$AB=1$，$\angle A=90°$，点 E 为腰 AC 的中点，点 F 在底边 BC 上，且 $FE\perp BE$，求$\triangle CEF$ 的面积。

【例 2】如图 8-2 所示，在$\triangle ABC$ 中，$AB=AC$，$AB\perp AC$，点 D 为 AC 的中点，连接 BD，过点 A 作 $AE\perp BD$，交 BC 于 E。连接 DE。

求证：（1）$\angle ADB=\angle CDE$；（2）$BD=AE+DE$。

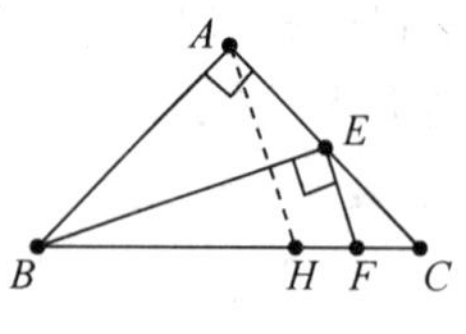

图 8-1

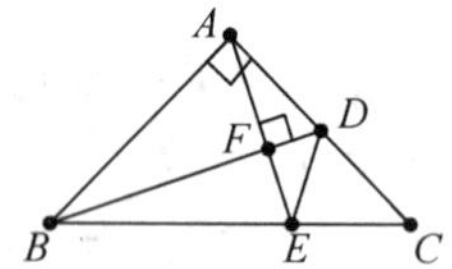

图 8-2

【例 3】（2006 年全国联赛试题）如图 8-3 所示，在 Rt$\triangle ABC$ 中，$AC=BC=1$，M 是 BC 的中点，$CE\perp AM$ 于点 E，交 AB 于点 F，则 $S_{\triangle MBF}=$__________。

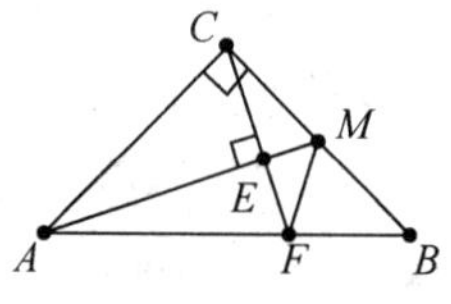

图 8-3

【例 4】如图 8-4 所示，在$\triangle ABC$ 中，$AB=AC$，$AB\perp AC$，点 D 为 AC 的中点，连接 BD，过点 A 作 $AE\perp BD$，交 BC 于 E。

求证：$BE=2EC$。

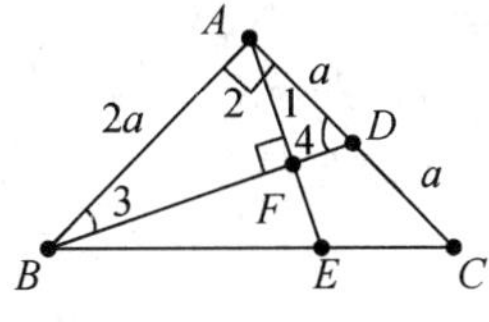

图 8-4

以上四道习题，解法甚多。通过添加辅助线，我们可以构造三角形全等、相似解题。如果寻求四道习题的共性，多题归一，我们可以发现第四题是基本习题，利用第四题的基本结论：$BE=2EC$，前面三道习题很容易求解。

如果不作辅助线，第四题可以有以下证法。

证法 1：如图 8-4 所示，设 $AD=DC=a$，则 $AB=AC=2a$。

由勾股定理，得 $BD=\sqrt{AB^2+AD^2}=\sqrt{5}a$。$\sin\angle 1=\sin\angle 3=\dfrac{a}{\sqrt{5}a}=\dfrac{1}{\sqrt{5}}$，$\sin\angle 2=\sin\angle 4=\dfrac{2a}{\sqrt{5}a}=\dfrac{21}{\sqrt{5}}$。则 $\dfrac{BE}{EC}=\dfrac{S_{\triangle ABE}}{S_{\triangle AEC}}=\dfrac{\frac{1}{2}AB\cdot AE\cdot\sin\angle 2}{\frac{1}{2}AC\cdot AE\cdot\sin\angle 1}=\dfrac{\sin\angle 2}{\sin\angle 1}=\dfrac{\frac{2}{\sqrt{5}}}{\frac{1}{\sqrt{5}}}=2$。

证法 2：如图 8-5 所示，连接 FC，由共边定理，得 $\dfrac{BE}{EC}=\dfrac{S_{\triangle ABF}}{S_{\triangle ACF}}=\dfrac{S_{\triangle ABF}}{2S_{\triangle AFD}}=\dfrac{1}{2}\times\dfrac{AB^2}{AD^2}=\dfrac{1}{2}\times 4=2$。

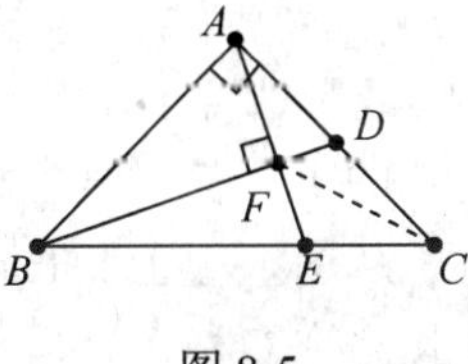

图 8-5

证法 3：如图 8-6 所示，连接 DE。由射影定理，得 $\dfrac{AB^2}{AD^2}=\dfrac{BF\cdot BD}{DF\cdot BD}$，即 $\dfrac{4}{1}=\dfrac{BF}{DF}$，由共边定理，得 $\dfrac{BF}{DF}=\dfrac{S_{\triangle ABE}}{S_{\triangle ADE}}=\dfrac{S_{\triangle ABE}}{\frac{1}{2}S_{\triangle ACE}}=2\times\dfrac{BE}{CE}=4$，所以 $BE=2CE$。

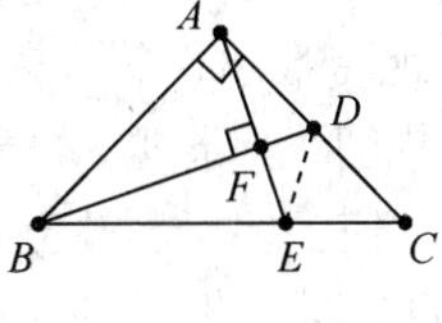

图 8-6

这一解法，用到了新方案中的两个源头知识，共高定理与正弦三角形面积公式。三共定理中，共高定理是最基本的定理；四弦方案中，正弦三角形面积公式是最基本的解题利器。几何中的许多知识，都可以看作是源头知识推导而来。在这里，我们再次领略了多解归一、多题归一。

第 2 节　从数学的统一性看结构归一

最早将数学描绘成一棵“枝条虽分而同本干”的大树，是 1700 多年前的数学家刘徽。在为《九章算术》作注时，刘徽指出：“事类相推，各有攸归，故枝条虽分而同本干者，知发其一端而已。又所析理以辞，解体用图。”意即，事理按类别来推究，便各有所归，所以枝条虽分而本干是相同的，可知发生在同一根源。进而用言辞分析原理，用图形解剖结构。

数学之树“发其一端”，这个端是什么呢？刘徽认为：“亦犹规矩度量可得而共”。意思是，规矩、度量是数学之根，数学方法由规矩、度量产生出来。中国数学史专家郭书春解读为：“刘徽的数学之树从规矩、度量这两条根生长出来，统一于数，由此产生出数量的运算这个本干。根据不加证明而承认其为真理的长方形面积公式、长方体体积公式及率的定义出发，引出整数四则运算、分数四则运算、今有术，又引出衰分术、均输术、盈不足术、开方术、方程术、面积问题、体积问题，以及勾股测望问题等主要枝条，这些主要枝条又分出各种数学方法作为更细的枝条，最终形成了一株枝叶繁茂、硕果累累的大树。”

伊夫斯在《数学史概论》中也认为：“若干年前，人们把数学描绘成一棵树（通常是大榕树）的样子，这已是众所周知的了。在树根上标着代数、平面几何、三角、解析几何和无理数等科目或概念的名称。从这些根上又长出了这棵树的强大的树干，上面写着微积分。然后，从树干的顶端又长出许多枝，又再分叉出许多较小的枝。这些枝上写着诸如：复变、实变、变分法、概率等，直至包括现代数学的各个分支。”

数学学习，应将“枝繁叶茂”与“根深干粗”结合起来，寻求“归一”与“用一”之间的平衡。著名数学家华罗庚将治学经验总结为八个字：化薄为厚、化厚为薄。化薄为厚是“用一”的功夫，化厚为薄是“归一”的功夫。我们进行有效的数学学习，一定要有足够的习题训练，但也要警惕题海战术。

华罗庚将数学视为一个内在紧密联系的整体，他认为将数学分为微积分、高等代数、复变函数等分别进行教学，是人为地将数学割裂开来，不利于学生的学习和全面发展。根据这一思想，华罗庚在中国科大首创“一条龙”教学法，把所有数学基础课放在一起，作为相互关联的课程统一安排教学，使各门学科相互渗透。这就有了后来著名的“华龙”“关龙”“吴龙”，由华罗庚、关肇直、吴文俊分别主持。在《高等数学引论》一书中，可以发现多处华罗庚先生精心设置的重要概念、重要方法的“伏笔”。华罗庚先生认为：“我讲书喜欢埋些伏笔，把有些重要概念、重要方法尽可能早地在具体问题中提出，并且不止一次地提出，目的在于将来进一步学习的时候会较易接受高深的方法，很可能高深方法就是早已有之的朴素简单的方法的抽象加工而已。”

华罗庚也特别提倡：“生书熟讲”“熟书生温”。生与熟，新与旧，相辅相成，相互转化。所谓“生书熟讲”，华罗庚解释说：“我也喜欢生书熟讲，熟书生温的方法，似乎是温熟书，但把新东西讲进去了。这是因为一般讲来，生书比旧课、真正原则性的添加并不太多的缘故。”所谓“熟书生温”，华罗庚解释说：“我也喜欢……熟书生温的方法……找另一条线索把旧东西重新贯穿起来，这样的温习方法容易发现我们究竟哪些主要环节没有懂透。”

英国著名数学家阿蒂亚在《数学的统一性》一书中指出：“数学的统一性及简单性都是极为重要的。因为数学的目的，就是用简单而基本的词汇去尽可能多地解释世界。归根结底，数学仍然是人类的活动而不是计算机的序。如果我们积累起来的经验要一代一代传下去，我们必须不断地努力把它们加以简化和统一。”

张景中倡导“一线串通”，重视几何、代数、三角的内在联系，其改造数学的平台是面积法，具体方案是三共定理实验方案和重建三角四弦实验方案。

在面积法体系中，“道生于一”，其源头知识就是矩形面积公式。矩形面积公式是《九章算术》第一术，小学面积公式的源头。从面积视角，传统初中代数是“玩”矩形（正方形）面积公式。两邻边为定值的平行四边形，夹直角时面积最大，任意平行四边形的面积，都可以看作是矩形面积的折扣，而正弦扮演了面积折扣的角色。在这里，我们看到了新法与旧法之间的内在联系（图 8-7）。

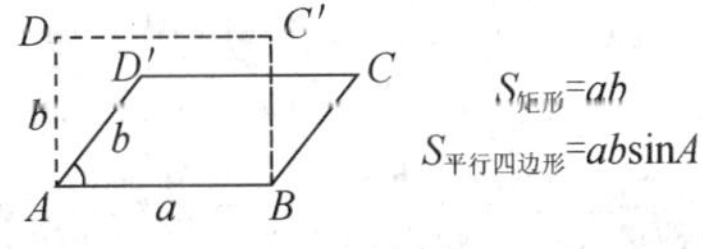

图 8-7

矩形面积公式是数学里的多面手，也能直观解释高等数学中的一些复杂关系式。例如，如图 8-8 所示，一块阶梯面积分成几个竖直的矩形，它的面积表示为 $a_1b_1+a_2b_2+a_3b_3+a_4b_4$。

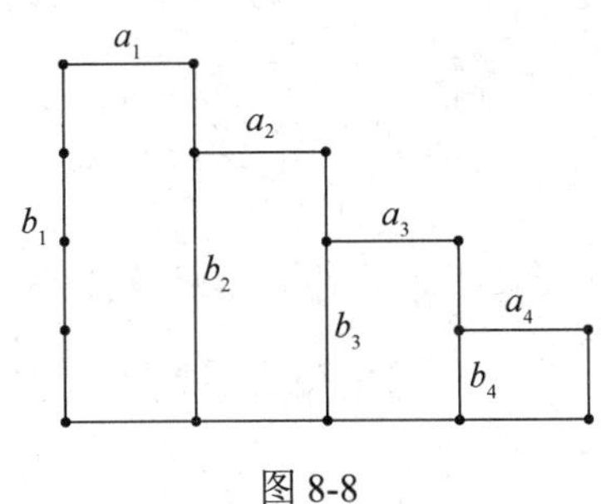

图 8-8

如图 8-9 所示，如果分成几个水平的矩形，就成了：$a_1(b_1-b_2)+(a_1+a_2)(b_2-b_3)+(a_1+a_2+a_3)(b_3-b_4)+(a_1+a_2+a_3+a_4)b_4$。

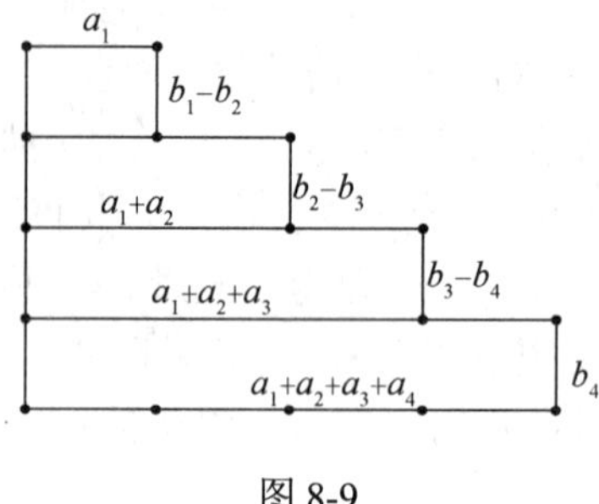

图 8-9

也就是说：$a_1b_1+a_2b_2+a_3b_3+a_4b_4=a_1(b_1-b_2)+(a_1+a_2)(b_2-b_3)+(a_1+a_2+a_3)(b_3-b_4)+(a_1+a_2+a_3+a_4)b_4$。

这就是数学分析里研究级数时常用的“阿贝尔变换恒等式”。

已知：a、b、c、x、y、z 均为正数，且 $a+x=b+y=c+z=m$。

求证：$cz+ay+bz<m^2$。

如图 8-10 所示，我们构造边长为 m 的正方形，再进行如下分割。由面积法，不等式显然成立。

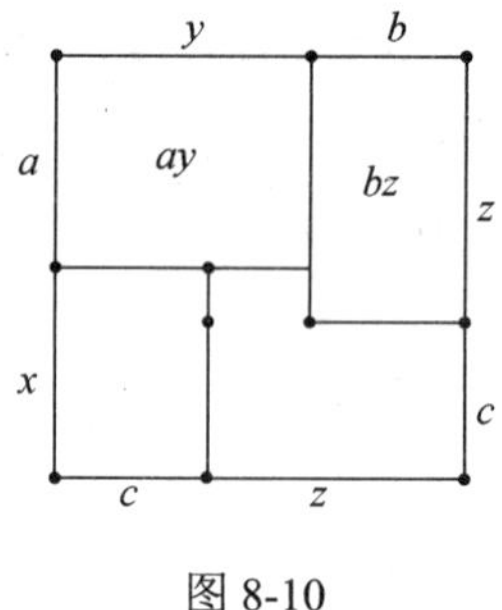

图 8-10

如图 8-11 所示，曲边形的面积是由无限多个窄条矩形面积之和给出的，即 $\int_a^b f(x)\mathrm{d}x$。

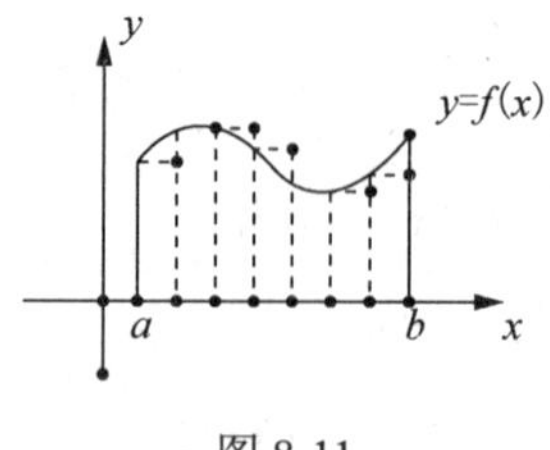

图 8-11

在重建三角四弦实验方案之中，三角形正弦面积公式 $S_{\triangle ABC}=\dfrac{1}{2}bc\sin A$ 居于核心地位。四弦方案中的正弦定理、余弦定理、正弦和角公式也可以利用这一公式证明。正弦三角形面积公式如同华罗庚先生倡导的“伏笔”，在初中各个阶段都有用。利用这一公式，我们将初中众多重要定理“一线串通”，形成结构归一，如图 8-12 所示。

张景中院士“重建三角，全局皆活”实验方案

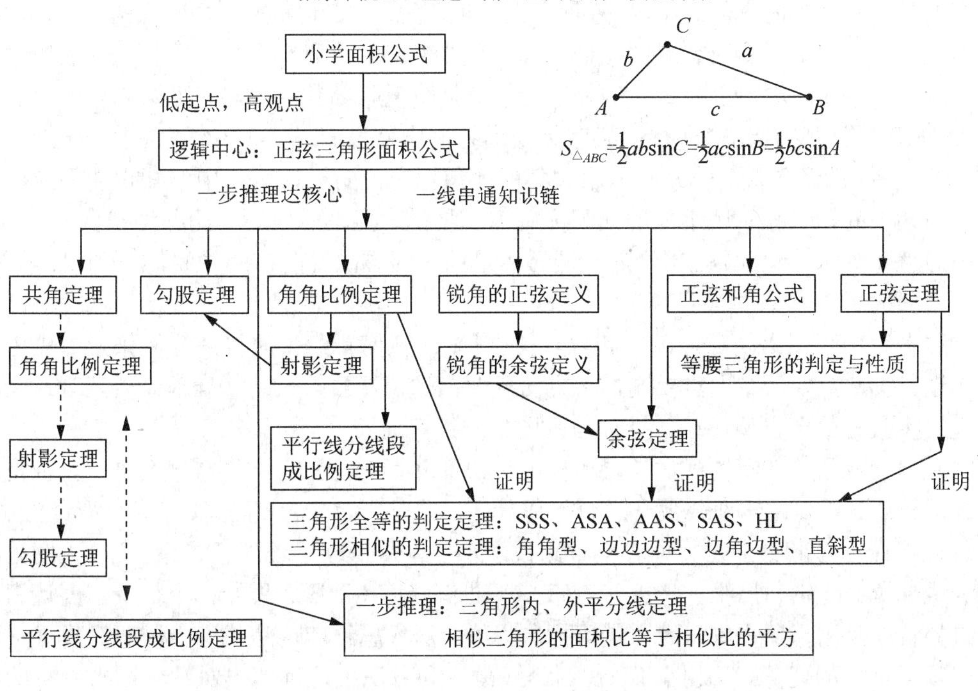

一个公式、一条主线、“玩转”初中数学

图 8-12

正弦三角形面积公式是一个很好的范例。著名数学家波利亚在数学名著《怎样解题》一书中作了一个有趣的比喻：“在你找到第一个蘑菇（即做出第一个发现）后，要环顾四周，因为它们总是成堆生长的。”“一个专心的认真备课的教师能够拿出一个有意义的但又不太复杂的题目，去帮助学生发掘问题的各个方面，使得通过这道题，就好像通过一道门户，把学生引入一个完整的理论领域。”

透过这一案例，我们也可以以三共定理方案为主线，将初中数学进行结构归一。也可从自己多年的教学经验出发，提出串联数学知识的新方法，尝试部分章节、单元结构归一。

第3节 基于“高观点，低起点”的算推合一

华罗庚先生主张“深入浅出见功夫”，在教学内容处理上，“高的内容放低了，难的内容改易了，繁的内容化简了。”张景中先生也认为：“多年来我一直在想能不能把数学变简单一点，把难的变成容易的，把高等的变成初等的。我想，高等的与初等的数学之间，没有必然的鸿沟，主要看人们如何理解。把变量与函数的思想、形数结合的思想和寓理于算的思想结合起来，往往能够化难为易，化繁为简。”在一次采访中，张景中这样回答记者：“我常想，一个问题用大学的知识把它说明了，用高中的知识能不能说明呢？用初中的知识呢？用小学的知识呢？也就是说，能不能用简单的办法把自己说服。我平时就喜欢这么想问题，想到最后能够用最简单的方法说明白的时候，我就特别高兴。这也是我的科普安慰之一。”

教育数学强调“高观点，低起点。”在《平面几何新路》前言部分，张景中先生这样阐述：①起点要低，观点要高；②方法既要简便，又要一般；③推理既要直观，又要严谨；④教育数学强调计算、推理与画图“一线串通”。

几何直观是《义务教育数学课程标准（2011 年版）》的 10 个核心概念之一，也是新增加的核心词汇。在一部分数学教育工作者中，常误认为概念、推理、抽象才是高级的，而忽视了计算与形象思维。著名科学家钱学森主张从形象思维入手，指出：“人的思维可分成抽象（逻辑）思维、形象（直感）思维和灵感（顿悟）思维三个部分。人认识客观世界首先是用形象思维，而不是用抽象思维。形象思维应该是我们当前研究思维科学的一项最重要的任务。”几何直观在内容、意义和方法上远远超出对几何图形本身的研究范畴。正如弗莱登塔尔所说：“几何直观能告诉我们什么是可能重要、可能有意义和可接近的，并使我们在课题、概念与方法的荒漠之中免于陷入歧途之苦。”张景中院士认为：“在数学当中，几何具有非常重要的地位。大多数重要的数学概论，最初是从几何中来的。所以有人说，几何是数学思想的摇篮。”

如图 8-13 所示，从代数、三角与几何的视角，算术平方根、正弦、三角形相似是三个基本的数学概念。对于初中两个核心符号，中国古代数学家利用正方形面积定义算术平方根（图 8-14），张景中先生利用单位菱形面积定义正弦（图 8-15）。这两个中国式的数学概念，融计算、推理与图形于一体。物理学家杨振宁认为：“对基本概念的理解要变为直觉。”通过面积，我们可以将这两个概念变为直觉。

对于正弦三角形面积公式这一核心解题利器，我们也可以通过形象、联想的方式进行记忆。如图 8-16 所示，设想三角形的第三边用橡皮筋连接，夹角可能是直角、锐角、钝角。显然，直角三角形的面积是 $\frac{1}{2}ab$ 。而夹角是锐角、钝角时的面积都比直角三角形

面积小。在这里，正弦 $\sin\theta$ 再次扮演了面积“打折”的角色。

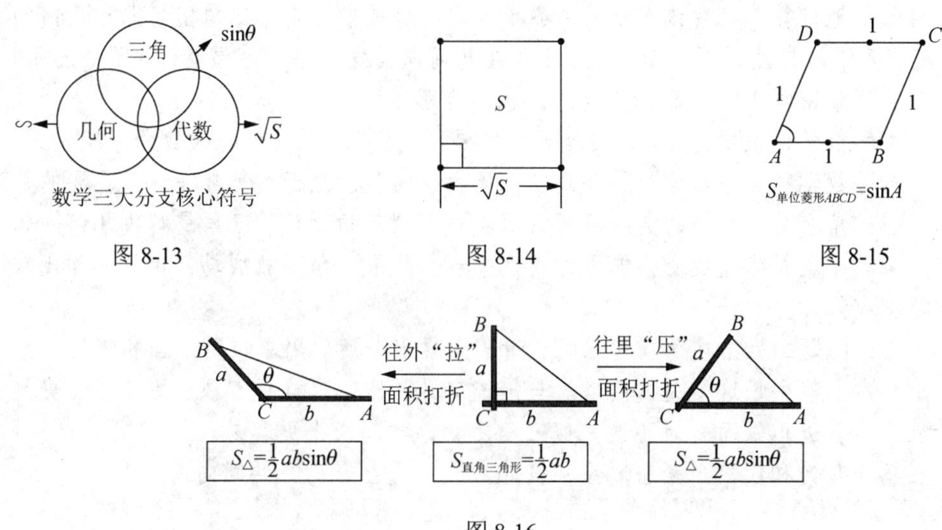

图 8-13 图 8-14 图 8-15

图 8-16

传统的几何改革方案的策略是删减内容、降低难度、弱化推理。而教育数学则强调应直面难题、改造结构、提供解题利器。在前面，我们提供了大量应用三共定理、四弦公式（定理）解决几何难题的案例。在新方法之下，欧氏几何的教学可以走出困境，重新焕发新的生机。数学家阿蒂亚认为：“欧氏几何最初是数学原始材料的巨大源泉，几个世纪以来都是学校教育的台柱，可是现在它失去了王位，被贬至后排座上。19 世纪的战场最终以代数与分析的胜利而告终，这最后必定导致欧氏几何在中学和大学的名存实亡。有种种理由使我觉得这是最不幸的事……然而，常常出现的情况是，欧氏几何下了台，却没有什么可以填补上这个空位。我对几何作用的减少感到遗憾的另一个理由是，几何直觉仍是增进数学理解力的很有效的途径，而且它可以使人增加勇气，提高修养。需知我不是强要别人增加任何一门几何课，我只是请求尽可能广地应用各种水平的几何思想。”

对于计算与推理的辩证关系，张景中先生在《感受小学数学思想的力量》一文中，有精彩的论述：“寓理于算的思想容易被忽视。小学里主要学计算，不讲推理。但是，计算和推理是相通的。中国古代数学主要是找寻各类问题的计算方法，不像古希腊讲究推理论证。但是，计算要有方法，这方法里就体现了推理，即寓理于算的思想。数学活动中的画图和推理，归根结底都是计算。推理是抽象的计算，计算是具体的推理，图形是推理和计算直观的模型。”

如何促进计算与推理的融合，张景中先生提出以下论述：

先几何后三角的安排有三个遗憾：一是辛苦了几何，二是委屈了三角，三是冷落了代数。几何在没有工具的情形下孤军奋战地做定性研究，不辛苦吗？三角建立了有力的定量工具但为时已晚，空怀绝技难以施展，不委屈吗？几何自顾自地推理，三角自顾自地计算，代数该用不用，不冷落吗？如果早点安排三角出场呢？几何的事情三角帮忙，自然不那么辛苦了。三角在几何向前发展中功劳显赫，就不委屈了。计算与推理紧密联系，代数处处有用，也不冷落了。

在中学数学课程中，三角的内容至关重要。三角是联系几何与代数的一座桥梁，是沟通初等数学和高等数学的一条通道。函数、向量、坐标、复数等许多重要的数学知识与三角有关，大量的实际问题的解决要用到三角知识。三角是解决几何问题的有力工具，是训练代数变换能力的天然平台。如果三角下放成功，对几何和代数的学习必有好处。

于是，问题的症结在于重建三角，请三角早出茅庐。用单位菱形面积来定义正弦，从根本上解决了这个关键问题。与传统定义相比，这样更直观、更严谨、更具一般性。只引进正弦而暂时不谈其他三角函数，学起来也更容易。

三角、几何和代数，紧密联系，彼此渗透，交互影响，共同向前。

第4节　童增祥教授论教育数学

在数学领域中，可能没有其他分支学科能像三角学一样始终占据着中心位置。

——赫伯特

以色列著名科普作家伊莱·马奥尔（Eli Maor）在《三角之美》一书序言中，直接将这段作为首句。

要谈论数学教育改革，不能不谈到美国“新数学”（New Math）运动。“新数学”运动是20世纪60年代的中学数学教育的大改革，由美国率先带动。这次运动，起源于苏联在1957年将世界首枚人造卫星史普尼克1号送入太空，令美国大为震惊。美国认为苏联之所以在太空竞赛领先，是因为苏联的工程师是优秀的数学家，于是美国改革教育，以加强民众的科学教育和数学能力，应对苏联的科技人才的威胁。欧美其他国家以至亚洲国家也有跟随，但改革未如美国激烈。

马奥尔在《三角之美》序言中，深刻揭示了“新数学”的种种弊端。“新数学”运动强调抽象的概念，如集合论、函数（定义为有序对的集合）及形式逻辑。在“新数学”运动中，几何学和三角学这两门课程地位急剧下降。作为在自然科学和工程学中都至关重要的一门学科，三角学首当其冲成为变革的牺牲者。打着数学严谨的旗号，形式化的定义和冗长的逻辑推导取代了对三角学的真正理解。人们不再讨论在几何环境中定义正弦和余弦函数（三角形中两条边的比率，或者单位圆在 x 轴和 y 轴上的投影），而是谈论着从实数到区间[−1,1]上的函数。集合符号和语言已经遍及所有的讨论，酿成的后果

就是一个相对简单的学科被毫无意义的形式主义搞得晦涩难懂。“新数学”下的学生可能学习到集合论的语言和符号，但是当他们遇到最简单的数值计算时却容易出错，无论他们有没有用计算器。因此，许多高中毕业生缺少基本的运算技能。

童振祥教授曾在中学任教 12 年，后又曾在上海铁道学院任教 6 年；1985 年赴美，1991 年获得特拉华大学（University of Delaware）的应用数学博士学位；之后，一直在奥特本大学（Otterbein University）的数学科学系任教，现在是该大学的终身教授。正是有在中美两国多年的执教经历，童教授对中美数学教育有独特的理解。他认为：自 20 世纪 60 年代的“新数学”运动以来，美国的中小学数学教育，江河日下，已陷入危机之中。将教育数学引入美国数学教学改革，是童增祥的设想与目前所做的工作。

在张景中、李尚志、朱华伟等支持下，童增祥具体推动下，已在美国成立国际教育数学协会（IAEM）。

对于数学，童增祥教授做了有趣而有意义的分类。他认为：“就内容和功用来看，全部数学可分为三大领域：纯粹数学、应用数学和教育数学。”

纯粹数学是数学的数学，旨在完善和深化数学内在的逻辑结构，探索和创造更新颖、更普适、更深刻、更重要的定理和结构。

应用数学是天地宇宙人文社会的数学，旨在以数学的眼光理解客观世界，以数学的手段改造客观世界，也以客观世界为动力为养料滋润数学深化数学。

教育数学是人的数学、传承的数学，旨在将数学成果概括提炼改造，将最基本、最核心、最重要的数学知识和技巧，以深入浅出、严谨而又生动活泼的形式表达出来，使别人，特别是年轻一代，学之易懂，懂而能用，用而后能创新。

这三大领域是互不相同，互相联系，互相渗透，又互相促进的。自诞生之日起，数学就有这三大领域，数学家们就从事这三大领域里的探索和研究。在 19 世纪，数学家们意识到数学应分成纯粹数学和应用数学。在 20 世纪 40 年代和 50 年代，美国出现第一个应用数学教授的称号。这种自觉的意识，从一个侧面表现了数学的蓬勃发展。张景中院士于 20 世纪 80 年代提出教育数学的理念，获得中国数学家的赞同，2004 年成立了中国高等教育学会教育数学专业委员会，这种数学家群体的自觉意识，又表现了数学的蓬勃发展。

童增祥认为：教育数学的理念是中国数学家一个伟大的创造；中国的数学教育界需要教育数学，美国的数学教育界更需要教育数学。“三十年来，中国在纯粹数学和应用数学方面的研究取得了巨大的成就，但是与世界最先进的水平相比，仍有巨大的差距。唯有教育数学，张景中率先提出，独步世界，是中国数学领先于世界的重要领域。”

参考文献

阿蒂亚，2014．数学的统一性[M]．大连：大连理工大学出版社．

郭书春，2009．九章算术译注[M]．上海：上海古籍出版社．
马奥尔，2010．三角之美：边边角角的趣事[M]．曹雪林，边晓娜，译．北京：人民邮电出版社．
孙维刚，2015．孙维刚初中数学[M]．2 版．北京：北京大学出版社．
伊夫斯，1986．数学史概论[M]．欧阳绛，译．太原：山西人民出版社．
张奠宙，于波，2013．数学教育的“中国道路”[M]．上海：上海教育出版社．
张景中，2015．一线串通的初等数学[M]．2 版．北京：科学出版社．
张景中，曹培生，2011．从数学教育到教育数学[M]．北京：中国少年儿童出版社．
周长生，2013．为不教而教[M]．北京：首都师范大学出版社．

第9章 教育数学在行动

在初等数学领域，教育数学的实验方案主要是三共定理方案和四弦公式（定理）实验方案，而两套方案的内核是面积法。现在，几乎所有的平面几何资料都把面积法作为基本解题方法来介绍。

教育数学不仅仅考虑为学生提供解题利器，更重要的是想对初等数学进行结构改革，影响数学课程建设，造福千百万师生。

因资料、信息收集不足的原因，我们在此只能粗略介绍教育数学在初等数学领域的推广情况。

第1节 张景中多年培训讲座与科普传播

“长征是宣言书，长征是宣传队，长征是播种机。”这是我们耳熟能详的语句。从张景中提出共边定理、单位菱形面积定义正弦等教育数学实验方案，到逐渐被人们接受，其间经历了40余年，这是数学教育领域的新“长征”。而核心领跑者、坚持者、播种者正是教育数学的提出者张景中。

张景中在2016年度进行了许多围绕着“教育数学”专题的学术报告活动，他宣传与推广教育数学，主要是靠讲座培训，撰写大量科普著作与文章。

多年来，张景中到全国各地大学、高中、初中，甚至小学，为一线老师与学生作科普讲座，不计其数，主题报告如“微积分原理的新思考”“教育数学的认识与实践”“创新与思考漫谈”“动态数学带来智慧和快乐”“数学教育与教育数学”“让数学变得容易一些”“学数学要思考”“思考与创新漫谈”……我们以2016年张景中的培训讲座为例，参与的单位包括中国人民大学、中国科学院重庆绿色智能技术研究院、惠州学院、广东女子职业技术学院、贵州师范学院、四川水利职业技术学院、乐山师范学院、西安交通大学、广州市教育研究院、广州大学、华南师范大学、中山大学、广州市海珠区外国语实验学校、广州景中实验中学、广东广雅中学等单位。一分耕耘，一分收获。该专题学术报告受到所在单位师生的热烈欢迎，产生了深远的影响，对推动教育数学的发展有很好的效果。

笔者曾与一线数学老师交流，不少老师曾听过张景中院士的讲座，或者看过其科普著作。张院士的经历很不简单，他是北京大学的高才生，做过中学老师，在中国科学技术大学教过少年班，担任过中国数学会奥林匹克委员会国家级教练员……也许正是他深厚的数学功底加上这份经历，使他成为了解、关心中小学数学教育的国内著名数学家之一。

主题鲜明、深入浅出是张景中院士培训讲座的特色。张院士在讲座中擅用各类事例来让老师、同学们理解他的观点，如引用了古人芝诺的“飞矢不动”、公孙龙的“白马非马”以及人们常常争论的“先有鸡还是先有蛋？”等事例，引出“思考要用语言，语意必须明晰”的观点。

“小中见大”“鸡刀宰牛”既是教育数学实验方案的特色，也是张景中倡导的科研方法。从小学生都熟知的三角形面积公式导出三共定理，从单位菱形面积定义正弦导出四弦方案，都体现了这一特色。张景中曾以“哥德巴赫猜想”的证明历程引出这样一个话题：遇到太难的目标，就“分割迂回”“各个击破”。“哥德巴赫猜想”是数论领域中的一颗“明珠”。1742 年，德国数学家哥德巴赫在给大数学家欧拉的信中提出：“任一大于 2 的偶数，都可表示成两个素数之和。”这一猜想被形象地比喻为“1+1=2”，在提出后的很长一段时间内毫无进展。因为直接证明“1+1”十分困难。但是，聪明的数学家采取了“迂回包抄”的策略，从“9+9”开始，逐步逼近最终目标。1920 年，挪威的布朗证明了“9+9”；1924 年，德国的拉特马赫证明了“7+7”；1932 年，英国的埃斯特曼证明了“6+6”；1937 年，意大利的蕾西先后证明了“5+7”“4+9”“3+15”；1938 年，苏联的布赫夕太勃证明了“5+5”；1940 年，苏联的布赫夕太勃证明了“4+4”。包围圈越来越小了！1956 年，中国的数学家王元证明了“3+4”，稍后证明了“3+3”和“2+3”；1962 年，中国的潘承洞和苏联的巴尔巴恩证明了“1+5”，中国的王元又证明了“1+4”；1965 年，苏联的布赫夕太勃和小维诺格拉多夫及意大利的朋比利证明了“1+3”；1966 年，中国的数学家陈景润证明了“1+2”，距离“1+1”仅有一步之遥。

由此可见，科学的进步和飞跃，其实是一系列小突破的不断积累。许多诺贝尔奖得主的研究，其实都是在很小的方面取得了重要的进展。为此，张景中院士精辟地总结出了一系列巧妙的战术，即“大事不惧，小敌不侮”，“分割迂回，步步为营”，“捉小围大，各个击破”，“温故知新，推陈出新”，“知难而退，以退为进”，“抽丝剥茧，承前启后”，“实事求是，不骄不馁”，“甘于寂寞，大器晚成”。

张景中认为：“教育数学领域的现状历历在目。这是一个开放求新的园地，一个蓬勃发展的领域。在这里耕耘劳作的人们，想的是教育，做的是数学，为教育而研究数学，通过丰富发展数学而推进教育。在这里大家都做自己想做的事，提出新定义新概念，建立新方法新体系，发掘新问题新技巧，寻求新思路新趣味，凡此种种，无不是为教育而做数学。”

让教育数学走进一线老师，进入教材，进入课堂，产生实效，让千千万万学子受益，进而推动社会发展，造福人类，这是教育数学同人的共同目标。为了推动教育数学，张景中院士主编了“走进教育数学”丛书：《一线串通的初等教学》《几何新方法和新体系》《绕来绕去的向量法》《直来直去的微积分》等。

第 2 节　教育数学专业委员会的学术推广

“教育数学”是张景中根据欧几里得的《几何原本》、柯西的《分析教程》和布尔巴基的《数学原理》等诸位教育数学大师的著名范例，创造性地提出并积极倡导的一个全新的理论。经过多年的研究、实验，教育数学正在发展成为一门全新的学科。该学科的发展对于解决我国的数学教育的提高水平、拓广视野、改变方法、降低难度等问题，将提出各种可行方案，对我国的教育事业的发展产生重大影响。这门学科的任务是基于数学教育的需要，根据教育数学的规律，对数学研究成果及数学教材进行数学上的再创造式的整理，提供教学法加工的材料。它是介于教育学与数学之间的以数学为主体的新兴的、交叉学科。教育数学是一个全新的理论、一门全新的学科，教育数学的发展，必将对我国的数学教育事业起着巨大的推动作用。

在全国数学界、教育界等同行专家的共同努力下，中国高等教育学会教育数学专业委员会成立大会于 2004 年 5 月 15～17 日在广州大学召开，参加成立大会的有北京大学、清华大学、华东师范大学、广州大学等 20 多个省、市的 70 多所高等院校、中等学校，以及其他有关单位的 130 多名代表，王元、文兰、刘应明、张恭庆、姜伯驹、徐利治、张奠宙等著名专家学者及广州大学、汕头大学、江西师范大学、科学出版社和台湾九章数学基金会等单位来函表示对学会成立大会的热烈祝贺。中国高等教育学会教育数学专业委员会第一届第二次常务理事会暨教育数学论文于 2005 年 5 月 28～30 日在华东师范大学召开。专业委员会理事长张景中院士、顾问徐利治、张奠宙教授和来自全国各地的 65 个单位的 95 位代表参加了会议。

在张景中、李尚志、朱华伟、张志青、饶永生等组织下，全国各地热心于教育数学研究与应用的专家学者努力下，教育数学专业委员会成立 10 余年以来，从无到有，不断充实壮大，张景中院士倡导的“教育数学”相关科研成果不断丰富，已经在全国各地开花结果，走向世界。

第 3 节　各地推广经验

1. 系统实践的广州经验

在张景中院士支持下，教育数学学会常务副理事长兼秘书长朱华伟教授在教育数学实验方面做了许多工作，主持广东省教育科研重点课题“教育数学创新教学实验——以初中数学为例”，编印《教育数学创新教学实验》5 期，在《数学教育学报》等刊物发表相关论文 4 篇。“教育数学创新教学实验——以初中数学为例”获 2015 年广州市教学成果一等奖，“教育数学创新初中数学教学实验方案”获 2016 年广州市教学成果特等奖。

着眼于大规模教学实验，凝聚实践工作者与理论工作者的智慧，从 2014 年起，广州市教育研究院成立广东省教育科学“十二五”规划课题重点项目组，组织部分学校深入研读《一线串通的初等数学》，启动更大规模的教育实验研究“教育数学创新教学实验——以初中数学为例”。目前，广州市 5 个区共 15 所中学进行了教学实践，实践过程和结果表现较为良好。

张东方老师经过三年的系统实验，取得了良好成绩，这是国内系统应用教育数学理念与方案实践的第一个成功案例。

进行小规模的三年一贯制教学实验，探索性检验“重建三角”实验的教育价值，以项目为依托进行实验。2016 年 6 月，广州市青少年科技中心通过了“千师万苗工程”，依据自觉自愿的原则确定实验教师，并在广州市海珠外国语实验中学设立了“院士数学教育创新实验班”。

实验班的生源主要是数学相对薄弱但语文、英语等成绩尚可的学生。入学时数学平均分为实验 1 班（6 班）62.5 分和实验 2 班（5 班）64 分，测验中有三分之二的学生不会作钝角三角形的高。实验班的数学老师张东方把《一线串通的初等数学》的内容分成 5 章 92 学时，结合人教版初中数学教材中的知识脉络，适时地穿插整合，形成一种创新的知识体系结构。整合的结果节省了 60 个学时，5 个学期内不仅讲完了按课程标准 6 个学期应学的内容，还用书中的新方法从七年级下学期讲正弦和正弦定理，以后陆续讲了正弦和角公式、余弦定理这些按常规属于高中课程的内容。其间经历了区里的 3 次期末统考，成绩如表 9-1 所示。

表 9-1　期末统考成绩

年级	实验 1 班平均分	实验 2 班平均分	区平均分	全区所有班排名
七年级下期末	140	138	91	第 1 名和第 8 名
八年级上期末	136	133	87.76	第 1 名和第 5 名
八年级下期末	145	141	96.83	第 1 名和第 3 名

2. 速成推广的四川经验

四川推动，源于张景中多年科普奠定的基础。四川在教育数学方面的推广有以下特点。

（1）启动系列培训活动。2016 年 2 月，在尧刚组织下，由赖虎强主讲，在中国科学院成都分院举行了以“基于教学实践的景中教育数学”为题的培训活动。成都地区 10 余所学校 40 多位老师参加了此次培训交流活动。2016 年 3 月 24 日，在成都盐道街中学举行了现场观摩课活动，由赖虎强执教“神通广大的正弦三角形面积公式”一课，参与

实践的多校老师参加了此次听课交流活动。2016 年 8 月 25 日，在成都盐道街中学举行了景中数学四川创新实验工作领导小组启动仪式，张景中院士进行教育数学实践专题培训活动，赖虎强以“教育数学速成推广方案的解读”为题作交流。全省共 60 多位老师参加了此次培训交流活动。2016 年 11 月 30 日，在青白江区举行了“景中院士教育数学创新实验报告会暨院士教育数学创新实验推进会”，此项活动得到了张景中院士、景中教育数学四川创新实验区工作领导小组、青白江区教育局的大力支持，全区初中数学老师及部分实验学校数学老师参加了此次大型活动。

（2）形成核心推广团队。成立景中教育数学四川创新实验工作领导小组，张景中院士担任顾问，李兴贵担任组长，赖虎强、尧刚担任常务副组长。在推动过程中，得到省教科所教育专家吴中林、刘渝，成都教育科学院教育专家黄祥勇大力支持与指导，也得到青白江区教育局、成都棕北中学、盐道街中学、七中育才学校、青白江区祥福中学、龙王学校、人和学校、邛崃拱辰中学、冉义中学、白沫江学校、宝林中学等单位的支持。

（3）形成系列培训资料。实验的主体是老师，让一线老师熟知理解教育数学，是推广的前提。在引领实践老师阅读教育数学原著的基础上，也注重编写相关培训资料。早在 2010 年，赖虎强开始接触并学习教育数学论著。2012 年 3 月，正式出版《妙用面积学数学》一书。2014 年 1 月，正式出版《妙用正弦学数学》。在张景中院士的指导下，李兴贵、尧刚、赖虎强共同策划并编写了两本培训资料：《教育数学速成推广方案》和《教育数学实验方案》。在编写过程中，我们还关注成都中考与“重建三角”实验的关联，重视题库建设，提高实验的实战性、可操作性。

（4）启动农村教育数学实验。过去，教育数学的实验学校主要集中在城市，农村学校的实践还是空白。在农村进行实践与推广，让广大农村学校师生受益，意义重大。为了做好农村实践探索工作，在李兴贵、尧刚的支持下，赖虎强多次到青白江区、邛崃农村学校深入课堂，亲自执教。2016 年 5 月 27 日，在青白江区农村龙王学校，由赖虎强执教“神通广大的正弦三角形面积公式”一课，全区各校 60 多位老师参加了听课活动。2016 年 6 月 26 日，在青白江区人和学校举行了“张景中教育数学实践”研讨活动，由张宝上“重建三角”示范交流课，李兴贵、尧刚、赖虎强参加了此次活动。青白江区教育局郭万俊副局长非常重视教育数学实验，实践活动得到祥福、龙王、人和 3 所学校校长及数学老师支持。难能可贵的是，祥福学校副校长艾永俊、教师熊莉莉在七年级即大胆进行“重建三角”实验。农村学校取得表 9-2 所示的成绩，令人振奋（注：实验班级区排名是指实验班分数与全区各校平均分之间的比较）。

表 9-2 农村学校取得的成绩

年级	实验班级平均分	区平均分	实验班级区排名
七年级上期末	126.5	103.6	2

续表

年级	实验班级平均分	区平均分	实验班级区排名
七年级下期末	132.3	97.8	1
八年级上期末	121	91.2	1
八年级下期末	118	81	1

艾永俊、熊莉莉还收集了大量七年级、八年级学生利用正弦定理、锐角正弦定义等新知证明几何难题的案例。在七年级期末考试中，全区满分人数 10 人，实验班占 3 人。从这一侧面，表明下移这些知识，对培养数学优秀学生有较大作用。

（5）速成推广与系统推广结合。2015 年 8 月，张景中院士亲自到成都市棕北中学，授牌“张景中院士教育数学实验班”。棕北中学立即成立了“棕北中学张景中院士教育数学”课题组，两年来，分别在七、八、九这三个年级选定 5 个实验班开展教育数学教学实践活动。实验班依托张院士的《一线串通的初等数学》一书，将其中的核心内容“四弦”为主体按每周一学时的进度融入数学教学中。七年级上学期，学习“一热三共”（九九表热身，共高、共边、共角定理），七年级下学期学习“两弦”（正弦、正弦的面积公式），八年级上学期学习“一点两弦”（点的加法、正弦定理和角的正弦公式），八年级下学期学习“一弦”（余弦定理），九年级适当“回头看”。在实验过程中，张景中院士两次到校为数学教师辅导，王庆先、幸世强多次到校指导实验开展。从效果来看，实验班数学成绩都取得较大提高，教育数学越来越为数学教师、领导认同。

在推广过程中，我们也意识到，推广有以下困难：一是学校、师生在受期中、期末考试影响，实验要考虑此制约因素；二是参加实验的老师是第一次接触，缺少系统的学习与准备；有的农村学校，有的班级学生基础较差。其实，三共定理方案与四弦方案是简约的。应用最多的是核心知识——共角定理、正弦三角形面积公式，在七年级或八年级上册学习一般只需要 1～3 节课。抓住这两个知识，选择其中一个作为重点，即可快速展开实验，并可快速享受其带来的成果。增加几节课，看上去是增加师生负担，反过来，它可以节约 20 多节课。一两个招数即可实践，三年都有大作用，这是教育数学方案的优越性。因此，我们形成以下推广认识：

一线串通，教育数学；
一次讲座，即可实验；
一个定理，瞬间搞定；
一招制胜，处处有用；
一以贯之，省时高效；
道生于一，归一用一。

当然，速成只是起步阶段的手段。学生基础好的学校，也可以像张东方、陆兴华老师系统实验一样展开。

（6）启动实验教材编写。推动教育数学，需要有独立的课程建设体系。电子科技大学教育数学研究中心，正在尝试这一工作。由温邦彦、符红光策划，王庆先具体组织的实验教材编写，正在进行中。

3. 多元推广的上海经验

上海是中国教育的高地之一，人才荟萃。2009 年的国际学生评估项目（PISA）结果公布后，上海的基础教育成了许多国家研究的热点。其中，上海的数学基础教育又成为热点中的焦点。20 世纪 80 年代，笔者刚参加工作时，深受上海顾泠沅先生主导的青浦数学教改经验影响。

陈永明教授是教育数学“中巧说”的传播者和推动者。笔者认为，陈永明将“中巧说”系统应用于初中、高中数学研究，成果丰硕，影响较大，创设了基础数学教育的“徐汇经验”。陈永明从事中学数学教学 12 年，负责教师培训 37 年，曾任上海市徐汇区教学指导团团长、上海市徐汇区陈永明名师工作室主持人。他出版著作近 50 种，发表论文近百篇，代表作有《陈永明评议数学课》《数学教学中的逻辑问题》《数学教学中的语言问题》《数学习题教学研究》《高等数学引桥》等。2015 年 8 月 4 日，在徐汇区南洋中学举行了数学圈“中巧说”研讨会。陈永明、陆新生、特级教师吕宝兴、赖虎强和郑又宣莅临指导，一批来自徐汇、浦东、四川等地的中青年教师参加了本次研讨会。

上海张江教育集团黄喆、上海民办西南位育中学刘辰，曾是陈永明名师工作的成员。在陈永明教授推荐下，黄喆、刘辰两位老师参加了在上海大学举行的教育数学学术会，并作学术交流。会后，在张景中院士指导下，黄喆以《一线串通的初等数学》为实验教材，在上海张江教育集团开展了活动课推广实验。参加活动课的学生是七年级学生，自愿参加，共 40 人。实验学时是每周一节，时间为每周星期五 13:10～14:35。对于每一节课实验，黄老师作了完整的资料收集，教学反思，并及时通过微信平台对外交流。

近期参与、策划系统推动教育数学的名家是上海的周继光。周继光在 1978 年被评为上海市首批特级教师，1989 年被评为全国优秀教师，1962 年起为基础教育无怨无悔地奉献了 50 余年。他曾在浦东创办了上海市光远实验学校并担任校长，并长期担任上海市教育学会数学专业委员会理事；曾八次参加上海市中考数学的命题和审题工作（其中两次担任命题组组长），多次主持或参与全国、省、市级教育科研项目的研究，先后编写了近百本中学生课外读物。

从 1989 年阅读张景中撰写的《从数学教育到教育数学》开始，周继光一直关注教育数学相关著作，并对三共定理方案有过认真的研究。无论是教学经验，还是教育阅读，周继光都是上海基础教育的优秀代表之一。近年来，他认识到：“张景中院士首创的‘教育数学’的思想和他的实践必将对基础教育发生重大影响，从数学教育到教育数学必将是数学教育史上具有里程碑意义的一次飞跃。”这一论断，是集数十年的思考得出的，也值得一线老师深思。

对数学教育，周继光情有独钟，将教育数学的推广作为自己的近期重要任务。2016 年 12 月 20 日下午，周继光将推广教育数学的首站选择了上海罗泾中学，并作了题为“学习张景中院士‘教育数学’思想”的精彩讲座。

4. 合力推广的贵州经验

贵州师范学院数学与计算机科学学院和张景中院士团队联合申报“贵州省教育大数据技术与教育数学院士工作站”项目，项目于 2015 年 12 月 31 日正式立项，工作站于 2016 年 4 月 1 日正式启动，将与贵州中小学联合建立教育数学实验基地，践行教育数学的课程和理念，研究出一套符合贵州实际情况的、可复制的、可操作的中学数学教学改进方案，提高学生的学习效果和成绩，推动贵州省基础教育事业的发展，为贵州省的教育后来居上提供实践经验和智力支持。

贵州教育数学的推动，融合了贵州省教育科学研究所、贵州师范学院、基层实践学校的力量。贵州师范学院数学与计算机科学学院院长左羽教授、党委副书记李艳琴、副院长肖宏治、贵州省教育科学研究院的张传军、朱龙教研员等专家做了大量推动工作。

2016 年 9 月 10～11 日，“贵州省教育大数据技术与教育数学院士工作站”实验教师第一次研讨会在贵州师范学院数学与计算机科学学院会议室召开，来自全省各地院士实验班教师参加此次会议。会议还邀请到赖虎强、广州市海珠区外国语实验中学张东方分别对各自的教育数学实践经验和与会者进行分享。2016 年 12 月 16 日下午，“贵州省教育大数据技术与教育数学院士工作站”教学研讨会在院士工作站实验基地——乌当二中召开。2016 年 12 月 17 日，“贵州省教育大数据技术与教育数学院士工作站”教育数学创新实验第二次工作推进会在凯里市第五中学举行，来自兴义一中、仁怀二中、黔南民族师范学院附属中学、凯里一小、凯里五中和乌当二中的老师，分别作了教育数学实践交流。赖虎强也在七年级上了一节“重建三角”公开课，课题是《正弦三角形面积公式》。课后，大家进行了深入的交流和讨论。

黔南民族师范学院附属中学的向毅，把正弦三角形面积公式、正弦定理作为导出九年级“相似三角形的判定定理”的预备知识，并对相似形章节进行结构调整。人教版教材，将“平行于三角形一边的直线截其他两边（或两边的延长线），所得的对应线段成比例”作为预备知识，导出三角形相似的定义，以及定理“有两角相等的两个三角形相似”。向毅认为：教育数学通过正弦定理或共角定理，直接证明得到相似三角形的判定，比教材方法简捷得多。

第 4 节　学生解法添情趣

教育数学的实践，基本方案是三共方案和四弦方案。两种方案之中，应用范围最广的是共角定理或正弦三角形面积公式。我们主张，在七年级就讲透共角定理或正弦三角形面积公式。这一阶段，新增知识不必太多，只需要一两个招数，一以贯之，熟能生巧，从“解题利器”与“一线串通”视角体会其妙。若对共角定理或正弦三角形面积公式下移无确定把握，也可将最熟悉的九年级知识——锐角正弦定义作为逻辑中心，稍一变化，即可过渡到“重建三角”实验体系。锐角的正弦定义，亦可导出众多数学知识，也可作为七年级实践新法的主线。若采用锐角的正弦定义导入，我们可以将共角定理作为逻辑的起点与依据。

七年级入门宜简单，八、九年级可将两套方案择其重点进行综合应用。

进行实践，需要“大胆假设，小心求证”。在实践的过程中，要收集、整理可采用三共定理或四弦定理（公式）的习题，并有针对性地选择进入课堂训练；要积累学生可采用三共定理或四弦定理（公式）的解题案例，对学生学情进行认真分析，适当调整实践策略；要不断阅读教育数学相当专著与文章，增强理论知识；要不断与实践同仁进行交流，撰写相关学案、论文，承担新实验公开课与学术讲座，在实践中增长才干。

1）七年级学生用正弦定理证明几何题

进行实践，老师的最大疑惑是，七年级学生能接受正弦知识吗？学生能用新方法解题吗？新方法解题有哪些便利？新方法对数学可持续发展有何帮助？

推广新方法，最大的阻力不是学生能否接受，而是教师是否认同。尽管在七年级引入正弦有一定的困难，但办法总比困难多。恰当的方法，可以让不同层次的学生在七年级接受正弦相关知识。一个好的案例，胜过一打争论。与其讨论可不可行，不如从身边做实验开始。四川实践教育数学的学校中，祥福中学的老师积累了大量的学生解题案例。成都地区采用北师大数学教材，七年级下册即出现三角形全等知识，自然地，平面几何开始出现一些难题。实验班级七年级引入正弦，大多数学生自觉采用正弦定理解难题，这是祥福中学实验的特色之一。

【例 1】七年级学生用正弦定理解题（祥福中学熊莉莉老师提供）。

已知：如图 9-1 所示，已知在$\triangle ABC$中，$AB=AC$，D、E 分别是 AB 和 BC 边上的点，连接 DE 并延长，且与 AC 的延长线交于点 F，若 $DE=EF$。

求证：$BD=CF$。

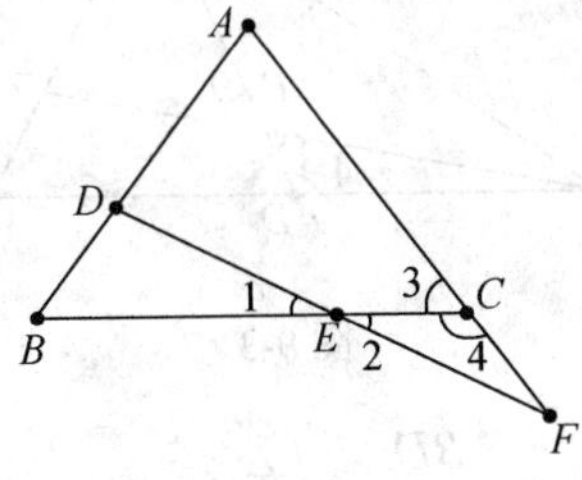

图 9-1

证明：在$\triangle BDE$中，$\dfrac{BD}{\sin\angle 1}=\dfrac{DE}{\sin\angle B}$。在$\triangle EFC$中，$\dfrac{CF}{\sin\angle 2}=\dfrac{EF}{\sin\angle 4}$。因为$AB=AC$，所以$\angle B=\angle 3$，$\sin\angle B=\sin\angle 3$。所以$\angle 3+\angle 4=180^\circ$，$\sin\angle 3=\sin\angle 4$。因为$DE=EF$，

所以$\dfrac{BD}{\sin\angle 1}=\dfrac{CF}{\sin\angle 2}$。因为$\angle 2=\angle 1$，所以$\sin\angle 1=\sin\angle 2$，即$DB=CF$。

【例2】七年级学生用正弦定理解题（祥福中学艾永俊老师提供）。

已知：如图9-2所示，P是$\angle CAB$的平分线上一点，点E在AC上，点D在AB上。$\angle AEP+\angle ADP=180°$。

求证：$PD=PE$。

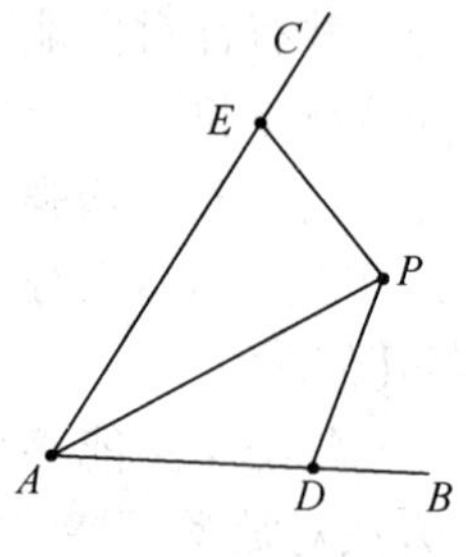

图9-2

证明：由$\angle AEP+\angle ADP=180°$，得$\sin\angle AEP=\sin\angle ADP$，由$\angle EAP=\angle DAP$，得$\sin\angle EAP=\sin\angle DAP$。

由正弦定理，得$\dfrac{\sin\angle AEP}{\sin\angle EAP}=\dfrac{AP}{PE}$，$\dfrac{\sin\angle ADP}{\sin\angle DAP}=\dfrac{AP}{PD}$。所以$\dfrac{AP}{PE}=\dfrac{AP}{PD}$，即$PE=PD$。

【例3】七年级学生用正弦定理解题（祥福中学薛小容老师提供）。

已知：如图9-3所示，在$\triangle ABC$中，AD是BC边上的中线，E为AC上一点，BE与AD交于点F，$AE=EF$。

求证：$AC=BF$。

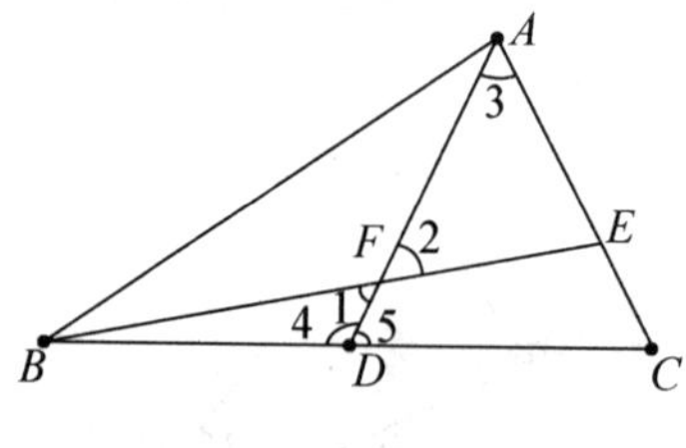

图9-3

证明：在$\triangle BDF$中，$\dfrac{BF}{\sin\angle 4}=\dfrac{BD}{\sin\angle 1}$。在$\triangle ADC$中，$\dfrac{AC}{\sin\angle 5}=\dfrac{DC}{\sin\angle 3}$，因为$AD$是$BC$边上的中线，所以$BD=DC$。因为$AE=EF$，所以$\angle 2=\angle 3$。因为$\angle 2=\angle 1$，$\angle 1=\angle 3$，所以$\sin\angle 1=\sin\angle 3$。因为$\dfrac{BF}{\sin\angle 4}=\dfrac{AC}{\sin\angle 5}$，且$\angle 4=\angle 5=180°$，所以$\sin\angle 4=\sin\angle 5$，即$AC=BF$。

2）八年级学生用三角法证明几何题

【例 4】八年级学生用正弦定理解难题（祥福中学熊莉莉老师提供）。

已知：如图 9-4 所示，$\angle 1=\angle 2$，$BD=CE$。

求证：$AB=AC$。

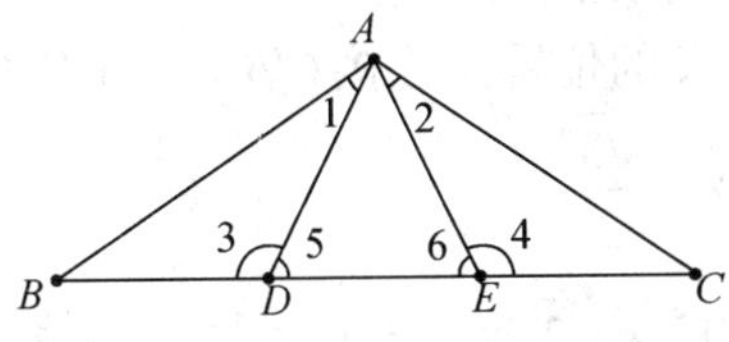

图 9-4

证明：由正弦定理，在$\triangle ABD$中，$\dfrac{AB}{\sin\angle 3}=\dfrac{BD}{\sin\angle 1}$；在$\triangle AEC$中，$\dfrac{AC}{\sin\angle 4}=\dfrac{EC}{\sin\angle 2}$。又因为$\angle 3+\angle 5=180^\circ$，$\angle 4+\angle 6=180^\circ$，所以$\dfrac{AB}{\sin\angle 5}=\dfrac{BD}{\sin\angle 1}$（1）。

由正弦定理，在ΔABE中，$\dfrac{AB}{\sin\angle 6}=\dfrac{BE}{\sin\angle BAE}$；在$\Delta ADC$中，$\dfrac{AC}{\sin\angle 5}=\dfrac{DC}{\sin\angle DAC}$，所以$\dfrac{AB}{\sin\angle 6}=\dfrac{AC}{\sin\angle 5}$（2）。

由（1）、（2）得，$\dfrac{AB}{AC}=\dfrac{AC}{AB}$。所以$AB=AC$。

这是一道经典平面几何难题，尽管这一解法不是最佳解法，但说明这位学生较为透彻掌握正弦定理。

【例 5】八年级学生用正弦定理解竞赛题（盐道街中学马文兵老师提供，2017 年全国初中数学联赛四川初二初赛试题）。

已知：如图 9-5 所示，在$\triangle ABC$中，D是BC边上的一点，E是AD上的一点，且$AD=DC$，$\angle DEC=\angle ABC$。

求证：$AB=CE$。

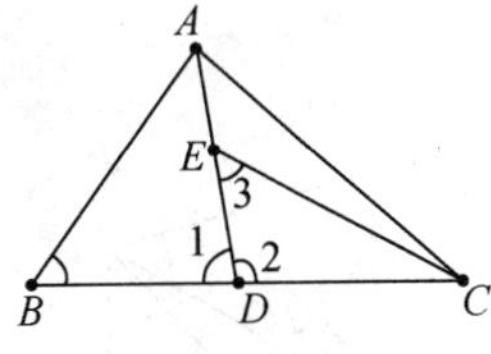

图 9-5

证明：由正弦定理，在$\triangle ABD$中，$\dfrac{AB}{\sin\angle 1}=\dfrac{AD}{\sin\angle B}$。在$\triangle DCE$中，$\dfrac{CE}{\sin\angle 2}=\dfrac{DC}{\sin\angle 3}$。因为$\angle B=\angle 3$，所以$\sin\angle B=\sin\angle 3$。所以$AD=DC$，$\dfrac{AB}{\sin\angle 1}=\dfrac{CE}{\sin\angle 2}$，$\angle 1+\angle 2=180^\circ$，

$\sin\angle 1=\sin\angle 2$。所以$AB=CE$。

在这次竞赛中，有几位学生采用了正弦定理法。正因为学生参加竞赛出现正弦定理解法，也激发其他数学老师参与到实践“重建三角”活动中来。

【例 6】八年级学生用余弦定理解题（祥福中学熊莉莉老师提供，2014 年遵义中考）。

已知：如图 9-6 所示，在$\triangle ABC$中，$\angle C=90^\circ$，$AC=BC=\sqrt{2}$，将$\triangle ABC$绕点A顺时针方向旋转60°到$\triangle AB'C'$的位置，连接$C'B$，则$C'B$的长为（　　）。

A．$2-\sqrt{2}$　　B．$\dfrac{\sqrt{3}}{2}$　　C．$\sqrt{3}-1$　　D．1

学生解法 1：由题意，$AC'=\sqrt{2}$，$\angle BAC'=15^\circ$。$AB=\sqrt{(\sqrt{2})^2+(\sqrt{2})^2}=2$。

由余弦定理，得$(BC')^2=AB^2+(AC')^2-2AB\times AC'\times\cos\angle BAC'=2^2+2-2\times 2\times\sqrt{2}\times\dfrac{\sqrt{6}+\sqrt{2}}{4}=6-\sqrt{12}-2=4-2\sqrt{3}=(\sqrt{3}-1)^2$。所以$BC'=\sqrt{3}-1$。

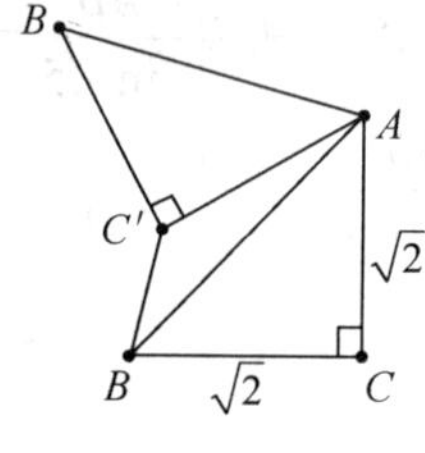

图 9-6

学生解法 2：如图 9-7 所示，连接CC'。由题意，$\triangle ACC'$是等边三角形。$\angle BCC'=30^\circ$。

因为$CC'=AC=BC$，所以$\angle 2=\angle CBC'=\dfrac{180^\circ-30^\circ}{2}=75^\circ$。

由正弦定理，得$\dfrac{BC'}{\sin\angle BCC'}=\dfrac{BC}{\sin\angle BC'C}$，$\dfrac{BC'}{\sin 30^\circ}=\dfrac{\sqrt{2}}{\sin 75^\circ}$，$BC'=\dfrac{\sqrt{2}}{\dfrac{\sqrt{6}+\sqrt{2}}{4}}\times\dfrac{1}{2}=\dfrac{1}{\sqrt{3}+1}\times 2=\sqrt{3}-1$。

此题也可“回避”$\sin 75^\circ$、$\cos 15^\circ$。如图 9-7 所示，应用余弦定理，得$(BC')^2=BC^2+(CC')^2-2BC\times CC'\times\cos 30^\circ$。

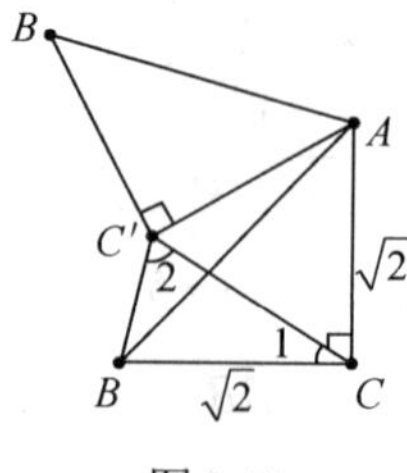

图 9-7

3）“增”与“减”的辩证法——对学生三角法解题的进一步思考

减轻学生负担，是师生及家长、社会的期待。如何减轻负担？则有不同的观点。降低知识难度，减少定理数量，去掉偏题、怪题，是一个基本策略。另一方面，各地数学中考，常分 A 卷、B 卷。B 卷有选拔功能，试题难度自然不低。有的中考几何难题，常常需要添加辅助线才能解题。上面的 6 个案例，传统方法都要作辅助线。而用“三角”的眼光与方法，常常实现无辅证明或无辅求解。

其实，这是采用增添新的解题工具——四弦公式（定理）达到快速思考、快速解题的功效。从某种情形下，我们要做这样的思考：通过增加某些“通性通法”的知识，让学生居高临下看待问题、解决问题，以达真正减负的目的。

数学家华罗庚有一句名言：“居高才能临下，深入才能浅出”。三共方案或四弦方案，表面是增加学生负担。若应用得当，其实是减负。

一线老师熟悉的三角形内角平分线性质定理，现已从课本删除，理由是学生接受起来较难。其实，利用新法可以轻松证明这一定理。

三角形内角平分线性质定理：三角形的内角平分线分对边所得的两条线段，和这个角的两边对应成比例。

【例 7】已知：如图 9-8 所示，$\triangle ABC$ 中，$\angle 1=\angle 2$。

求证：$\dfrac{BD}{DC}=\dfrac{AB}{AC}$。

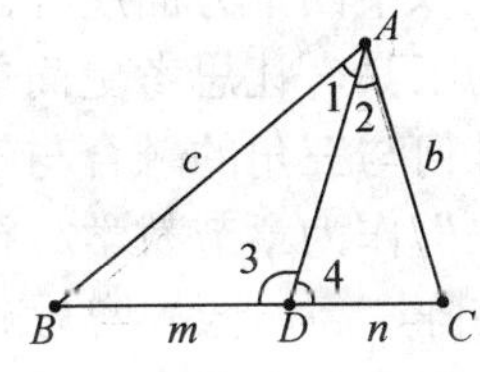

图 9-8

证明：由共角定理，得 $\dfrac{S_{\triangle ABD}}{S_{\triangle ACD}}=\dfrac{c\cdot AD}{b\cdot AD}=\dfrac{m\cdot AD}{n\cdot AD}$，所以 $\dfrac{m}{n}=\dfrac{c}{b}$，即 $\dfrac{BD}{DC}=\dfrac{AB}{AC}$。

让学生熟悉这一定理是必要的，直接应用这一定理解题可使解题过程更简单。不少中考难题、数学竞赛题的背后，都有这一定理的身影。

【例 8】（2017 年全国初中数学联合竞赛四川初赛）如图 9-9 所示，已知圆 O 的直径 AB 与 CD 互相垂直，E 为 OB 中点，CE 的延长线交圆 O 于 G，AG 交 CD 于 F，求 $\dfrac{DF}{FC}$ 的值。

【例 9】（重庆 2016 年中考）如图 9-10 所示，正方形 $ABCD$ 中，对角线 AC、BD 相交于点 O，DE 平分 $\angle ADO$ 交 AC 于点 E，把 $\triangle ADE$ 沿 AD 翻折，得到 $\triangle ADE'$，点 F 是 DE 的中点，连接 AF、BF、$E'F$。若 $AE=\sqrt{2}$，则四边形 $ABFE'$ 的面积是______。

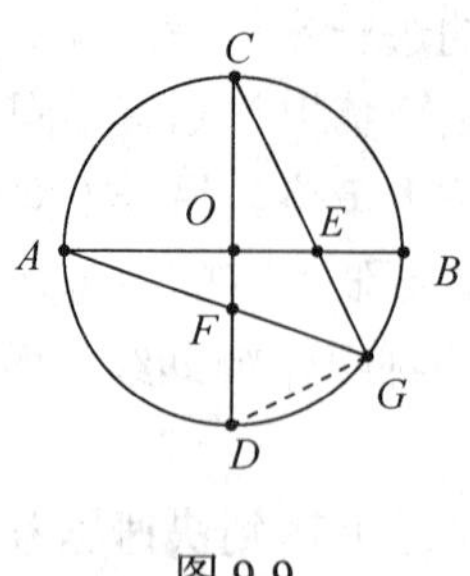

图 9-9

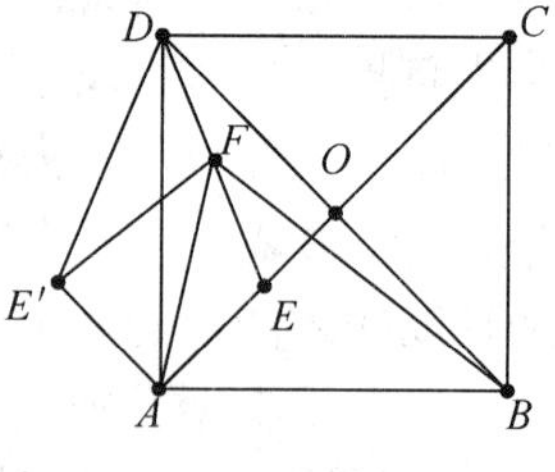

图 9-10

若学生熟练掌握了三角形角平分线分线段成比例定理，解决这两道难题就有了基础。

福建特级教师赵南平有多年高中教学经验，后关注初中数学教学研究。赵老师在其主编的《中考数学较难题、难题常考题型解题方法与技巧》一书前言中指出："本人发现，在中考试卷的参考答案中，由于受初中所学数学知识的局限，因此有些解法显得很麻烦，有的还要添加好几条辅助线，看后都觉得有些茫然且费解。但若适当引进一些高中即将学到的新知识，那将使解法简单得多，且解题思路更清晰。而这些知识对中等以上程度的学生来说掌握起来并不困难。该记的结论也不多，但却多了一个工具。考生若掌握了这些新知识和新方法，并应用这些新知识来解中档题和压轴题，那么难题就变容易了，中考拿高分也就更有把握了。"

理解与实践教育数学，可以从以下四个方面展开。

（1）解题利器，恰当选用新的工具，让思考更简单，让解题过程更简洁。

（2）一线串通，促进代数、几何与三角的融合与贯通，进行结构改革。

（3）共性出发，将"通性通法"作为章节教学、初中三年教学的出发点。

（4）哲学功夫，要处理好新与陈、高与低、增与减、厚与薄、通法与特技、整体与局部等矛盾关系，善于推陈出新，采用"高观点，低起点"的教学策略。

在"走进教育数学"丛书中，张景中论述道："改造数学使之更适宜于教学和学习，是教育数学为自己提出的任务。这是一个开放求新的园地，一个蓬勃发展的领域。在这里耕耘劳作的人们，想的是教育，做的是数学，为教育而研究数学，通过丰富发展数学而推进教育。提出新定义新概念，建立新方法新体系，发掘新问题新技巧，寻求新思路新趣味，凡此种种，无不是为教育而做数学。"这段话，简明扼要地论述了教育数学之要义，也深刻描绘教育数学之种种面貌。教育数学涉及中小学数学、大学数学教学改革，有广泛的探索空间。本书重点介绍张景中院士"三共定理"与"重建三角"初中数学改革方案，供读者参考与实践。

参 考 文 献

张奠宙，2006. 让我们来重新认识"三角"：兼谈数学教育要在数学上下功夫[J]. 数学教学，（10）：5-6.

张景中，1996．从数学难学谈起[J]．世界科技研究与发展，（2）：20-29．
张景中，2006．重建三角，全局皆活：初中数学课程结构性改革的一个建议[J]．数学教学，（10）：1-4．
朱华伟，徐章韬，2015．教育数学：缘起、旨趣、现状和意蕴[J]．数学教育学报，24（4）：30-32．
朱华伟，徐章韬，2016．教育数学的行动：寻找初中数学课程的焦点[J]．课程·教材·教法，（9）：58-62．